U0796225

国家社科基金项目：农村集体经济组织特别法人制度构造研究（编号：18BFX112）

农村集体经济组织特别法人制度研究

NONGCUN JITI JINGJI ZUZHI
TEBIE FAREN ZHIDU YANJIU

杨仕兵 著

法律出版社
LAW PRESS · CHINA
北京

图书在版编目（CIP）数据

农村集体经济组织特别法人制度研究 / 杨仕兵著.
北京：法律出版社，2024. -- ISBN 978-7-5197-9347-0

Ⅰ. D922.44

中国国家版本馆 CIP 数据核字第 2024Q96J84 号

农村集体经济组织特别法人制度研究
NONGCUN JITI JINGJI ZUZHI TEBIE FAREN ZHIDU YANJIU

杨仕兵 著

策划编辑 张 珺
责任编辑 张 珺
装帧设计 汪奇峰

出版发行 法律出版社
编辑统筹 法商出版分社
责任校对 裴 黎
责任印制 胡晓雅
经　　销 新华书店

开本 710 毫米×1000 毫米 1/16
印张 16.5 **字数** 219 千
版本 2024 年 9 月第 1 版
印次 2024 年 9 月第 1 次印刷
印刷 北京新生代彩印制版有限公司

地址：北京市丰台区莲花池西里 7 号（100073）
网址：www.lawpress.com.cn
投稿邮箱：info@lawpress.com.cn
举报盗版邮箱：jbwq@lawpress.com.cn

销售电话：010-83938349
客服电话：010-83938350
咨询电话：010-63939796

版权所有·侵权必究

书号：ISBN 978-7-5197-9347-0 **定价**：75.00 元

凡购买本社图书，如有印装错误，我社负责退换。电话：010-83938349

摘　要

农村经济的发展，农村集体经济发展壮大，是解决“三农”问题和实现“乡村振兴战略”的关键。2017年中央一号文件提出尽快用立法的形式确定农村集体经济组织的法律地位，同年出台的《中华人民共和国民法总则》（以下简称《民法总则》）将其定性为特别法人。但由于《民法总则》仅有的条文无法有效规范农村集体经济组织，2018年中央一号文件进一步明确提出研究制定农村集体经济组织法。党的十九大报告提出深化农村集体产权制度改革，党的二十大报告提出巩固和完善农村基本经营制度，发展新型农村集体经济。国家政策时刻关注农村集体经济组织的顶层设计，但全国各地的农村集体经济组织从其设立、运行、监督和管理等方面，不仅做法不一，还存在这样那样的各种问题。制定农村集体经济组织法，不但是贯彻党中央的决策部署，而且是农村改革实践的要求，其必要性不言而喻。

农村集体经济组织特别法人的构造，核心是法人成员、组织机构和财产或经费。法人成员是法人的设立者、拥有者和支配者，农村集体经济组织特别法人成员的确定标准、范围直接关系到特别法人的设立和成立；农村集体经济组织特别法人的组织机构涉及法人机关设置和权力配置；农村集体经济组织特别法人的财产涉及农村集体资产折股量化的公平性、合理性，防止集体资产流失。同时，作为法律主体的特别法人组织，其设立、运行、终止和扶持制度均是难以回避的问题。

2022 年全国人民代表大会（以下简称全国人大）农业与农村委员会组织中央有关单位经过调查研究、听取并认真吸纳各方面意见，共同起草了《中华人民共和国农村集体经济组织法（草案）》［以下简称《农村集体经济组织法（草案）》］。但草案中有关农村集体经济组织特别法人的核心要素还存在诸多问题，需进一步研究。

本课题通过对农村集体经济组织特别法人的定位进行历史分析和法理分析后，重点对农村集体经济组织特别法人的核心要素，即法人成员、组织机构和财产或经费进行研究，并针对《农村集体经济组织法（草案）》中的问题提出完善建议。农村集体经济组织特别法人的成员存在两类：一是通过集体资产折股量化取得股权的成员，二是通过自有资产投资获取股权的投资者，前者称为内部成员，后者称为外部成员。农村集体经济组织特别法人允许外部成员的加入，这是实现农村发展、乡村振兴的需要，也是符合市场经济规则的要求。农村集体经济组织特别法人的组织机构为成员大会、理事会和监事会，这三种机构的性质分别是权力机构、执行机构、监督机构。成员大会的议事规则应由内部成员和外部成员分别表决，其分别达到通过标准才能够是有效决议，理事会和监事会成员应当有内部成员和外部成员的代表。农村集体经济组织特别法人的资本构成包括集体资产股份化、内部成员和外部成员的直接投资。当然，农村集体经济组织特别法人的盈余分配也应区分外部成员和内部成员。内部成员的分配依据是按照保底和优先股方式，保底就是按照量化的集体资产的租金计算，外部成员按照类似《中华人民共和国公司法》(以下简称《公司法》)规定的盈余分配方式。当集体经济组织特别法人的利益受侵害时,满足条件的法人成员应享有提起诉讼和请求撤销的权利。

为保证农村集体经济组织特别法人的有效运作,必须对相关的配套制度进行构建,特别是农村集体经济组织特别法人涉税问题,其主要包括是否是纳税主体、是否享受税费减免、交纳何种税费等。同时,为实现乡村振兴,实现农村发展,必须对农村集体经济组织特别法人进行扶持,特别是赋予其财政税收方面的优惠措施和反垄断豁免的待遇。

法人制度必然存在终止制度,但因农村集体经济组织特别法人的特殊性,其不应当适用破产清算,只能适用解散终止清算,且其解散事由有别于其他组织。当农村集体经济组织特别法人解散后,用于还债的资产只能是外部成员的投资财产和集体经济组织积累的财产,而不能用折股量化的集体资产,更不能用公益性资产。原来的农村集体经济组织特别法人解散清算后,如果有新的集体经济组织特别法人出现,集体资产股份量化基本不变,重新吸纳外部成员投资。

在农村集体经济组织中,利用土地承包经营权入股有限责任公司是一种常见的做法。2013 年 12 月启动的公司注册资本制度改革,废除了公司注册资本最低限额的规定,进一步放松市场主体准入的管制,将公司注册资本的强制性规定改为公司自治性规定,实现了公司资本实缴制为公司资本认缴制的转变。自 2015 年后的农村土地“三权分置”改革政策以及各地的土地经营权入股的实践,到现在《中华人民共和国民法典》(以下简称《民法典》)确立的农村土地“三权分置”制度,都需要对土地承包经营权入股有限责任公司进行深入探讨,以期实现农村土地“三权分置”制度的作用。因此,土地承包经营权入股有限责任公司是实现农村土地“三权分置”制度的体现,其作为农村土地经营权流转的重要方式，具有明显的现实意义。

最后，根据以上内容，提出《农村集体经济组织法》的建议稿，并对《农村集体经济组织法（草案）》中存在的问题提出完善建议。

目　录

导　论

一、选题背景与意义

农村集体经济发展壮大是解决“三农”问题和实现“乡村振兴战略”的关键。2017 年中央一号文件提出尽快用立法的形式确定农村集体经济组织的法律地位，同年出台的《民法总则》将农村集体经济组织法人定性为特别法人。《民法总则》虽然赋予农村集体经济组织特别法人地位意义深远，但其仅有两个原则性条文规定，农村集体经济的发展壮大需要更细致的可操作的农村集体经济组织法。2018 年中央一号文件进一步明确提出研究制定农村集体经济组织法。国家政策只有时刻关注农村集体经济组织的顶层设计，才能清晰揭示该类法人设立、运营、监督、管理以及终止等方面的特殊性，以良法推动善治，以善治促进发展，从而满足农村改革的需要。但全国各地的规范性文件以及农村集体经济组织法人改造实践，从其设立、运行、监督和管理等方面，不仅做法不一，而且存在各种问题。因此，制定农村集体经济组织法，不仅是贯彻党中央的决策部署，还是农村改革实践的要求，其必要性不言而喻。

农村集体经济组织特别法人的构造，核心是法人成员、组织机构和财产或经费。法人成员是法人的设立者、拥有者和支配者，农村集体经济组织特别法人成员的确定标准、范围直接关系到特别法人的设立和成立；农村集体经济组织特别法人的组织机构涉及法人机关设置和权力配置；农村集体经济组织特别法人的财产涉及农村集体资产折股量化的公平性、合理性，防止集体资产流失。同时，作为法律主体的特别法人组织，其设立、运行、终止和扶持制度均是难以回避的问题。科学构造农村集体经济组织特别法人的成员、财产、组织机构和配套制度，直接关乎农村集体经济组织特别法人制度的改革成败。对这一创新性的政策实践，亟须结合改革进程持续深入研究。

法学界对农村集体经济组织特别法人制度的研究，还处于刚刚起步阶段，主要表现在：(1)现有研究的广度不能满足农村集体经济组织特别法人制度的现实需要。《民法总则》赋予农村集体经济组织特别法人资格后，需要操作性强的农村集体经济组织法对特别法人设立、运行、终止等进行规范。(2)现有研究的深度滞后于改革对法律的需求。比如，农村集体经济组织特别法人的设立、法人机关设置及权力配置、终止如何进行立法构造，以及如何协调与现行法规则的冲突等。(3)现有研究的广度和深度尚需持续的学术探究。比如，对农村集体经济组织特别法人不同类别成员的权利设置、特别法人机关的权力设置，尤其是表决权和收益权的行使、特别法人的终止、对其扶持发展的制度的研究等。可以说，对农村集体经济组织特别法人问题进行精细化研究既是实践之需，也是法学界不容回避的学术担当。

2022年全国人大启动《农村集体经济组织法》的立法工作，形成了法律草案。但该草案中有关农村集体经济组织特别法人的核心要素还存在诸多问题，需进一步研究。

本课题通过法理解读和实证分析，对农村集体经济组织特别法人制度进行系统研究。这对密切配合集体经济组织法人化改造、保障特别法人成员权益以及促进农村集体经济有效实现具有重要实践价值，特别是对制定农村集体经济组织法具有重要立法价值。同时，在学术层面，本课题有助于推进农村集体经济组织特别法人制度的研究深度、拓展其他特别法人制度的研究视域。

二、研究现状

(一)农村集体经济组织特别法人法律地位问题

“农村集体经济组织”的概念,虽然在效力各异的法律规范中使用,但均没有明确“农村集体经济组织”的法律地位,直至2017年的《民法总则》明确农村集体经济组织特别法人地位,才引发学界有关特殊法人的争议。但是,从2020年出台的《民法典》及其司法解释中,均未对农村集体经济组织特别法人构造作进一步立法或解释。

在2017年《民法总则》颁布之前的文献主要集中于讨论是否要赋予农村集体经济组织法人资格。一种观点主张将其定位为非法人组织,另一种观点主张赋予其法人地位。虽然多数学者赞同第二种观点,但是对于赋予何种法人资格存在争议。例如,赵万一(2012)认为农村集体经济组织法权关系中主体虚化严重,提出将农村集体经济组织设计为社区型股份合作制法人。[①] 郑有贵(2012)提出将农村集体经济组织明确为合作社法人较为适合,但考虑到和农民专业合作社的运行机制不同,因此需要单独立法。[②]

在《民法总则》起草过程中,多位学者主张重构或者完善中国民法中的法人制度,为特别法人的开创性立法奠定了基础。例如,范健(2016)认为,《中华人民共和国民法通则》(以下简称《民法通则》)从法律责任视角确认法人,将法人局限于有限责任主体,法人概念狭隘,需要重构法人制度。[③] 张谷(2016)认为,《民法通则》的法人制度中公私不分,在法人制度的设计上要把公法和私法的关系分清,适当限定民法总则中法人制度

① 参见赵万一、张长健:《农村集体经济组织法权关系的创新——以社区型股份合作制法人组织的构建为研究对象》,载《西南民族大学学报(人文社会科学版)》2012年第6期。

② 参见郑有贵:《农村社区集体经济组织法人地位研究》,载《农村经济问题》2012年第5期。

③ 参见范健:《中国需要一部什么样的民法典》,载《南京大学学报(哲学·人文科学·社会科学)》2016年第1期。

的调整范围[①]，法人分类存在缺失，在条件成熟时，可就某些特殊法人（比如宗教法人、学校法人甚至行政法人）进行单独立法。[②]

面对农村集体经济组织的法律定位问题，媒体大多宣传赋予其特殊法人的地位意义深远，但学者对农村集体经济组织特别法人的地位褒贬不一。一种观点是赞同设立特别法人制度，此观点认为农村集体经济组织兼具地域性、社区性、内部性，不同于一般的法人组织，需要特殊对待[③]，赋予农村集体经济组织的法人地位，有其必要性与可能性[④]，这对于完善农村集体经济组织治理结构并规范其发展意义深远。[⑤] 另一种观点是否定特别设立法人制度，该观点认为原《民法总则》新增“特别法人”一节在科学性、合理性及合法性上值得商榷，尤其是赋予农村集体经济组织法人地位存在明显问题。[⑥] 该观点认为《民法总则》新增四类特别法人不仅本身缺乏系统科学性，而且也无法从根本上弥补营利法人与非营利法人分类的缺陷与不足[⑦]，特别法人概念存在的必要性并不大，此不过是“立法技术剩余”的产物，对于农村集体经济组织法人，在私法上并不具有特别的规范意义[⑧]，应基于营利法人的规范性判断标准，构造其作为特别营利法人的私法主体地位。[⑨]

在农村集体经济组织特别法人的法律地位通过立法明确后，就少有争论赋予其法人资格以及何种法人类型的问题，而是肯定其意义，并提出

---

① 参见张谷：《对当前民法典编纂的反思》，载《华东政法大学学报》2016 年第 1 期。

② 参见谢鸿飞：《民法总则法人分类的层次与标准》，载《交大法学》2016 年第 4 期。

③ 参见韩俊：《在民法总则中明确集体经济组织的特殊法人地位》，载《中国人大》2016 年第 21 期。

④ 参见管洪彦：《农村集体经济组织法人立法的现实基础与未来进路》，载《甘肃政法学院学报》2018 年第 1 期。

⑤ 参见刘振伟：《建立规范的特别法人治理结构》，载《中国人大》2017 年第 10 期。

⑥ 参见谭启平：《中国民法典法人分类和非法人组织的立法构建》，载《现代法学》2017 年第 1 期。

⑦ 参见谭启平、应建均：《“特别法人”问题追问——以〈民法总则（草案）〉（三次审议稿）为研究对象》，载《社会科学》2017 年第 3 期。

⑧ 参见张闻祺：《我国民法总则中的法人分类方式探析》，载《中州学刊》2017 年第 2 期。

⑨ 参见郭洁：《论农村集体经济组织的营利法人地位及立法路径》，载《当代法学》2019 年第 5 期。

特别法人制度构建的建议。例如,李永军(2020)认为,特别法人制度体现了本土化和现实需要[①],农村集体经济组织法人类型定位对于建构中国特色民法理论体系话语体系、繁荣农村市场经济推动乡村振兴战略实施和指引农村集体经济组织特别法人立法具有现实价值。[②] 实际上我们知道,法律来源于社会生活,是社会生活的最基本的反映。《民法典》在中国特色社会主义新时代对"农村集体经济组织"法律地位作出的时代回应,不仅是理论的创新,也是实践的需要,这解决了长期以来"农村集体经济组织"法律地位模糊的问题,使其能够以独立人格依法实施民事法律行为、参与民事诉讼,具有鲜明的时代性和进步性。当然,也需注意到农村集体经济组织特别法人具有较多的特殊之处,作为民事基本法的《民法典》难以对其进行十分细致的规定,其更多地依赖其他专门法的有关规定。[③] 但此类文献均没有对农村集体经济组织特别法人制度的构成要素进行研究,因此需要进一步构建和完善。

(二)农村集体经济组织特别法人成员制度问题

通俗而言,法人成员即法人的出资人。以现代社会常见的法人——公司为例,公司的法人成员就是公司股东。关于法人是否一定具有法人成员,理论上认为,社团法人以"成员的集合"为主,都具有法人成员,而财团法人以"财产的集合"为主,没有法人成员。虽然我国民事立法中没有采用财团法人的概念,但法律法规中的基金会在学理上应解释为"相当于财团法人"[④]。对于农村集体经济组织来说,原本就是一种地缘关系纽带将村集体的农民联系到一起,其体现出鲜明的"人合性"的特征。

农村集体经济组织的法人成员与公司企业法人的法人成员的概念是

---

① 参见李永军:《〈论民法典〉"特别法人"的特殊意义及其不周延性》,载《探索与争鸣》2020 年第 5 期。

② 参见管洪彦:《农村集体经济组织法人类型定位之证成与价值展开》,载《法学论坛》2021 年第 5 期。

③ 参见张鸣起:《〈中华人民共和国民法总则〉的制定》,载《中国法学》2017 年第 2 期。

④ 参见《民法学》编写组:《民法学》,高等教育出版社 2019 年版,第 57 页。

否完全一致,范围是否一致,其成员资格的取得是否可以通过出资取得,成员资格的丧失又有何特殊性,等等,这些问题的答案更多地依赖于地方实践。农村集体经济组织法人制度远没有现代公司企业法人制度发展完备,现有研究应当主要集中于农村集体经济组织特别法人成员的一部分即农民股东问题。妥善解决农民股东问题,可以为特别法人制度的发展奠定基础。

在公司理论中,享有股东权即股权必然具有股东资格,即使是实际出资人也必须通过显名股东从公司中享有权利,而不能直接从公司中享有权利,原因就是实际出资人不具有股东资格。同理,在农村集体经济组织特别法人中,股东资格是农民享有股权的前提条件。在2017年《民法总则》确立农村集体经济组织法人资格前,学术界极少展开对"农民股权"或"农民股东资格"的研究,其主要从成员权①或成员资格视角切入,分析成员资格的意义及取得与丧失的认定标准②等。学术界普遍认为成员资格法定化的法律意义深远,但其认定标准欠缺或者存在瑕疵,成员资格标准的空缺起因于农村集体经济组织的嬗变和相关立法的逻辑障碍,需要强调以在本集体内生产、生活的状态和对本集体土地利益的生存依赖作为基本依据,淡化户口对于认定成员资格的作用。③ 地方性法规在认定成员资格时以户籍标准难以认定特殊成员的资格,户籍和经常居住地混合标准严重限制人口流动,因此,构想以社会保障标准界定集体成员资格。④ 只有复合型的成员资格界定规则符合法律逻辑和现实需求⑤,应当

---

① 农民在集体经济组织中享有的是"成员权"还是"成员资格"存在争议,但实质上其指向的主体仍然是农民,本书研究的是农村集体经济组织特别法人的成员问题,因此在表述上不做区分。

② 认定集体成员资格有"户籍说""居住事实说""集体保障说""综合说""结合说"等几种典型观点。参见江晓华:《农村集体经济组织成员资格的司法认定——基于372份裁判文书的整理与研究》,载《中国农村观察》2017年第6期。

③ 参见杨攀:《农村集体经济组织成员资格标准的法律分析与实践》,载《西南政法大学学报》2011年第3期。

④ 参见陈晋:《城镇化进程中农村集体成员资格研究——以征地补偿纠纷为视角》,载《现代经济探讨》2013年第10期。

⑤ 参见任大鹏、吕晓娟:《农村集体经济组织财产制度构建的法律问题探究》,载《中国农业大学学报(社会科学版)》2023年第3期。

确立既有成员和潜在新成员不同的资格确认机制和区分于户籍登记的集体经济组织成员资格登记制度，构建成员身份消灭制度。[①] 应当对农村集体经济组织中的成员身份确认和新成员吸收分别作出不同的制度安排，对成员身份的确认应当采用法定路径，以户籍为基本依据；对新成员的吸收则应当采用自治路径，依靠组织成员间的自愿协商。[②] 同时，要明确司法介入农村集体经济组织成员资格认定的合法性和合理性[③]，在构建成员资格的要素评价机制时，应明确户籍要素、基本生存保障要素、固定生产生活要素为评价要素，三个要素的权重次序由高到低应为“基本生存保障要素—户籍要素—固定生产生活要素”，在具体案件中认定当事人是否具有成员资格，乃是动态权衡三个认定要素之结果。[④] 学界对一般人员即农民享有成员权或成员资格观点一致，此外还有文献分析了在校生[⑤]、入赘婿[⑥]、出嫁女[⑦]等特殊人员也具有农村集体经济组织的成员资格。笔者认为，这些特殊人员不过是“农民”这一集体概念下的特殊情形，完全可以用“农民”这一概念涵盖。

原《民法总则》出台之前对农村集体经济组织成员权或成员资格的研究为股东资格问题提供了较为扎实的研究基础，但没有区分股东资格和成员资格。《民法总则》出台之后，学者对成员资格和股东资格有意作出区分，集体经济组织的成员不是《公司法》意义上的“股东”（他们绝大

---

① 参见戴威：《农村集体经济组织成员资格制度研究》，载《法商研究》2016 年第 6 期。

② 参见许明月、孙凌云：《农村集体经济组织成员确定的立法路径与制度安排》，载《重庆大学学报（社会科学版）》2022 年第 1 期。

③ 参见刘高勇、高圣平：《论基于司法途径的农村集体经济组织成员资格认定》，载《南京社会科学》2020 年第 6 期。

④ 参见汪义双：《动态体系论下农村集体经济组织成员资格认定研究》，载《甘肃政法大学学报》2023 年第 2 期。

⑤ 参见周菊生：《在校大学生能否分得土地补偿费？——兼议农村集体经济组织成员资格的认定》，载《井冈山医专学报》2006 年第 6 期。

⑥ 参见宇赟：《土地征收补偿款分配纠纷案件审理探讨》，载《延安大学学报（社会科学版）》2007 年第 6 期。

⑦ 参见房绍坤、任怡多：《“嫁出去的女儿，泼出去的水？”——从“外嫁女”现象看特殊农民群体成员资格认定》，载《探索与争鸣》2021 年第 7 期。

多数都不是集体经济组织的最初的投资者)，他们没有《公司法》意义上的“股份”，即使离开集体也不存在“股份”转让的问题。[①] 也有学者研究成员权或成员资格和股东资格的相互联系，提出从“股东权”的视角构建农村集体经济组织成员权。[②]

虽然《民法典》规定“农村集体经济组织依法取得法人资格”，但是其并非直接取得法人资格，因为法人资格的取得必须满足法定条件，即按照法定程序和类型申请登记后方才取得资格。然而，《民法典》的规定只是赋予了法定类型，而没有法定条件及程序的规定。取得法人资格的程序问题需要在立法中明确登记管理机关、职责权限、申请登记提交的材料、进行形式审查还是实质审查、登记及登记证书。在未来立法中重点需要解决的是法定条件问题，尤其是法人成员问题，包括但不限于如下问题：第一，股东资格的取得方式，即农村集体经济组织成员如何转变为农村集体经济组织法人成员。第二，股东范围的封闭与否，即非原集体的自然人、法人和非法人组织能否或如何成为该农村集体经济组织法人的股东。第三，股东权利的范围，即在股东开放式的农村集体经济组织法人中，股东类型不同其股东权利差异性如何确定。第四，股东权利的丧失，即集体经济组织的成员丧失股东资格的情形，以及丧失股东资格后是否还具有集体组织成员的资格。

(三)农村集体经济组织特别法人财产制度问题

在特别法人制度出台之前，农村集体产权改革历经几十年。对农村集体资产股份化的研究主要包括两方面：

第一，评价某一区域性的农村集体资产股份化改革做法。例如，蒋省三、

---

① 参见李永军：《集体经济组织法人的历史变迁与法律结构》，载《比较法研究》2017 年第 4 期。

② 参见臧之页、孙永军：《农村集体经济组织成员权的构建：基于“股东权”视角分析》，载《南京农业大学学报(社会科学版)》2018 年第 3 期。

刘守英(2003)评价南海地区农村土地股份制;[①]董景山(2010)分析了南海、东莞、北仑、北京和上海的农村股份合作模式;[②]王敬尧、李晓鹏(2012)研究温州“三分三改”的农村集体产权改革;[③]王宾、刘祥琪(2014)对北京地区、[④]李宽、熊万胜(2015)对上海松江地区[⑤]、王吉泉、廖姣(2015)对成都地区[⑥]的改革情况进行研究;等等。

第二,农民股权的配置和具体权能问题。对于是否设立集体股问题,学者的观点不一。主张设置集体股的有焦守田(2008)、高晓燕(2013)、段龙龙(2015)等人,主张取消或不设集体股的有傅晨(2008)、郝乃桢(2009)、杨桂华(2014)等人,夏英(2014)则认为是否设立集体股应当取决于集体的经济能力。对于农民股权的具体类别问题,各地实践做法五花八门。此外,刘玉照(2013)分析了农民股权形成的不同逻辑,赵家如(2014)分析了农民股权的产权内涵及完善对策,李桂模(2009)分析了农民股权的继承权能,吴莹(2010)分析了股权质押权能,韩松(2014)则探讨了股份占有权能和受益权能。

以上文献主要是分析农村集体资产股份化改革的地方实践和股权配置及权能问题,对于农村集体经济组织特别法人财产制度有借鉴意义,但其因为立法滞后性未能对特别法人财产制度进行全面研究,并且也没有涉及特别法人外部成员的投资股权及其股权权能问题。

《民法典》出台之后,有学者尝试从法人独立财产范围、内部产权结

---

① 参见蒋省三、刘守英:《土地资本化与农村工业化——广东省佛山市南海经济发展调查》,载《管理世界》2003年第11期。

② 参见董景山:《农村股份合作改革之法律视角初论——以农村社区几种具体改革模式为讨论基础》,载《上海财经大学学报》2010年第5期。

③ 参见王敬尧、李晓鹏:《城乡统筹进程中的农村集体产权改革:以温州“三分三改”为蓝本》,载《求是学刊》2012年第6期。

④ 参见王宾、刘祥琪:《农村集体产权制度股份化改革的政策效果:北京证据》,载《改革》2014年第6期。

⑤ 参见李宽、熊万胜:《农村集体资产产权改革何以稳妥进行——以上海松江农村集体资产产权改革为例》,载《南京农业大学学报(社会科学版)》2015年第2期。

⑥ 参见王吉泉、廖姣:《成都推进农村集体资产股份化改革的调查与建议》,载《成都行政学院学报》2015年第4期。

构配置、法人成员股权设置等方面构建农村集体经济组织特别法人的财产制度。

第一,法人独立财产范围。法人财产独立于法人成员财产是有限责任制度的要求,也是近代法人制度推动社会经济发展的制度优势。有限责任制度保证法人独立承担民事责任,为避免有限责任制度的弊端,保障债权人利益和维护市场程序,设置了与之匹配"法人格否认制度"。区分农村集体经济组织的"集体所有"和法人成员的"个人所有"意义重大,然而对于农村集体经济组织是否有独立的法人财产问题存在争议。农村集体经济组织财产承担着公共利益的职能,而且我国土地的所有权权利主体特征不允许存在第三类主体,目前法律和实践中无其他任何组织可以以集体土地作为其存在的财产基础(于雅璁,2020)。[①] 那些认为有独立财产的理由是,农村集体经济组织特别法人本身是农民集体法人化改造的结果,设立后直接依法对集体土地享有法人所有权(宋志红,2021)。[②] 那些认为无独立财产的理由是,农村集体资产的归属主体是农民集体而非农村集体经济组织,因此无独立财产和责任财产(王洪平,2022)。[③] "集体所有"能否解释为"法人所有",主要在于明晰"集体所有"的民法学意义,以及"集体所有"与"农村集体经济组织所有的关系"。地方立法实践对农民集体所有权主体的表述各异[④],而理论上对"集体所有"的解释目前主要有"共有说"[⑤]、"总有说"[⑥]与"法人所有说"[⑦]三种观点。"集

① 参见于雅璁:《"特别法人"架构下我国农村集体经济组织改革发展路径研析》,载《海南大学学报(人文社会科学版)》2020 年第 6 期。

② 参见宋志红:《论农民集体与农村集体经济组织的关系》,载《中国法学》2021 年第 3 期。

③ 参见王洪平:《农村集体经济组织法制定中的三个基本范畴问题》,载《中州学刊》2022 年第 2 期。

④ 有"劳动群众集体""成员集体""全体成员""全体农民""农村集体经济组织"等不同表述。

⑤ 参见黄延信:《农村集体产权制度改革实践与探索》,中国农业出版社 2014 年版,第 11 页。

⑥ 参见王利明、周友军:《论我国农村土地权利制度的完善》,载《中国法学》2012 年第 1 期。

⑦ 参见韩冬等:《农村集体经济组织法人治理的构建与完善》,载《中国土地科学》2017 年第 7 期;代琴:《我国民法典物权编应当确定农村集体经济组织为农村土地所有权主体》,载《内蒙古社会科学》2020 年第 2 期。

体”并非我国《民法典》总则部分所列举的民事主体类型，“集体所有”处于一种权利虚置的状态，“法人所有”落实“集体所有”是当前较为妥当的解释路径[①]。

所有权是一种完全的物权，其权能清晰，而集体所有权只是我国三类所有权之一。集体所有权是农村地区公有制的体现，是劳动群体集体所有制在法律上的表现。[②]《民法典》的物权编不仅规定了集体所有权的权利主体，而且其第261条列举了集体所有的动产和不动产范围，根据物权法定原则，集体所有权的范围只能限于列举的动产和不动产，因此独立财产的范围也应以此为限。但需要注意的是，在农村集体经济组织法人化改造进程中，由集体财产转变为法人独立财产，此时要与基层群众性自治法人的财产所有权区分，主要表现在：一是集体财产的所有权主体，二是法人财产的范围。

第二，法人成员股权设置。农村股份合作制改革过程中地方实践确立各具特色的股权架构，但尚未形成全国统一的法律规定。特别法人制度设立后学者开始认识到股权设置的重要性，他们主张解决“成员身份认定”与“股权设置”问题（陶钟太朗、沈冬军，2018）以及“股权内容”和“成员资格”问题（李倩、张力，2020），但其研究重点仍集中于“成员资格”问题，区分设置“资格股”与“追加股”以实现联合与发展，以“成员权—股权”拆分构造妥适安置农民个体与农村集体经济组织之间的利益关系[③]，成员权量化法律规则需将差异化平等、成员权分化、成员固化的相对性以及资源要素流动而致成员权边界拓展等因素予以综合衡量。[④] 笔者认为，成员身份和股权设置是两个问题，其中一个属于法人成员制度的内

① 参见李倩、张力：《农村集体经济组织特别法人的产权建构》，载《新疆社会科学》2020年第6期。

② 参见《民法学》编写组：《民法学》，高等教育出版社2019年版，第155～156页。

③ 参见许中缘、崔雪炜：《“三权分置”视域下的农村集体经济组织法人》，载《当代法学》2018年第1期。

④ 参见杨一介：《农村集体经济组织成员权解释》，载《西南民族大学学报（人文社会科学版）》2023年第9期。

容,另一个属于法人财产制度的内容,对这二者应当区别对待。股权设置包括集体资产股份化的股权、直接投资的股权。在确立股权设置规则时,首先,确定可量化资产范围,不同的资产类型①应区别处理;其次,主张采取"积分制"进行股权量化,将各种因素折成积分,以分定权,尽可能避免改革中引发各种纠纷。

(四)农村集体经济组织特别法人治理机制问题

农村集体经济组织法人作为特别法人,最为特殊之处在于它是"准公共组织",其法人治理必然具有特性。农村集体经济组织特别法人治理机制分为内部治理机制和外部治理机制。内部治理机制包括经营机制、法人机关设置、决议机制、分配机制、监督机制等,外部治理机制主要体现在与村委会和政府部门对农村集体经济组织的关系上。目前尚缺少特别法人治理机制的法律规定,学者对此所持观点不一。有学者主张直接采用或借鉴营利法人的治理模式,构造农村集体经济组织作为特别营利法人的私法主体地位②,借鉴营利法人的组织形式搭建组织框架,参考企业形式,确立股份化的治理模式。③ 有学者认为,农村集体经济组织要有独特的治理模式。例如,管洪彦(2019)分析了不同于一般营利性法人的"特别性"④;李国强、朱晓慧(2022)论证了不宜简单参照营利法人的治理模式。⑤ 实践中有将农村集体经济组织按照公司法人的治理机制和非法人组织的治理模式等不同的治理方式,在立法时,对不同地区、不同发展水

---

① 从国家政策以及实践中可以看出,集体资产包括资源性资产、经营性资产和非经营性资产,在折股量化过程中,应当区别对待。

② 参见郭洁:《论农村集体经济组织的营利法人地位及立法路径》,载《当代法学》2019 年第 5 期。

③ 参见吴昊:《农村集体经济组织法人治理机制建构》,载《河南社会科学》2021 年第 2 期。

④ 参见管洪彦:《农村集体经济组织法人治理机制立法建构的基本思路》,载《苏州大学学报(哲学社会科学版)》2019 年第 1 期。

⑤ 参见李国强、朱晓慧:《农村集体经济组织法人的治理机制研究》,载《财经法学》2022 年第 1 期。

平的农村集体经济组织治理结构，尽可能给地方实践留出空间。[①] 要发挥党的领导、中国乡土文化的约束机制等中国式法治要素的力量，合理利用任意性规范的配置作用。[②]

在外部治理上，农村集体经济组织不存在通过控制市场等“用脚投票”机制的外部治理，[③]既要实现政经分离的目标，又要接受国家介入的必要管控，建构起集体经济组织在私法上对集体资产的交易机制（吴昊，2021）。内部治理机制则主要从经营机制、法人机关设置、决议机制、分配机制、监督机制方面展开。具体内容如下：

第一，经营机制。在地方实践中，农村集体经济组织和村民委员会在人员、办事地点等方面存在重合和交叉，“一套班子、两块牌子”，政经不分（李政东，2022）。农村集体经济组织和村民委员会属于并列的两种特别法人的类型，需要将其区分开，厘清农村集体经济组织与村民委会之间经营职能和公共职能的关系（李国强，2022）。因此，农村集体经济组织特别法人应为营利性的民商事主体，但也需要紧扣社会主义公有制的本质特征，区分农村集体经济组织本身与其对外投资或合作而形成的经营体，避免将农村集体经济组织“泛化”[④]。

第二，法人机关设置（包括权力体系）。目前，研究基本均认为农村集体经济组织法人的法人机关设置包括权力机构、执行机构和监督机构，比如宋天骐（2022）的研究。[⑤] 笔者认为，农村集体经济组织法人的权力机构为成员大会、执行机构为理事会，监督机构为监事会，后续研究应完善各机构的人员构成、产生途径及权力配置、议事规则和程序。

---

① 参见刘振伟：《关于农村集体经济组织立法的几个问题》，载《农村工作通讯》2023 年第 15 期。

② 参见宋天骐：《论〈农村集体经济组织法（草案）〉中治理结构制度的完善》，载《兰州学刊》2023 年第 10 期。

③ 参见谢鸿飞：《论农村集体经济组织法人的治理特性——兼论〈农村集体经济组织法（草案）的完善〉》，载《社会科学研究》2023 年第 3 期。

④ 参见宋志红：《论农民集体与农村集体经济组织的关系》，载《中国法学》2021 年第 3 期。

⑤ 参见宋天骐：《论农村集体经济组织法人内部治理中的“人”与“财”——以治理机构的人员构成与集体资产股权为观察对象》，载《河北法学》2022 年第 4 期。

第三,决议机制。按照农村集体经济组织特别法人的外部成员和内部成员分别设置表决权,研究表决权的配置、行使、委托、征集等。表决权的主体:集体组织成员享有,而非集体资产股权(宋天琪,2022)。成员股东享有完全的治理权利,非成员股东通常只享有收益分配权(房绍坤、宋天琪,2022)。表决权的行使:决议的多数决原则不能实行资本多数决,而应贯彻"一人一票"或"一户一票"的平均主义(吴昊,2021)。关于决议的内部效力争议较少,外部效力学界也未有定论,农村集体经济组织决议外部效力规则应跳出"相对无效说"的藩篱,借鉴无权代理制度赋予农村集体经济组织追认的权利,最大限度地调整及调和各主体之间的利益冲突。①

第四,分配机制。关于分配机制,现有研究主要侧重于集体股问题。收益分配应当秉持效益决定分配、成员身份平等、民主管理,以及公开、公平、公正和分配到人的原则。集体收益分配的实体构造应当围绕收益分配依据、主体、客体、内容、顺序、比例等展开,并构建"可分配集体收益"的制度与规范体系。② 笔者认为,应当按照农村集体经济组织特别法人的外部成员和内部成员,结合公司与合作社的分配机制设置不同的分配制度。

第五,监督机制。关于代表诉讼和撤销权问题方面,当集体经济组织特别法人的利益受侵害时,满足条件的法人成员应享有提起代表诉讼和请求撤销的权利。应当完善农民集体决议不成立、无效与撤销的具体事由,由此归纳出农民集体成员撤销制度。③ 为遏制农村集体经济组织管理者的权力滥用,保障农村集体成员的合法权益,建立了集体成员代位诉讼和撤销权制度(韩松,2011;管洪彦,2013),而对农村集体经济组织特

---

① 参见张泽嵩:《农村集体经济组织决议外部效力规则之构造》,载《地方立法研究》2022年第1期。

② 参见管洪彦:《论农村集体经济组织收益分配的基本原则和制度构造》,载《学习与探索》2022年第12期。

③ 参见杨萍:《农民集体决议撤销制度的实证考察与制度完善》,载《广西社会科学》2021年第7期。

别法人外部成员的诉权和撤销权、特别法人机关的权力设置、特别法人的终止等缺少关注。笔者认为,应重点研究代表诉讼的主体限制、行使条件、诉讼对象和法律效果,以及撤销权的行使主体、行使条件、撤销对象、撤销后果等。

此外,还有大量文献研究农村集体经济组织的相关问题,其中也存在较大争议,比如农村集体经济组织成员股权有偿退出问题(张先贵,2023)、农村集体经济组织是否能够破产问题、纳税主体问题、反垄断豁免问题等。

三、研究成果的主要内容和重要观点

(一)研究的主要内容

本项目最终研究成果近13万字。研究报告在原《民法总则》确立农村集体经济组织特别法人资格的背景下,围绕确定特别法人的成员资格及股东资格(成员)、特别法人的股权设置及股权权能(资本)、特别法人的治理机制(治理结构)三个关键点,按照“法人构成要素”的思路逐层推进,以“成员”为逻辑起点,以“资本”为中观核心,以“治理结构”为微观核心。同时,从特别法人的成立、存续、终止三个层面,最终推动农村集体经济组织特别法人的制度构造。

“法理”,即第一章。该章主要对农村集体经济组织特别法人的定位进行历史分析和法理分析。通过对农村集体经济组织的语源、发展历史的梳理,准确把握农村集体经济组织的内涵,找准农村集体经济组织的法律主体地位定位。农村集体经济组织的组织形式重构的可选路径为合作社法人、公司法人、股份合作制法人、特别法人,结合各地地方性规定及其实践,分析农村集体经济组织特别法人法律地位的合理性,明确特别法人的特征。

“成员”,即第二章。法人成员是构成法人的核心要素之一,该章通过对农村集体经济组织特别法人的成员资格认定标准、成员的分类、资格的取得与丧失等问题进行研究,以确立成员的类型化以及所享有的差别化的成员权,构建内外有别的权能体系,运用实体权能和程序权能、自益权和共益权等类型化工具,完成内部成员与外部成员的权能体系的法理构造和权能实施的制度设计。

“资本”,即第三章。法人资本是构成法人的核心要素之一,农村集体经济组织特别法人的资本构成包括集体资产股份化、内部成员和外部成员的直接投资。内部成员股即集体资产股份化的股权,外部成员股即直接投资的股权。该章重点研究内部成员股,主要讨论集体股的存废及个人股的种类。在股权管理上,内部成员股的股权管理应当采取静态管理模式,外部成员股的股权管理可按《公司法》规范进行。

“内部治理”,即第四章。农村集体经济组织特别法人的法人机关设置为:权力机关为成员大会,执行机构为理事会,监督机构为监事会。按照农村集体经济组织特别法人的外部成员和内部成员分别设置表决权。同时,对农村集体经济组织特别法人的法人机关决议效力进行研究。按照农村集体经济组织特别法人的共享收益和分享收益、外部成员和内部成员的类型,设置不同的分配制度。当集体经济组织特别法人的利益受侵害时,满足条件的法人成员应享有提起诉讼和请求撤销的权利。该章重点研究代表诉讼的主体限制、行使条件、诉讼对象和法律效果等,以及撤销权的行使主体、行使条件、撤销对象、撤销后果等。

“配套制度”,即第五章。应当确立登记作为成立农村集体经济组织特别法人的管理模式,农业农村主管部门负责农村集体经济组织的登记管理。组织机构、成员及持股情况、资产情况、存续期限等不应作为登记内容,对农村集体经济组织法人的业务范围区分营利性和非营利性作不同的登记。农村集体经济组织特别法人应当作为纳税主体享受税费减免,同时也享受反垄断豁免的待遇。农村集体经济组织特别法人的特殊性不适用破产终止,只能是解散终止,且解散终止时不能协议解散,应有解散终止规则的设置。

《农村集体经济组织法(建议稿)》的条文设计及说明,即附录。本部分为《农村集体经济组织法(建议稿)》的框架,共9章82条,并对条文设计作出立法说明。

(二)研究的重要观点

结合学界的研究现状,本研究主要形成以下重要观点或结论:

1. 农村集体经济组织特别法人的特征及主体定位的合理性。由于农村集体经济组织特别法人是由农村集体经济组织进行法人化改造而来,而农村集体经济组织具有的土地权利的排他性、以农民集体土地所有权为基础、成员的封闭性、组织的稳定性和永久性等特征,决定了特别法人的特征,即设立目的的双重性、资产共有不可分、形式稳定、地域性明显、成员相对封闭性、收益分配平均性、实行民主管理。因此,农村集体经济组织不能定性为非法人组织、营利法人、合作社法人、社会团体法人。

2. 构造内外有别的成员类型。法人成员是法人的设立者、拥有者和支配者,农村集体经济组织特别法人的成员存在两类,即通过集体资产折股量化取得股权的成员(内部成员)和通过自有资产投资获取股权的投资者(外部成员)。农村集体经济组织法人成员资格的取得与丧失,应区分内部成员和外部成员。内部成员资格取得方式一般有三种:一是自动取得,二是因婚姻、收养、整体性移民等原因取得,三是申请加入取得。外部成员通过投资取得成员资格,其取得方式可以视为申请加入取得。内部成员资格因成员死亡和其他原因丧失,其他原因丧失是由于集体经济组织成员关系的变化而失去成员资格。外部成员资格丧失就是因与农村集体经济组织法人之间的投资关系终止而失去成员资格。

3. 构造内外有别的成员权利。农村集体经济组织法人成员享有的权利称之为成员权,成员类型不同决定了其成员权不同,内部成员和外部成员的权能体系应该从实体权和程序权、共益权和自益权的不同角度进行法理构造和权能实现作出制度设计。外部成员的规范可以从公司制度中得到启示,外部成员的资质、投资方式、股权权能等均可借鉴公司股东的规范进行规定。

4. 构造特别法人的资本制度,股权设置应当采取多元赋权方案。法人资本是构成法人的核心要素之一,农村集体经济组织特别法人的资本构成虽然也包括财政补贴和社会捐赠,但其主要来源于两部分,一部分是折股量化的集体资产,另一部分是内部成员和外部成员以自有资产的直接投资。理论与实践的难点是折股量化的资产范围和股权设置。内部成员股以户为单位核算股权数,以户为单位持股,股权证发放到户,外部成员股以投资特别法人方式获得。由于投资人可以是内部成员以自有资产投资,也可以是外部投资人投资,因此,只要不是以集体资产折股量化取得的股权均为外部成员股。由于股权性质、功能及权能均存在差异,应当采取内外有别的赋权方案,外部成员股可以参照《公司法》的规定,同时逐步取消集体股以公积金公益金予以替代,并坚持股权静态管理模式。

5. 以“分权制衡”构设法人治理机制并以内外有别的决议逻辑构设具体规则。农村集体经济组织特别法人必须设立权力机关、执行机关以及监督机关,分别为成员大会、理事会和监事会。成员大会的议事规则应由内部成员和外部成员分别表决,分别达到通过标准才能够是有效决议,应设置内部成员和外部成员不同的表决规则。理事会和监事会成员应当有内部成员和外部成员的代表。特别法人的决议效力应当按照其特殊性构建,决议成立、生效的构成要件包括一般构成要件与特殊构成要件,对于瑕疵决议应分类进行处理。

6. 构造分类收益分配制度。农村集体经济组织特别法人的收益分为共享的收益和分享的收益两类。共享收益的表现形式主要是通过提供农村公共物品以提高农村社会福祉来实现,分享收益则是指法人成员个人独立享有的利益。构建收益分配的顺位:一是共享收益优先于分享收益,二是分享收益的分配内部成员优先于外部成员。

7. 构造特别法人成员的代表诉讼和撤销权制度。当农村集体经济组织法人的权益受到其管理者或第三人侵害时,应当赋予满足成员人数或投资股权比例条件的法人成员有提起代表诉讼的权利;当特别法人决定或决议存在损害成员权益可能时,应当赋予成员提起诉讼申请撤销的权利。但以上应区分被诉决定或决议损害的成员共益权与自益权,对内部成员与外部成员行使撤销权对象的范围也应有所区分。

8. 构造特别法人的登记制度。农村集体经济组织法人作为一种新型的法律拟制主体,应当确立登记作为设立必经程序的管理模式,农业农村主管部门负责农村集体经济组织的登记管理。组织机构、成员及持股情况、资产情况、存续期限等不应作为登记内容,应将业务范围作为登记事项,要区分营利性业务和非营利性业务而作不同登记方式。

9. 构造特别法人的终止制度。农村集体经济组织特别法人的特殊性,不应当适用破产清算,只能是解散终止清算,且解散事由有别于其他组织,不允许利用协议解散方式自行解散。解散事由只能是:因合并或分立需要解散,因整体搬迁或土地整体被征收而解散。当农村集体经济组织特别法人解散后,用于还债的资产只能是外部成员的投资财产和集体经济组织法人积累的财产,而不能用折股量化的集体资产,更不能用公益性资产。原来的农村集体经济组织特别法人解散清算后,内部成员和集体资产加入新的集体经济组织,可以重新吸纳外部成员投资。

四、成果的主要价值与影响

学术价值:原《民法总则》确立农村集体经济组织特别法人地位,是对法人类型化的创新,也是我国立法的创举,本选题有着较强的学术价值。首先,本选题有益于完善我国市场经济理论和集体所有制理论。其次,因传统法人制度无法涵盖农村集体经济组织特别法人,本研究能够丰富民商事主体制度。最后,本选题是构建"三权分置"政策的理论支撑。农村集体经济组织特别法人的财产制度设计为"三权分置"政策的实施提供了制度路径,主要体现在如下几方面:(1)本研究从法人成员、资本、治理结构三个关键点,按照"法人构成要素"构建农村集体经济组织特别法人制度,从特别法人的成立、存续、终止三个层面,最终推动农村集体经济组织特别法人的制度构造,可以充实该领域研究成果。(2)本研究采用“内外有别”的研究框架，即“内部成员、外部成员”“内部成员股、外部成员股”“内部成员股权能、外部成员股权能”的“三层次”的结构性框架，对特别法人法律制度进行建构，可以为学界提供新的研究视角。(3)本研究提出若干较为新颖的研究问题，比如农村集体经济组织内外成员股权权能的差异、农村土地经营权的未实现利益问题等，可以为现有研究提供启发或参考。

应用价值：原《民法总则》明确农村集体经济组织特别法人的主体地位，其意义深远。本选题的应用价值体现在：(1)为各地农村集体经济组织特别法人的实践提供指引；(2)为各地登记农村集体经济组织特别法人提供制度依据；(3)为地方立法提供理论支撑和规则设计参考；(4)为国家立法机关制定《农村集体经济组织法》提供参考。

社会影响和效益：在各类期刊公开发表5篇学术论文，被众多研究者下载阅读并引用；积极参加学术会议宣传推广研究成果，产生较好学术影响。部分内容被作为讲座内容，引发听众的兴趣和热议，与地方政府沟通交流，获得地方政府的关注。

目前，《农村集体经济组织法》尚处于征求意见阶段，各地农村集体经济组织法人化改造尚处于探索实践阶段，《农村集体经济组织法》的相关问题亟须深化研究。许多具体问题都必须密切跟踪最新的改革实践，虽然本研究已取得部分成果，但相对于制定完善的《农村集体经济组织法》而言，仍然需要持续关注、持续研究、持续精细化，尤其是实践规则凝练、内部成员股与外部成员股的股份权能实施规则、特别法人运营规则、特别法人终止规则设计等问题尚存极大的研究空间。在下一步研究中，课题组将密切结合改革实践，紧跟立法动态并加大后续研究力度，继续深入围绕《农村集体经济组织法》的条文设计等问题精耕细作。

第一章

农村集体经济组织的历史沿革及特别法人的内涵

第一节　农村集体经济组织的界定

一、农村集体经济组织的由来及发展历程

“集体”一词在《现代汉语词典》中的意义为“多数人组合起来的有组织的整体”。其意义与“个人”形成对比。此种解释较为笼统,其只是在强调“集体”是区别于“个人”的多数人,而没有对其内涵作更详细的解释。因此,现在更多的学者认为“集体”应该更加强调的是多数人的、统一的或方向一致的意志。具有统一意志的多人整体才是“集体”。

而农村集体经济是公有制经济的一种表现形式,是在社会主义改造完成后确立的一种公有制经济形式,经过长期的实践证明,其是符合我国现在的社会主义市场经济体制的发展现状的。农村集体经济组织的生产资料是按照农村区域规划和生产目标而由农村集体公有,其中的农民作为这个集体的成员,在生产劳动中以民主自愿集中进行一定程度的合作,再通过市场经济运作收益,并将受益以按劳分配和按生产要素分配结合,最终实现农村集体成员的利益共享。在我国,农村集体经济组织主要是指以农村土地为依托、以生活在该土地上的农民为成员而形成的“村民组织”。

农村集体经济组织的产生和发展离不开农村集体经济的产生发展。纵观整个发展历程,其最初产生于20世纪50年代的农业合作化运动,从

一开始土地农民私有的“初级社”到“高级社”，再到土地公有的“人民公社”，农村集体经济组织的产生发展历程有着浓郁的中国色彩。

马克思、恩格斯集体所有制理论认为，集体所有制是指由自由人联合起来的集体占有生产资料和最终产品，最终产品由集体成员按劳分配，由劳动者个人占有劳动力和劳动。集体所有制理论认为，在农业社会土地是最基本和最重要的生产资料，土地所有权的归属直接影响到所有制的类型，实现公有制的前提就是对作为生产资料的土地集体所有。苏联时期的战时共耕共产、列宁的合作制以及斯大林时期的集体农庄模式，均是不同时期集体所有制的实践。这些在历史上的理论以及实践影响后来的中国集体经济的建立与发展。

1. 土地改革和农业互助组的出现。在新中国成立前，我国土地制度是私有制，个人享有土地所有权，但实际上广大农民群体没有土地，全国土地由少量地主所有。在土地革命时期，虽然在“打土豪（废除少数地主的土地所有制度）、分田地（实现农民土地私有）”的政策推动下，实现了“耕者有其田”的追求，但我国土地私有的制度未发生根本性变化。直至1947 年，中共中央的西柏坡土地会议终结了地主的土地所有制。耕者有其田制度使得农民群体拥有了自己的土地。土地由地主私有变为农民私有，虽然没有改变土地私有的性质，只是改变了土地私有的主体，但极大提高了贫苦农民的生产积极性。

新中国成立后的第二年即 1950 年颁布了《中华人民共和国土地改革法》，以正式的法律保障了耕者有其田制度，以法律形式而不再是政策形式将农民土地所有权固定下来。此次改革彻底废除了地主私有的土地制度，农民分得了土地，地主与佃农的关系不复存在，彻底改变了农村生产关系，在全国范围内解放农村生产力。但在这一阶段并没有出现农村集体经济组织。

经历此次土地改革之后，农村农民基本上拥有了自己的土地，家庭个体拥有生产资料，农业生产加快。但此时中国农村的广大农民仍然属于单一的个体，并未产生统一的意志，并没有结合成为集体形式，仍然是以单个家庭为生产单位，生产资料也属于个人占有，农民拥有的土地主要是自用和少量的出租，农业生产以家庭为生产单位，农业难以得到发展，劳动生产率低。在当时这个以私有制占统治地位的社会，很容易在农村地区造成贫富两极分化的情形。一部分农户经济条件因此改善并不断提升，再通过买地、雇佣来扩大资产，不断循环成为新的地主；而一部分农民因为各种各样的困难，被迫将手中的土地再次卖出，再被经济条件更好的农民所雇佣。长此以往，农民占有土地的局面仍将会被新地主占有土地的局面所取代。为了避免此种情况的发生，部分地区的农村开始了相互合作，产生了集体意识的萌芽。农民之间相互帮助劳作，也开始了对生产资料的交换，产生了最初的劳动互助组。但是这种劳动互助组仅仅是在私有制基础上的一种农民之间的相互帮助行为，没有法律制度或政策等强制性规定，仅仅是处于互助组农民的自愿行为，不能将其看作集体形式或最初的合作社，其更像是由农民相互之间的友好互助行为。

2. 初级农业合作社的出现到高级社的发展。1951 年 12 月，中共中央印发了《关于农业生产互助合作的决议(草案)》，该决议肯定了劳动互助组取得的成绩，并要求开始逐渐探索初级农业合作社的形式。在初级农业合作社这一组织形式中，土地和生产资料的所有权没有变，仍属于农民私有，但是合作社取得了使用权，土地与生产资料由合作社统一调配。农民将生产资料的使用权交与合作社，这与劳动互助组时期相比有了本质的区别。这一时期的农民将土地、牲畜、农具等生产资料折价入股，由合作社统一经营，最后再按照劳动和生产资料进行分配。初级农业合作社的组织形式实际上就是所有权与使用权、经营权的分离，其虽没有土地与生产资料的集体所有权，但已经有了集体使用权，劳动成果出现了法律上的共有关系，农村集体与家庭个体之间的关系也不再是生产资料的关系，还涉及分配关系。这一新型组织形式提高了土地农具等生产资料的利用率，促进了农业的生产发展。

1953 年中共中央通过了《关于发展农业生产合作社的决议》，该决议首先肯定了农业生产互助合作的积极作用，同时该决议重点指出了以后农业生产合作社的发展路线,即高级农业生产合作社的发展方向。此时,农村集体经济组织的最初形态开始出现。1955 年通过的《农业生产合作社示范章程草案》,指出了初级农业合作社的性质,同时明确了农村土地的所有权主体仍然是农民,而合作社只拥有部分不包含土地的共有生产资料。然而,农业合作社发展至此始终没有改变土地和生产资料由农民私有的状况,而农村私有制与我党决定走社会主义公有制的路线背道而驰,所以土地改革注定不会保持农民私有这种状态。

至此,各地的农业生产初级合作社开始按照此路线向着高级农业生产合作社稳定发展。真正对这一现象进行改变出现在 1956 年 10 月中共中央七届六中全会上,七届六中全会提出了 3 ~4 年基本完成全国性农村合作化的目标。然而,此次会议开展的结果使农村合作化出现了急切冒进的倾向,造成全国农村合作化的发展速度人为地加快,各地的初级合作社快速发展为高级社,这一过程已不是自然而然地过渡,甚至有些地方出现命令强迫等方式要求农民加入合作社。虽然这样的发展过程的确有些违背初始的自愿原则,但是在这样的政治环境下全国的高级合作社飞速发展,到 1956 年 11 月,仅仅一个月的时间,全国就有 99. 1% 的农户加入高级社①,总户数达到 1. 27 亿户。②

高级农业合作社农村土地所有权收归集体,大型牲畜以及农具也作价归公,按劳取酬。直至此时才算是全面改变了土地革命时期和新中国成立初期的土地及生产资料私有的现象,农民成为真正意义上的按劳分配的劳动者。这就代表高级农业生产合作社完全具备社会主义性质。“高级农业生产合作社的建立,是我国农村合作社经济与集体经济相区别的重要分界线。”③初级社是农村集体经济组织的最初形态,高级社就是

---

① 参见 1958 年 3 月中共中央发布的《关于把小型的农业合作社适当地合并为大社的意见》。

② 参见马晓河:《中国农村 50 年:农业集体化道路与制度变迁》,载《当代中国史研究》1999 年第 Z1 期。

③ 温铁军:《“三农”问题与制度变迁》,中国经济出版社 2009 年版,第 207 页。

完全社会主义性质的农村集体经济组织形态,同时也是我国农村集体经济组织和集体所有制的基础。

3."政社合一"与人民公社时期。社会主义改造完成后,农业合作社的发展趋势更多的是一种将小型社合并为大型社的方式。1958 年初,农忙、抗旱、进行水库等农业设施建设等活动使合作社之间开始协同合作,出现了小社并为大社的现象。中共中央在 1958 年的政治局扩大会议上讨论通过了"小社并大社"的意见,而且当时兴修大规模的水利工程,"小社并大社"结果就是人民公社组织形态的产生。同年 8 月,中共中央通过《关于在农村建立人民公社问题的决议》,人民公社化运动在全国范围内迅速掀起高潮。

人民公社产生的基础是高级农业生产合作社,其大多数是由农业合作社合并成立,所以其基本特点之一是规模大。同时,从"所有权"的视角来看人民公社具有高度的公有性,人民公社的生产资料高度公有化,而且连生活资料也要求公有。1961 年公布的《人民公社工作条例》点明了人民公社的"政社合一"的性质,人民公社成为我国广大农村地区中的基层政权单位。这种制度结构大大限制了社员退社的自由。农民入社后,土地及其他生产资料的所有权归于人民公社,农民不再享有公社的集体土地等生产资料的明确份额,因此不能取得报酬。1958 年党的八届六中全会通过《关于人民公社若干问题的决议》,该决议规定人民公社分级制度,分为生产队、生产大队以及公社管理委员会三级。同年 9 月,《人民公社工作条例》再次被修订,生产队正式被定为基本生产单位、基本核算单位以及生产资料的所有权归属单位。

然而,人民公社"政社合一"的特点逐渐显现出各种缺陷。首先,打击了农民的生产积极性。人民公社后期出现盲目冒进的错误,追求"一大二公三拉平","大"即盲目扩大人民公社的规模,一心求大,甚至后期出现将多个乡合并为一乡,建立一个人民公社,公社规模甚至能达到两万户;"公"即一切由公社共有,所有财产由公社统一核算;"拉平"即不再使用商品经济规则,社内各个生产队、各个村不再拥有产权,运用行政手段相互拉平。其次,瞎指挥造成生产力下降。由于公社的政权组织性质,公社、大队、生产队之间是一种上下级的行政关系,公社可以直接指挥社里的农业生产,直接干预生产队的生产和经济活动。现实中,公社往往会运用行政命令瞎指挥,“一刀切”,这导致农民生产积极性下降,生产效率降低。人民公社制度不仅深刻地改变了中国乡村社会的结构,将国家政权逐渐下沉至乡村,而且改变了传统的“家庭”作为生产资料所有者的模式,使得日后中国的集体经济组织形式日趋复杂,并且“政社”“政经”难以分离。①

4. 乡镇恢复后的集体经济组织。从长期实践来看,人民公社并不适合当时的中国农村经济发展。人民公社的建立初衷是为了给广大农村带来物质丰富、政治民主的生活,实际上却使农村劳动生产率下降、农民消极怠工现象大量存在,以及“公地悲剧”现象显现、农民收入减少、生活质量降低。巨大的落差使农民不再信任人民公社制度,而让人民公社制度解体的是家庭联产承包责任制的兴起。家庭联产承包责任制经过试点、推广,1986 年出台的《民法通则》在法律上予以确定。同时,为了改变“政社合一”的人民公社制度,1983 年 10 月,中共中央、国务院发出《关于实行政社分开建立乡政府的通知》,决定在农村地区建立乡政府,这意味着人民公社的政权组织形式被乡镇政府的组织形式取代,产生了全新的管理体制。然而,农村集体经济组织却以其他形式继续发展着。

后来,人民公社政社分设后,农村集体经济组织根据生产发展的需要,不再强制设置,而是根据成员自主意愿建立,形式与规模不再单一,可依据时间需要灵活设立,模式多种多样。全国各地经济发展程度和实践情况不同,各地设立相应的集体经济组织的情况亦不完全相同,有些经济发达地区,乡镇一级还设有乡镇经济联合总社等大规模的集体经济组织行使经济管理职能。

需要说明的是,1962 年通过的《农村人民公社条例修正案草案》将生

---

① 参见于雅璁、王崇敏:《农村集体经济组织:发展历程、检视与未来展望》,载《农村经济》2020 年第 3 期。

产队进行定性后，国家政策法律再未改变生产队作为基本生产资料所有权单位。集体土地所有权主要是从原生产队所有延续下来的，而村民小组作为生产队的延续，其拥有集体土地所有权的情况也未改变。在实践中，即使未成立村民小组集体经济组织，土地发包、集体收益分配等大多数地方实际上也主要都是以村民小组为单位进行的，并未突破村民小组范围。

二、农村集体经济组织的概念

我国不同层级的法律文本中均频繁使用农村集体经济组织的概念，但都没有对农村集体经济组织内涵的界定，国家层面立法中也并无农村集体经济组织的内涵与外延进行界定的清晰表达。[①] 然而，学界观点众多：从历史变迁的角度看，是从最初的"互助组"到"三级所有、队为基础"组织模式演变而来[②]；集体所有制是一种团体所有，个人作为团体中的成员，对团体中的财产享有使用权和收益权，而团体享有财产的所有权、管理权和处分权[③]，"农村集体经济组织是基于集体成员而产生的代表集体成员行使所有权的经济组织"。[④]

2022 年，全国人大常委会已将农村集体经济组织法列入立法规划，起草工作已经开展进行。回溯农村集体经济组织的发展历程，结合其发展现状以及未来的发展目标可以看出，农村集体经济组织是以农村集体土地所有权为成立基础的经济组织，是农村公有制的体现，土地所有权的底线是不可能改变的。与此同时，《民法典》将农村合作经济组织规定为与农村集体经济组织相并列的法律主体。但改革开放后的乡村企业、合作社等农村合作经济组织已有专门的法律文件加以规范，未来不宜再将

---

① 参见管洪彦：《农村集体经济组织的概念界定与立法表达》，载《中国不动产法研究》2021 年第 1 期。

② 参见李永军：《集体经济组织法人的历史变迁与法律结构》，载《比较法研究》2017 年第 4 期。

③ 参见黄延信：《发展农村集体经济的几个问题》，载《农业经济问题》2015 年第 7 期。

④ 张保红：《农村集体经济组织立法四论》，载《晋阳学刊》2020 年第 3 期。

其纳入农村集体经济组织法的对象范围。从立法实践看,其立法规范对象主要针对的是拥有农村集体土地所有权的经济组织,在实践中部分地区的相关规范性文件亦是如此规定。

农村集体经济组织是以农村土地集体所有为基础的社会经济组织,其主要采用家庭承包的方式,有着统一的从事农业生产的意志,以农民为主要成员。[①] 综合农村集体经济组织的发展演变以及学界的论述可以看出,农村集体经济组织具有以下基本特征:

1. 土地权利的排他性。农村集体经济组织依附于自然村、行政村或乡镇集体拥有的土地,具有很强的地域性。在特定的农村地域范围内,农村集体经济组织行使土地所有权时具有排他性和单一性。单一性就是在一个地界单位内往往只有一个农村集体经济组织,排他性则指一个集体经济组织享有土地所有权时就排除了其他主体同时对该土地享有所有权。

2. 以农民集体土地所有权为基础。农村集体土地所有权是农村集体经济组织运行发展的基石,全国广大农村地区几乎所有的集体经济组织成立的前提都是拥有农村集体土地的所有权。农村集体土地不仅是农村集体经济组织生产经营的物质基础,也是为其成员提供最低社会保障的物质基础,这是农村集体经济组织区别于其他农村组织的重要特点。

3. 成员的封闭性。封闭性主要是指集体经济组织的成员对外具有封闭性,而其封闭性是组织成员的身份性导致。农村集体经济组织的成员要求是依靠该集体土地生产、长期在该地域居住生活的农民,或者是原公社、生产队同时户籍保留的成员。

值得注意的是,农村集体经济组织成员虽然具有地域和身份上的封闭性,但是不排除其成员的变动可能。历数农村集体经济组织的发展历程,从初级社起,农户家庭成员因婚姻、生育、死亡以及离开集体,农村集体经济组织的成员既在特定时刻是封闭的,同时在整个发展过程来看也

---

① 《宪法》第 8 条规定,"农村集体经济组织实行家庭承包为基础、统分结合的双层经营体制"。《农村土地承包法》第 3 条规定,"农村土地承包采取农村集体经济组织内部的家庭承包方式"。

是不断变化的。

4. 农村集体经济组织较为稳定。农村集体经济组织的成立前提是农村土地集体所有权，而农村土地集体所有制度早在1982年《宪法》就明文规定。因此，农村土地集体所有制绝对不可能轻易改变。从现有制度看，农村集体土地所有权的流转只是单向的因被征收后变为国有土地所有权的流转形式，农村集体经济组织不能像一般的营利性法人那样破产终止，其具有相对的稳定性。然而农村集体经济组织又需要适应社会主义市场经济，因此往往会选择通过出资成立一个有限责任公司，并通过这个公司来进行市场活动，如若出现债务风险，可以通过破产清算程序来规避集体土地被处分的风险。

当然，农村集体经济组织的稳定性不是绝对的，也有可能发生变动。随着城镇化进程的加快，"城中村"、城郊农村可能会转化成城镇社区，某一集体经济组织的土地可能会被全部征收，或者因社会公共利益需要，某一集体经济组织需要整体搬迁，此时相应集体经济组织可能会涉及与其他的组织合并，或者变为城镇居民自治组织，原有集体经济组织就会终止。

第二节　农村集体经济组织的法律主体地位

一、农村集体经济组织主体定位的理论及实践分歧

关于农村集体经济组织的法律地位问题，理论界有两种对立的观点。一部分学者认为农村集体经济组织应该属于非法人组织，特别法人制度存在理论缺陷，新增"特别法人"一节在科学性、合理性及合法性上值得商榷，尤其是赋予农村集体经济组织法人地位存在明显问题①；农村集体

① 参见谭启平：《中国民法典法人分类和非法人组织的立法构建》，载《现代法学》2017年第1期。

经济组织、合作经济组织不宜统一确定为法人,新增四类特别法人不仅本身缺乏系统科学性,而且也无法从根本上弥补营利法人与非营利法人分类的缺陷与不足[①];特别法人概念存在的必要性并不大,此不过是“立法技术剩余”的产物,其在私法上并不具有特别的规范意义,且根据“营利”与否可以归入营利法人或非营利法人。[②] 在《民法典》的征求意见稿中就曾有专家建议将农村集体经济组织归为非法人组织。[③] 其认为如果将其作为法人,因特殊的组织性质,其永远不能破产,与现代的法人理论不符。而若将其作为非法人组织不影响其市场主体地位,同样可以享受相应的权利,履行相关的义务。另一部分学者认为农村集体经济组织属于法人,他们认为原《民法总则》特别法人制度的设置具有明显的理论及实践意义,认为农村集体经济组织兼具地域性、社区性、内部性,不同于一般的法人组织,不同于公益性组织,不可简单套用营利性法人、非营利性法人和非法人组织,需要特殊对待[④];赋予农村集体经济组织特别法人资格,对于完善农村集体经济组织治理结构,规范其发展,意义深远[⑤];在原《民法总则》中赋予农村集体经济组织法人地位既具有必要性,又具有可能性。[⑥]

对于赋予农村集体经济组织法人资格,究竟应当赋予何种法人资格又有不同观点。第一种观点是《民法典》最终采纳的将其列为特别法人,持此类观点的学者认为应当参照农民专业合作社的相关制度规范对农民集体经济组织单独立法,将其构造成特别法人。第二类观点将农村集体

---

① 参见谭启平、应建均:《“特别法人”问题追问——以〈民法总则(草案)〉(三次审议稿)为研究对象》,载《社会科学》2017 年第 3 期。

② 参见张闱祺:《我国民法总则中的法人分类方式探析》,载《中州学刊》2017 年第 2 期。

③ 参见中国法学会民法典编纂项目领导小组:《中华人民共和国民法典民法总则专家建议稿(征求意见稿)》,载中国法学会网 2015 年 4 月 20 日,https://lpa.chinalaw.org.cn/portal/article/index/id/12355/cid/29.html。

④ 参见韩俊:《在民法总则中明确集体经济组织的特殊法人地位》,载《中国人大》2016 年第 21 期。

⑤ 参见刘振伟:《建立规范的特别法人治理结构》,载《中国人大》2017 年第 10 期。

⑥ 参见管洪彦:《农村集体经济组织法人立法的现实基础与未来进路》,载《甘肃政法学院学报》2018 年第 1 期。

经济组织归类为合作社法人，其认为农村集体经济组织与合作社法人有着相似的组织结构和公益职能，将农村集体经济组织归类为合作社法人较为合适。[①] 第三种观点认为将农村集体经济组织归类为企业法人，农村集体经济组织法人类型的确认应基于营利法人的规范性判断标准，构造其作为特别营利法人的私法主体地位。[②] 其认为农村集体经济组织符合合作制企业特征，用企业法人的规范来管理。这样可以通过对集体资产的管理从而达到为农村集体经济组织的成员谋取经济利益的目的，同时企业法人的身份也更适应当下的市场经济。

对农村集体经济组织主体定性，不仅理论上学者之间存在理论观点争议，而且在各地的实践中也存在多种不同做法。

有的地区存在对农村集体经济组织主体的地位的不明确。地方规定为农村集体经济组织，但是却没有明确其主体地位。很多地区实践中虽已将农村集体经济组织归类为法人，但仍然不够细致，无法明确其具体的法人类型。例如，湖北省规定"取得法人资格"，[③]但没有明确法人的类型。一些地区实践中将农村集体经济组织登记为农民专业合作社法人[④]，还有一些地区实践中允许将农村集体经济组织企业法人登记为企业法人。[⑤]

---

① 参见郑有贵：《农村社区集体经济组织法人地位研究》，载《农业经济问题》2012 年第 5 期。

② 参见郭洁：《论农村集体经济组织的营利法人地位及立法路径》，载《当代法学》2019 年第 5 期。

③ 《湖北省农村集体经济组织管理办法》第 12 条规定，农村集体经济组织经乡人民政府审核向县级农村经济经营管理部门申请登记，领取湖北省农村集体经济组织登记证，即可取得法人资格。

④ 《江苏省农民专业合作社条例》第 13 条规定："鼓励和支持农民以土地经营权出资等方式，设立农民专业合作社，开展农业适度规模经营。农民成员在同等条件下享有优先在本社务工的权利。鼓励和支持农村集体经济组织、基层供销合作社、家庭农场、农业企业、农业科学研究单位和农业科技服务组织等，以及以农业生产经营服务为主要职业的农业从业人员，设立农民专业合作社。支持农村集体经济组织发展的财政资金形成的经营性资产，符合规定的，可以以出资的方式投入农民专业合作社。"

⑤ 湖南省长沙市人民政府办公厅《关于城中村集体经济组织产权制度改革的指导意见》第 2 条第 7 项规定，"城中村"对集体经济组织资产进行清产核资后，经区农经管理部门审核，具备公司经营条件的，由工商部门注册登记为有限责任公司。

二、农村集体经济组织特别法人的主体定位

虽然实践和学说上存在很多分歧，但最终立法将农村集体经济组织的主体定位为特别法人。我们知道，非法人组织和法人组织的核心区别在于：法人组织以法人财产对其债务承担有限责任，非法人组织对其债务承担无限责任。也就是说，当组织出现资不抵债的情况时，设立人或发起人是否需要用自己的其他财产继续偿还组织的债务，法人组织若出现资不抵债，通过破产清算程序即可解决，不会影响其发起人、设立人的其他资产，而非法人组织若出现资不抵债，设立人或发起人需要用自己的其他财产继续偿还组织的债务，直至全部清偿为止。因此，将农村集体经济组织的主体定位为特别法人，有其必要性。

第一，农村集体经济组织显然不能定性为非法人组织。因为当非法人组织的财产不足以清偿债务时，其成员（设立人或发起人）需要用自己的其他财产继续偿还组织的债务，直至全部清偿为止。正是因非法人组织民事责任承担的要求，如果将农村集体经济组织归为非法人组织，就意味着组织成员存在为庞大的集体债务承担无限连带责任的可能性，而这在农村集体中显然是不现实的。而从法人的构成条件来看，依法设立、财产、名称、组织机构、住所及法律责任几方面，法律责任是影响组织法律地位定性的最重要条件。农村集体经济组织如果对其债务承担无限责任，不仅在实践中不可行，而且与现有制度相冲突，明显存在制度障碍。因此，对农村集体经济组织法律地位的定性不能是非法人组织，而只能将其归类为法人组织。

第二，将农村集体经济组织定性为特别法人，并没有以常见的企业法人或者合作社法人来简单归类。虽然农村集体经济组织法人和企业法人一样，都具有营利性，但二者的区别还是比较明显的。首先，企业法人是典型的营利性法人，虽有企业社会责任的说法，但其唯一目的就是营利性，就是利用其资源，在游戏规则之内追求企业的盈利，以为投资者谋求

投资回报最大化为宗旨，而农村集体经济组织不仅仅具有营利性，需要为其成员谋求经济利益，还要从事社会职能，具有一定的公益性。农村集体经济组织在营利的同时，还承担着更多的公共职能或社会职能。公共职能的承担，需要在制度设计上为农村集体经济组织单独立法，而不能简单照搬现有的企业法人法律制度。其次，典型的企业法人在我国就是公司，而公司已经有了具体的《公司法》来进行规范管理，但《公司法》对企业法人的规定难以在农村集体经济组织法人上适用。《公司法》对设立有限责任公司的股东人数限制为50人以下，但是现实中农村集体经济组织的成员远远不止50人。哪怕如果将农村集体经济组织强行适配为企业法人，对于农村集体经济组织的民主管理、治理结构、利润分配、公共职能承担等，企业法人的相关制度都是无法与其匹配的。不仅如此，企业法人需要登记方可设立，设立法人需要的具体条件，原来的《中华人民共和国企业法人登记管理条例》和现在的《中华人民共和国市场主体登记管理条例》（以下简称《市场主体登记管理条例》）有着详细规定。对于农村集体经济组织来说只有可能以集体所有制企业登记，然而这种登记的是农村集体经济组织举办的企业，而不是农村集体经济组织本身。因此农村集体经济组织难以登记为企业法人。

除了企业法人，农村集体经济组织也容易被归类为农民专业合作社法人。纵观其发展历程，在各个阶段不管是集体财产的所有权还是使用权，均由集体成员贡献而出，其管理方式始终坚持民主管理，因此其本质上还是属于合作制经济。实际上农村集体经济组织特别法人与农民专业合作社法人存在诸多不同，以至于最终也没有被归类为农民专业合作社法人。首先，二者的服务对象有差别。虽然二者都是服务于组织内部成员，但二者组织内部成员有着较大的区别。农民专业合作的成员往往是集体同类农产品的生产经营者或相关服务者，相较之下农村集体经济组织成员则没有这些限制，只要求是社区成员即可，而社区成员不一定会满足农民专业合作社法人的要求。其次，农村集体经济组织无法适用农民专业合作社法人的盈余分配制度[1]，因为绝大多数的农村集体经济组织与其成员之间并不存在交易量，无法按照惠顾返还原则进行盈余分配。此外，从功能到成员、资产等方面，二者之间也存在巨大差距。因此，农村集体经济组织难以定位为合作社法人，这也是法律将二者规定为并列的法人类别的原因。

第三，农村集体经济组织特别法人不能定性为社会团体法人。在农村改革实践中，出现过将农村集体经济组织登记为社会团体法人的情形，其主要目的是让组织避免赋税等经济负担，同时也有利于组织的去行政化，尤其是与基层群众性自治组织分开，农村集体经济组织可以有更高的自主权，做到政企分开，能独立民主管理。但是，现实情况中登记为社会团体法人的农村集体经济组织通常只能依附于其他经营主体，将集体土地等资产用外包、出租、参股等方式参与其他主体的经营活动。[2] 但社会团体法人的相关规定使这类农村集体经济组织难以自己开展市场经营活动，不能成为独立运行的市场主体。农村集体经济组织是一个营利性组织，农村集体经济组织的目的是为集体成员获取更大利益，而这样的经营运作模式不能满足组织的营利性目的。农村集体经济组织改革的根本目的是实现农村的社会经济发展，虽然农村集体经济组织需要承担大量的公益职能，但也不能直接排除考虑农村集体经济组织的营利性职能。随着城镇化的快速发展及社会保障制度的不断完善，农村集体经济组织的社会公益性职能更多地将会由政府负责承担，其社会服务功能将被逐渐从经济职能中剥离。所以，当下我们就更应该考虑到农村集体经济组织的营利能力，从而实现农村改革的目的。

---

① 《中华人民共和国农民专业合作社法》（以下简称《农民专业合作社法》）第44条规定，"在弥补亏损、提取公积金后的当年盈余，为农民专业合作社的可分配盈余。可分配盈余主要按照成员与本社的交易量（额）比例返还。可分配盈余按成员与本社的交易量（额）比例返还的返还总额不得低于可分配盈余的百分之六十；返还后的剩余部分，以成员账户中记载的出资额和公积金份额，以及本社接受国家财政直接补助和他人捐赠形成的财产平均量化到成员的份额，按比例分配给本社成员"。

② 参见郑有贵：《农村社区集体经济组织法人地位研究》，载《农业经济问题》2012年第5期。

综上所述，在特别法人出现前，不论是企业法人、合作社法人还是社会团体法人，均不太适合将农村集体经济法人归入。

第三节　农村集体经济组织特别法人的界定

一、农村集体经济组织特别法人设立目的的双重属性

法人作为法律主体是一种法律拟制主体，实际上是一种组织的拟人化。对农村集体经济组织进行的法人地位创设，不仅是农村改革、乡村治理的需要，更是农村集体经济组织未来的发展路径。由于作为特别法人的农村集体经济组织法人，不能被简单纳入"营利、非营利"项下，并以单一功能作为设立目的①，因此农村集体经济组织法人的功能也不是单一的"营利宗旨"或"非营利宗旨"能够实现的。

以营利为目的的法人其设立目的就是营利，追求利润最大化，为投资人谋求投资回报最大化；非营利法人设立目的不以利润最大化为追求，而是追求公共利益最大化。因此，营利法人和非营利法人的设立目的具有单向性②，而农村集体经济组织法人的设立目的则具有双重性，这种双重性具体表现在对内和对外两个层面。③

对内层面，农村集体经济法人的设立目的具有明显的互助公益性。④在互助方面，农村集体经济组织最开始就是从劳动互助组慢慢发展而来，

---

① 参见温世扬：《农村集体经济组织法人特殊构造论》，载《政治与法律》2022 年第 10 期。

② 虽然公司社会责任的出现引起对公司本质的反思，但其仍然没有根本动摇公司的设立目的，公司社会责任还只是法律责任与道德准则的融合产物，其实现还有赖于公司内部的治理机制。参见朱慈蕴：《公司的社会责任：游走于法律责任与道德准则之间》，载《中外法学》2008 年第 1 期。

③ 在对比农村集体经济组织法人与营利法人、非营利法人之间的不同时，有学者指出，农村集体经济组织法人具有相对于营利法人的营利特别性以及相对于非营利法人的"趋利性"。参见许中缘、崔雪炜：《"三权分置"视域下的农村集体经济组织法人》，载《当代法学》2018 年第 1 期。

④ 参见宋天骐：《论农村集体经济组织法人设立的特别性》，载《求索》2020 年第 5 期。

农村集体经济组织法人其主要服务对象为其集体内部成员以及农业生产者，所以其内部成员之间以及成员与法人之间存在稳定的互助关系。同时，由于单一的农村集体经济组织法人本身存在抗风险能力低、资产有限、劳动力的数量质量不同等问题，在多个农村集体经济组织法人之间往往也会进行相互协作，从而优势互补，共御风险。在公益方面，农村经济组织法人承担教育、卫生、基础设施、扶贫济困等大量的社会责任，相较一般的营利性法人，有着更多的公共服务职能。

对外层面，农村集体经济组织法人需要依靠自身获得承担公共服务职能的物质条件，这就决定了其设立目的包含营利性方面。当然营利性目的不仅仅是为筹措承担公共服务职能的资金，农村集体经济组织法人还肩负着为农村发展、农民富裕的责任，即还要追求农民"有红利可分、多分红利"的职责。但农村集体经济组织法人不同于其他营利性法人，其营利性是要受到政策以及具体实践阶段的限制的。农村集体经济法人所从事的生产经营活动被限制在农业生产经营领域，由于农业生产领域的营利能力低、成本高、风险大等现实原因，再加上农村地区的交通、技术、人才等因素，大大限制了其营利性。这也是国家需要对农业给予财政支持和政策支持的原因。

二、农村集体经济组织特别法人的概念与特征

在我国《民法典》采用的"功能主义"的法人分类模式下，立法者针对法人的制度设计，更加关注将国家的治理目标植入到法人的制度功能之中。[①] 虽然《民法典》颁布时将农村集体经济组织定性为特别法人，但要对特别法人进行准确界定还是很难的，甚至有学者认为"特别法人"不是一个内涵和外延确定的科学法律概念。[②]

---

① 参见管洪彦：《农村集体经济组织法人类型定位之证成与价值展开》，载《法学论坛》2021 年第 5 期。

② 参见谭启平、应建均：《"特别法人"问题追问——以〈民法总则(草案)〉(三次审议稿)为研究对象》，载《社会科学》2017 年第 3 期。

农村集体经济组织特别法人不仅要遵循一般法人设立的普遍原理，其设立目的的双重性还决定了其作为特别法人设立的特别条件。与一般法人的设立条件相比，除名称、住所没有特殊性外，特别法人在组织机构、财产或者经费以及法律责任等设立条件上，都与一般法人区别明显，其设立就必须有法律、行政法规的特别规定，必须要体现农村集体经济组织的公益性，在财产或经费方面特别注意成员的折股量化资产，同时需要国家通过引导、扶持促进其发展。[①] 另外，农村集体经济组织法人成员应当重点考虑，特别法人成员的资格应包含农村集体成员，但也不能“一刀切”地排除社会资本方。在社会主义市场经济背景下发展农村集体经济，其成员资格应当是一种开放式的规定而不应是封闭式规定，应允许社会资本方为其提供资金、技术等支持。成员资格的确认，需要考虑到地域关系、婚姻家庭关系、农村土地承包关系等要素，当然，确定成员资格的前提是不得违反法律法规的平等、公平等基本原则和强制性规定。

结合法人的概念和特点，即依法设立、具有民事权利能力和民事行为能力、独立享有民事权利和承担民事义务、是一种拟人化的社会组织，来理解农村集体经济组织法人的含义：以土地集体所有权为基础，符合地域性的农民家庭自愿地将土地的使用权、收益权以及集体资产作为份额交给农村集体经济组织法人，成为该法人的股东，法人对股东最大化的社会保障是其根本目的，是依法享有民事权利和承担民事义务的特别法人。[②] 农村集体经济组织法人作为特别法人，其大致有以下几点特征：

1. 设立目的的双重性。农村集体经济组织法人不是依靠财政资金存续的组织，其承担着为农村发展、农民富裕的职能，必须通过自己的生产经营获得盈利，为其成员取得“分红”提供所需资金。同时，农村集体经济组织特别法人与基层群众自治组织法人共同承担公益性职能，所以农

---

① 参见张力、程敏：《农村集体经济组织特别法人的设立与终止》，载《北京航空航天大学学报（社会科学版）》2022 年第 5 期。

② 参见韩冬等：《农村集体经济组织法人治理的构建与完善》，载《中国土地科学》2017 年第 7 期。

村集体经济组织法人也必须通过生产经营获得盈利，为承担农村的公益性职能筹集资金。故其设立目的具有营利性目的和公益性目的，其设立目的的双重性使其区别于单一性目的的法人组织。

2. 资产共有不可分。农村集体经济组织法人代为行使集体经济组织的集体资产来参与市场经济活动，集体资产是由集体成员共有，所以决定了农村集体经济组织法人的资产同样不可分割。

3. 形式稳定，地域性明显。这主要表现在成员、财产和组织的稳定性、地域性。农村集体经济组织法人成立的前身是农村集体经济组织，是以土地集体所有权为基础，以特定地域为范围，以相对稳定的成员为主体，因为土地集体所有非法定原因和经法定程序不得改变，其地域范围也须经法定程序，否则不得随意变更，成员除特殊原因外，比如死亡、户籍迁移等没有变化，所以决定了农村集体经济组织法人成员的稳定性，且具有明显的社区性或地域性。同时，资产特别是资源性资产和非经营性资产具有稳定性、地域性，在一定地域范围内不允许进行分割转让。组织的稳定性则表现在农村集体经济组织法人不存在持续时间限制，不得协议解散（成员大会决议、章程约定），更不适用破产清算而终止。

4. 成员相对封闭性。农村集体经济组织以特定范围内土地集体所有权为基础，成员是该范围内农村集体经济组织的成员，经过特别法人改造后，集体经济组织成员就获得特别法人成员资格，虽然获得特别法人成员资格的标准各地规定不一，但主要是与集体经济组织相关联的因素，这就使得农村集体经济组织法人成员相对封闭性，大部分或全部属于集体组织的成员。说其成员相对封闭性，是由于为促进农村集体经济组织的发展，成员不是绝对的封闭而具有一定的开放性，允许农村集体经济组织成员以外的社会资本方进入，为其提供资金、技术等支持，取得特别法人投资人的身份，能够获得与折股量化的成员资格相并列的投资人成员资格。但成员资格的开放性有严格限制而不是自由的。对成员资格的开放性严格限制表现在：一是对投资人资质的要求，二是对投资人取得成员资格的程序要求。

5. 收益分配平均性。农村集体经济组织法人收益分配标准不像企业法人那样单纯取决于股份份额，而是按照多种分配标准来分配，从而实现特别法人成员的利益。集体所有制决定了折股量化成员平等享有股权，决定了成员平等享有股权；折股量化的股权是集体成员参与集体权益分配的依据，只能在内部成员之间转让，股权继承要考虑继承人是否具有集体成员资格，否则就不能继承股权而只能继承股权收益。外来投资产生的外部成员股权可以按照《公司法》的规定和章程约定分配收益。

6. 实行民主管理。在营利性法人的治理结构中，也有民主管理的要求和体现，比如公司中的职工董事和职工监事参与公司治理。但农村集体经济组织特别法人更加强调民主管理，成员大会作为最高权力机关，对重大事项必须实行民主决策。农村集体经济组织法人成员不同于公司的股东，公司股东是公司的投资人，而农村集体经济组织法人成员主要是特定地域范围内的集体经济组织的成员；公司股东会的决策主要是针对公司的生产经营活动，而农村集体经济组织法人成员大会决策的事项不仅仅是特别法人的生产经营管理活动，还包括集体经济组织法人承担的公共职能事项的决策。此外，集体经济组织法人即使有限制地吸收外部成员，外部成员的数量和表决权也应当严格限制。

第二章

农村集体经济组织特别法人的成员制度

第一节　农村集体经济组织特别法人的成员资格

农村集体经济组织特别法人的成员资格确定也称为成员确认①，是指由相关的确认主体按照一定的确认方法和标准，确认特定对象是否属于某个集体经济组织成员的活动。对于农民而言，确立其成员身份、行使其权利和分配其利益至关重要，“成员资格的确定就成为实践中的重要问题”②，一旦出现不公正、不合理的情况，将可能导致极其恶劣的影响。一方面，成员资格的确定是农村集体经济组织利益分配的调节阀，不合理的确定结果可能导致集体利益的损失，最终损害集体成员的利益，阻碍农村社会经济发展，影响制度发挥作用。另一方面，成员身份认定是农民取得成员资格、享受各类成员权益的前提。一旦出现不合理、不公平的情况，不仅会直接侵害成员的权益，而且会造成成员之间的矛盾，严重时可能会引发群体性事件。从长远看，成员身份认定问题影响农村改革的结果、农村社会经济的发展和“乡村振兴战略”的实现。

---

① 参见江保国：《集体经济组织成员身份确认的可诉性研究》，载《中外法学》2018 年第 4 期。

② 王利明、周友军：《论我国农村土地权利制度的完善》，载《中国法学》2012 年第 1 期。

一、农村集体经济组织特别法人成员资格的认定标准

《农村集体经济组织法》第 11 条规定："户籍在或者曾经在农村集体经济组织并与农村集体经济组织形成稳定的权利义务关系，以农村集体经济组织成员集体所有的土地等财产为基本生活保障的居民，为农村集体经济组织成员。"该法通过之前，在农村集体经济组织改革的过程中，主要是地方规定或村民自治决定确立的标准。其中，地方规定主要包含地方性法规、规则和地方人民法院撰写的某些判决文件；村民自治决定主要是对特殊人员按照村规民约、传统习俗等进行单独认定。通过梳理各地认定农村集体经济组织法人成员的实践，以及部分人民法院的裁判文书，对农村集体经济组织法人成员认定标准作如下归纳和分析。

1. 户籍标准。新中国成立后的城乡二元社会管理体制，户籍制度作为其中主要内容，时至今日，虽然我国社会管理体制也进行了改革，但户籍制度基本没有变化。在进行农村集体经济组织法人制度改造过程中，对其成员资格的认定，户籍成为被人们采用最多、接受程度最高的一种认定标准。根据法律规定，户籍所在地即为住所地，户籍在某一集体组织，就被认定为该组织的成员，该组织法人制度改造后就取得其成员资格。单一户籍制度具有易操作、易接受的特点，是我国农村集体经济组织法人成员资格认定的最为常见的标准。单一户籍制度之所以被公众广泛接受，主要是因为新中国成立后长期实行的城乡二元体制，严格区分农村户口和城镇户口，农村户口必然与特定的农村集体经济组织相对应，且具有很强的稳定性。家庭联产承包责任制度实行后，农村劳动力得以释放，人口流动性增强，但并没有改变户籍制度。因此，户籍便成为简便、易操作的农村集体经济成员认定标准。

户籍作为农村集体经济组织成员的认定标准，虽多数地区采用，且普遍被人们所接受，在确定农村集体经济组织法人成员资格的过程中，更多地依赖于地域和血缘亲属关系，但随着家庭联产承包责任制和农村集体

经济制度的不断改革，农村人口流动性加强，单一户籍作为农村集体经济组织成员的认定标准，已难以适应农村的实际现状，产生了越来越多的问题。在这样复杂的情况下，如何识别农村经济组织的特殊法人成员变得尤为困难，而单一户籍制也没有与现实发展的需要相匹配。于是，大量地区为解决单一户籍标准的不足，在"户籍"基础上加上其他因素，在农村集体经济组织法人改造过程中，形成了"户籍＋"复合标准。

2."户籍＋"复合标准。"户籍＋"作为复合标准，主要以户籍制度为基础，与其他认定标准相结合，来确定农村集体经济组织特殊法人的成员资格。在改革实践中，各地匹配的标准差异性较大，主要包括以下：

(1)"户籍＋权利义务"标准。"户籍＋权利义务"标准是指在户籍标准的基础上，再加上权利义务的标准。换言之，即在认定某人是否具有农村集体经济组织特殊法人成员资格时，不仅要看是否具有本村户籍，还要看是否有实际的权利义务关系。首先，如果不具备本村户籍，肯定被排除在集体经济组织法人成员之外，即使在本村生活，比如因婚姻到本村生活的婚嫁女和入赘婿，如果没有本村户籍就不能获得集体经济组织法人成员资格。其次，需要形成实际的权利义务关系，权利义务关系主要是看其在本村是否有承包地，例如，农村新生儿均具有本集体组织的户籍，但由于其是在农村土地二轮承包后出生，没有承包集体土地，就属于没有与集体组织形成权利义务关系，其就不具备集体经济组织法人成员资格。

(2)"户籍＋生活保障"标准。"户籍＋生活保障"标准是指在认定农村集体经济组织特殊法人成员资格时，在户籍的基础上，兼顾了自然人的生活保障。如果某人的户籍在该集体经济组织，因是在农村土地二轮承包后取得的户籍，故没有承包集体土地，但由于其不具有城镇居民户籍也就没有城镇居民社会保障，就应当获得该集体经济组织的成员身份。"户籍＋生活保障"标准在确定农村集体经济组织成员身份时，充分考虑了当事人是否有稳定的生活来源，这一做法实际上弥补了"户籍＋权利义务"标准的不足，在实践中获得多数地方和多数人的认可。

(3)"户籍＋年龄"标准。"户籍＋年龄"标准具体是指具有本集体经济组织的户籍，且达到一定年龄后，均获得本集体经济组织法人成员资格，缺失其中任何一个条件就不能获得成员资格。“户籍＋年龄”标准虽被地方立法认可①，但其不具有合理性，因为年龄与是否有稳定的生活来源、是否享受集体资产带来的收益等没有任何联系，与农村改革的宗旨和目标也没有丝毫关系。

（4）“户籍＋多种因素”标准。该标准要求具有本集体经济组织的户籍，且常住地在本集体组织，在这个标准基础上如果符合附加标准中的任意一项，比如出生地在本集体组织、婚嫁进入本集体组织、本集体组织成员合法收养、集体经济组织法人集体决议等，就具有本集体经济组织法人的成员资格，否则就不能获得本集体经济组织法人成员资格。

“户籍＋”复合标准与单一户籍标准相比，复合标准能够更灵活地处理由农村集体经济组织法人成员身份所引起的一切问题，更好地满足社会发展的需要。在“户籍＋”复合标准成员认定标准上除了依据户籍标准，还将其他因素考虑在内，比如生产生活因素、居住地、出生地、社会保障、权利义务、年龄等因素，相较于单一户籍标准来说的确更加规范，也更加合理。但是“户籍＋”复合标准也存在弊端，一方面在户籍基础上加唯一标准，会使在认定集体经济组织法人成员时，考虑到一部分人的利益可能损害了另一部分人的利益，造成不公平问题；另一方面如果采用户籍基础上加多种标准，就涉及多种标准之间的平衡问题，因为成员资格认定后带来的是集体资产折股量化问题，即不同标准的成员资格获得股权数量是否一致、如何区分，这是“户籍＋”复合标准必须考虑的问题。

3. 特殊成员认定标准。在农村集体经济组织特别法人成员身份认定过程中，对于原集体经济组织的成员能否直接转化为特别法人成员，在户籍基础上设置一些标准，尽量做到公平、公正，但对于一些特殊人员是否能够获得集体经济组织法人成员就需要进行具体的分析。

---

① 《湖北省农村集体经济组织管理办法》就规定了“户籍＋年龄”标准。该管理办法第15条规定，“凡户籍在经济合作社或经济联合社范围内，年满16周岁的农民，均为其户籍所在地农村集体经济组织的社员”。

这种特殊人员主要有两种：一是原农村集体经济组织成员，户籍还在本集体经济组织，因婚姻、上学、服役、服刑等原因，离开本集体经济组织但户籍没有变化；二是不具有本集体经济组织户籍，因婚姻、收养等原因，在本集体经济组织生产生活的。第一种人员包括外嫁女、在校大学生、现役军人、劳改服刑人员等，第二种人员包括嫁入女、入赘婿、养子女、继子女等。但必须明确，无论采用何种识别方法，都应坚持唯一性原则，即同时只能取得一个集体经济组织的成员资格。

一般而言，外嫁女会将自己的户籍转入出嫁的地方，根据婚姻的形式，外嫁女可分为“农嫁农”和“农嫁非农”两种情况。“农嫁农”就是从一个农村集体经济组织嫁到另一个农村集体经济组织，“农嫁非农”就是从一个农村集体经济组织嫁到城镇。如果属于“农嫁农”，外嫁女将户籍转入嫁入地，就加入外嫁农村集体经济法人组织，其原法人成员身份即丧失；如果外嫁女没有将户籍转入嫁入地，就继续保留其原集体经济组织法人成员资格。“农嫁非农”的情况是否丧失原集体经济组织成员身份，除了要看她们是否将户籍迁出，还要看是否获得城镇生活保障，即使户口没有迁出，但在城镇有稳定的生活保障，实际上已经享受城镇人口的待遇，原集体经济组织成员身份也应丧失。

因婚姻影响集体经济组织成员资格的还有嫁入女和入赘婿。外嫁女是某一集体经济组织的人员减少，嫁入女和入赘婿是某一集体经济组织的人员增加。与外嫁女一样，嫁入女和入赘婿也主要是根据户籍是否变动来判断是否丧失原集体经济组织的成员资格，是否取得新的集体经济组织的成员身份。不过嫁入女和入赘婿只有“农嫁农”情况，没有“农嫁非农”情况。

自然人离婚、丧偶后，一般不会改变其农村集体经济组织成员身份，但离婚、丧偶后变更户籍、离开原集体经济组织，也会涉及成员资格的丧失。

对于户籍没有变更或短期将户籍迁移但未获得其他集体经济组织成员资格且没有其他生活保障的人员，比如在校大学生、服兵役人员，原集体经济组织成员资格不变。对于在读大学生毕业后和退役军人，除回原集体组织务农外，在城镇就业的，必然有新的生活保障，应当认定已经自动丧失原成员资格。

对于农村集体经济组织成员的养子女和继子女，只要形成父母子女关系合法，户籍迁入本集体经济组织，就可以取得农村集体经济组织特殊法人的成员资格。在现实中，仍以户籍为标准，辅之以生存保障标准。

在构建成员资格的要素评价机制时，应明确户籍要素、基本生存保障要素、固定生产生活要素为评价要素，三个要素的权重次序由高到低应为“基本生存保障要素—户籍要素—固定生产生活要素”，在具体案件中认定当事人是否具有成员资格，乃是动态权衡三个认定要素之结果。①

二、农村集体经济组织特别法人成员资格的取得原则

农村集体经济组织特别法人成员资格的取得原则如下：

1. 公平、平等原则。公平、平等原则是法律规定的基本原则，也是法律价值的体现。在农村集体经济组织成员资格认定中，坚持公平、平等原则，既是法律原则在具体行为中的体现，也是有效规制现实中歧视和侵害成员资格认定的行为，避免出现矛盾冲突的路径。平等原则在农村集体经济组织成员资格认定过程中的体现，就是对是否符合认定标准、是否成为特别法人成员应当一视同仁，不能因人而异、区别对待。此外，平等原则的坚持也是对特殊成员资格认定的保护，应当避免身份差别和歧视待遇的现象发生。同时，平等原则还体现着具体情形具体分析的理念，在具体的集体经济组织发展模式下更是需要深刻贯彻该原则，以达到切实符合保护各类成员权益的朴素要求。平等原则必然涉及公平问题，在确定农村集体经济组织成员资格的过程中，应保证确认成员资格的标准公平、程序公平、结果公平，使成员之间、成员与集体之间的利益合理分配。公平性原则尤其是在对特殊成员认定中得以深刻体现，比如特殊成员认定中对于“空挂户”人员成员资格的认定。在确定农村集体经济组织成员

① 参见汪义双：《动态体系论下农村集体经济组织成员资格认定研究》，载《甘肃政法大学学报》2023 年第 2 期。

资格的过程中，贯彻公平原则，消除“两头占”现象，保证集体经济组织的资源和利益由正当成员进行有效分配。

2. 资格唯一性原则。资格唯一性原则是一般标准和特殊成员的认定必须严格遵守的原则，这意味着每个成员都必须而且只能同时具有一个集体经济组织的成员身份，不能同时具有两个或两个以上集体经济组织的成员身份。成员身份是取得利益分配的关键，而每个集体经济组织内的资源总量都是恒定的，尤其是对于部分发展程度比较落后的集体经济组织来说其内部资源利益同时还是稀缺的。因此，成员总量的确定和集体经济组织内部资源总量之间是相互制衡的，在确定集体经济组织成员资格的时候就要严格贯彻资格唯一性原则，保证实际上的利益平衡。这与其他社会组织成员资格的取得不同，比如一个人可以同时投资多个公司而具有多个公司的股东资格，这种不同性恰好也是与特别法人内涵保持一致性。

3. 利益衡量原则。利益衡量是现代法治社会深入贯彻的一种理念，尤其是利益衡量原则在立法和司法审判过程中的运用。“所谓利益衡量原则，是指当各方利益发生冲突时，解释者对社会公共利益、当事人利益及其他利益进行综合考量，以实现和保证当事人利益的平均分配，从而达到实质正义”①。特别是肯定或否定某一人集体经济组织成员资格时，不仅需要考虑该主体的利益，还要考虑集体经济组织其他成员的利益和集体经济组织的利益。在农村集体经济组织成员资格认定过程中对利益衡量原则的坚守，原因在于农村集体经济组织成员资格认定本质上就是对成员利益的确认、分析和选择的过程。在农村集体经济组织成员资格认定中坚持利益衡量原则，既是全体成员利益发生冲突时的有效应对措施，也是将其他实质性标准纳入成员资格认定标准的基础。

三、农村集体经济组织特别法人成员资格的取得与丧失

引起成员资格变动的法律事实，是成员资格取得和丧失的主要依据，

---

① 王利明：《法律解释学导论：以民法为视角》，法律出版社2009年版，第629页。

无论是基于何种方式取得或者丧失，都要体现人文关怀的精神，保证成员的基本生存保障。农村集体经济组织特别法人的成员资格的认定会直接影响成员权利的行使，不合理、不确定的成员资格的取得和退出机制会导致集体经济组织成员内部身份的混乱①，必然引起成员之间的不公平、成员与集体组织之间利益的冲突，还会引发社会矛盾甚至群体性事件。农村集体经济组织成员资格取得方式一般有三种：一是自动取得，即在第二轮土地承包时就具有农村集体经济组织的成员资格，在第二轮土地发包时承包有集体土地，此后只要户籍没有迁出集体经济组织，自然就获得了农村集体经济组织的成员身份，在农村集体经济组织法人改造时，自动取得该法人组织的成员资格；二是因婚姻、收养、整体性移民等原因，户籍迁入新的集体组织，并在土地第二轮承包时承包有集体土地，必然取得该新的农村集体经济组织成员资格；三是申请加入取得，即原来不属于该集体经济组织成员，希望加入该集体经济组织的人向该组织提交书面申请，集体经济组织通过民主议事程序，同意申请人加入成为该集体经济组织的成员②，申请加入属于特事特办的方式。从这三种方式来看，自动取得方式是取得成员资格的最基本的方式，从成员数量来看，也是最多的，而申请加入的方式是最少的，一般数量也是最少的，外部成员资格的取得可以视为申请加入取得。农村集体经济组织成员身份的认定采取刚性与灵活性、法定性与意向性相结合的方式，尽可能将所有农民纳入农村集体，避免因资格问题引发纠纷。

从制度设计来看，成员资格能够取得就必然存在成员资格丧失。取得成员资格就是与特定组织产生权利义务关系，成员资格丧失就是与特定组织之间的权利义务关系终止。农村集体经济组织成员资格因成员死亡和其他原因的丧失主要体现在：一是自然人死亡后，其不再具有权利能力和行为能力，不再作为法律主体，其集体成员资格必然丧失。在此需要

---

① 参见赵琦：《农村集体经济组织成员资格的认定》，载《河北农机》2020年第3期。

② 申请加入集体经济组织，一般要遵循绝对多数的原则，由集体经济组织成员大会决议，有些集体经济组织的章程中会约定意向申请人需要缴纳一定数额的公共积累资金才可以加入集体经济组织。

明确的是，自然人被宣告死亡但并未实际死亡，返回原集体经济组织生活的，在撤销其死亡宣告后，应当恢复其原农村集体经济组织成员资格。二是其他原因丧失即由于集体经济组织成员关系的变化而失去成员资格。例如，集体成员因结婚、收养、集体土地被整体征收、集体成员被整体搬迁等原因离开原农村集体经济组织，其户籍或实际居住地点不再属于原农村集体经济组织，即使加入新的集体经济组织，按照资格唯一性原则，其原成员资格将丧失。况且有些成员离开原集体经济组织后成为城镇居民，享受城镇居民保障，原成员资格也将丧失。需要明确的是，一个集体经济组织的成员通过婚姻成为配偶家庭成员后，他的原始成员资格不必然失去，应该赋予其选择权，主要参考户籍是否变更、是否在集体土地第二轮承包时承包土地、是否存在申请加入被表决同意等情形，只有成为新的集体经济组织成员后，该成员原来的集体经济组织成员资格才丧失。此外，当农村集体土地被国家整体征收后，原集体经济组织成员就整体成为城镇居民，享受城镇居民保障，集体成员资格也应当随之归于消灭；因国家政策集体经济组织整体移民搬迁，可能在新地方成立新的农村集体经济组织，也可能分散或集中加入其他已经存续的农村集体经济组织，还有可能成为城镇居民，对原集体经济组织的成员来说，在获得新的集体经济组织成员资格或获得城镇居民资格后，原集体经济组织成员资格丧失。

四、农村集体经济组织特别法人成员的分类

农村集体经济组织特别法人成员分类主要依据成员取得股权方式和农村集体经济组织成员权主体的主要形式划分。

1. 根据成员取得股权方式不同分为内部成员和外部成员。农村集体经济组织法人成员取得法人的股权方式有两种，一是通过集体资产折股量化取得股权，二是通过自有资产投资取得股权。这不同于公司成员，其取得公司股权的方式只有一种，即股东投资。通过集体资产折股量化取得股权的成员称之为内部成员，这是农村集体经济组织法人成员的主体

部分;通过自有资产投资取得股权的成员称之为外部成员,外部成员在集体经济组织法人中不是必备或必然存在的,其只有集体经济组织法人为吸引资本、技术等原因,在具备条件时才有可能出现。内部成员与外部成员在取得成员资格、享有的股权权能、特别法人治理等方面均有所区别。

2. 按农村集体经济组织成员权主体的主要形式进行划分。第一,以农户(家庭)为主体。农村集体经济组织特别法人的成员权虽然源于个人,但在行使中确实存在着以"户"为主体的形式。虽然没有立法直接规范"户"作为法律主体①,但从特定成员权利主体的规范性推定可以明显看出,例如,家庭联产承包责任制的承包方是"户",宅基地使用权的取得单位为"户",部分地方实践的股权确权到"户",集体重大事项的表决单位为"户"等。任何社会都有其最基础的组成单元,对于我国农村地区而言,农户就扮演着这一重要角色,众多农户扎根农业生产经营活动中,并且以个体间的血缘和婚姻关系充当纽带。

从我国农村的承包实际出发,规定各农户对于集体土地的承包权行使必须因地制宜,契合当地的风俗民情和经济发展水平等基本情况,其主要体现在以下几方面:(1)根据我国各项法律法规中关于农村集体土地承包经营的相关内容,在土地划拨的具体单位中,在立法中承认"分户"作为整体承包村集体土地。(2)对于部分无民事行为能力和限制行为能力的农村居民来说,由于其自身无法直接与集体签订承包合同,也无法较好地履行合同,这时候以户为单位可以解决这些问题,并且可以更加有效地维护村集体中无限制民事行为能力人对于所承包农地应当享有的权利和收益。(3)从农村对共同体的信任角度来看,一般认为农户才是交易主体,尤其是在责任承担方面,交易相对方认为以户的财产承担责任能够确保义务的履行。因此,总体来说,"户"作为农村集体经济组织成员权的主体形态在某些成员权利的行使方面发挥了高效和便捷作用。但在新

① 一般从农地承包经营权和宅基地使用权为主的核心财产权的主体归属予以类推判断。参见戴威:《农村集体经济组织成员权制度研究》,法律出版社 2016 年版,第 56 页。

的时代背景下,在农村集体经济组织的特别法人定位下,应当承认农村集体经济组织的成员权从属于传统民法上的成员权,而成员权的主体和行使主体不是一个概念。农村集体经济组织成员权利的权利主体最终应该属于自然人而不是农户,以农户为主体就限制了集体经济组织成员权的规范构造。这不利于成员变动中的成员权认定和保护,不利于成员资格制度有效建立,在一定程度上会导致成员权形同虚设。

第二,以个人为主体。根据我国现行的相关农业法律法规,虽然有些条款介绍了农户作为成员权主体的含义,但从法学理论看,主体要么是自然人,要么是法律拟制的法人和非法人组织,农户是折股量化的股权主体,但显然不是法人或非法人组织。因此,折股量化的股权主体只能是自然人。无论农户为主体还是个人为主体,在特别法人定位下的集体经济组织中,成员权利的主要形式与不同的集体经济组织形式密切相关。这既是成员权利本身特殊性的要求,也是新时代成员权利规范建设的必要考虑。对于承包地所享有的成员权,申请的主体是家庭农户,但全国各地的实践,家庭承包土地的数量均是按照家庭成员人口数量来确定的,这项权利本质上是属于个人成员的一项具体权利。一项私法权利既符合法律对农村集体经济组织民事主体的定位,也符合关于承包地成员享有土地请求权的内涵。因此,今后在成员权利制度逐步建立、成员权利逐步明晰的发展趋势下,成员权利的主体也应界定为个人(自然人)。同时,这也是成员权利制度建设理念的明确依据。

为了防止一些相关权利的混淆,正确理解农村集体经济组织成员权的概念,就应当从权利享有主体上进行界分,这样使我们能在法律条款中明确成员权这一权利内涵。在民法理论中,成员是构成团体组织的基本人像要素。因其在法律上并不具有相应的主体概念,明确其主体形态就属于前置之环节。成员主体的自然人特性是传统组织体本原之义,而在集体经济组织内部,实践中很少由单独的农民个体行使其成员权利,主要以农户家庭作为行使主体。这虽然便于实践操作,但并不符合一般由成员个体行使其权利的成员权私法权利的本质理念。要在法律上规范构造成员权主体,就必须认识到成员权的权利主体是个人,农户是行使主体。个人与农户的并存主体形态,是目前农村集体经济组织成员权的主体的一般现状。无论是以农户为主体,还是以个人为主体,都不应过于绝对,要客观地考虑农村集体经济组织特别法人的组织形式,农户是其成员的外观形式,而个人是成员权利的最终利益主体。

第二节　农村集体经济组织特别法人成员权的权能体系

一、成员权类型化的原则、目标和依据

(一)成员权类型化的原则

1. 成员的身份性和成员权的财产性原则。成员权的享有以成员身份为前提,只有具有集体经济组织法人的成员身份才能享有该法人组织的成员权。成员身份具有唯一性,不能同时成为两个或两个以上的集体经济组织中成员,当某一主体成为一个集体组织的成员,就会失去在其他集体经济组织中的成员身份。在确定集体经济组织中的“外嫁女”“外村媳妇”“入赘女婿”等是否具有成员身份而享有成员权时,要根据“户口”“居住”等条件,防止“两头空”(两个农村集体经济组织均没有成员身份)、“两头占”(同时具有两个农村集体经济组织的成员身份)现象。因农村集体经济组织特别法人改造必然要求其具备法人条件,而财产(资本)是不可或缺的条件之一,故其成员权具有一定的财产性内容,具体包括集体土地占有、使用权,集体财产收益权,集体剩余财产分配权,[①]这种财产性是成员生活保障的体现。因此,在农村集体经济组织成员没有获得其他社会保障的情况下,即使离开集体组织也不能认为某一成员失去了原有

---

① 参见温世扬:《从集体成员权到法人成员权——农村集体经济组织法人成员权的内容构造》,载《武汉大学学报(哲学社会科学版)》2022 年第 4 期。

的村民身份。相反,当本集体经济组织的人员户籍迁往城镇后成为城镇居民,他们的基本生活已不再依靠集体经济组织的“土地保障”,就不能认定他们具有成员资格。

2. 合法性原则。合法性是任何法律行为都遵循的重要原则,无论是私法行为还是公法行为,既要程序合法还要内容合法。在农村集体经济组织特别法人改造过程中,确定集体经济组织成员资格、具体权能内容、资产与资本、治理结构、收益分配等,既要符合法律法规的规定,还需要符合集体经济组织特别法人章程的规定,主要表现在以下两方面:一方面要求确定成员权必须按照法律法规规定的操作程序实行,以确保民主决策的真实性;另一方面要求成员权的内容、成员权的实现等必须遵循法律法规的规定,界定标准上不能违反法律法规及特别法人章程的规定。这两个方面的合法性是保障公民权利的基础,也是法治国家的重要标志。然而,在实际操作中,我们常常会发现一些与合法性原则相违背的行为。以“外嫁女”及其子女的成员资格界定为例,一些村庄采取“一刀切”的做法,即不论具体情形如何,都将“外嫁女”及其子女予以排除,这一行为明显与《中华人民共和国妇女权益保障法》的有关条款相违背,且其认定标准也有不正当之处。它既是违法的,又是对公民尤其是妇女儿童的合法权利的侵害。在乡村,既有历史原因,也有传统文化影响,一些人仍然持有较为保守的观念,认为“外嫁女”及其子女不属于村庄的成员,因此不应享有相应的权益。这种观念的存在,导致了一些“外嫁女”及其子女无法享受到应有的教育、医疗等公共服务,影响了他们的正常生活和发展。

3. 因地制宜原则。每一个集体经济组织所制定的成员身份确认规则,都是村民们长期共同生产和生活所形成的传统认识与集体意愿的反映。由于历史传统、经济发展、现实状况等方面的原因,不同集体经济组织在确定不同类型的人员成员资格的标准上,都会存在一定的差别。因此,在公平合理、合法合规的基础上,每一集体经济组织都可以根据自己的实际情况,制定出一套与本集体经济组织相适应的成员资格认定办法,这也与国家农村集体经济组织改革的顶层设计指导思想相一致。

(二)成员权类型化的目标

首先,保障成员权利的实现,特别是农民集体成员权的实现。保障农民集体成员权利,防止成员资格被剥夺,是当前农村改革的重要议题之一。然而,农民的知识、经验、抵抗风险的能力等都较低,其作为集体经济组织特别法人的成员,处于弱势地位。这种弱势地位既有主观因素,也有客观因素。主观因素主要表现为农民习惯个体经营管理、文化水平不高、信息获取能力不足等。在传统的乡村文化中,农民长期以来习惯于独自经营,自给自足,缺乏团结合作的意识,“搭便车”思想严重。此外,由于教育程度不高,农民缺乏应对复杂问题的能力,容易被一些机构或个人误导,导致成员权利被侵害。客观因素主要包括缺乏法律意识、表达诉求不准确等。尤其是在农村地区,很多农民对自己的权利不了解,即使意识到权利受到侵犯也不知道该如何维权。此外,农民表达诉求的方式也比较单一,其往往通过抗议、上访等行为,从而容易引发不必要的矛盾。为了解决这些问题,农村集体组织应该承担起维护农民权益的职责,为农民解决问题和表达诉求。集体组织应该向农民宣传相关政策、法律知识,使其了解权利义务,提高其权利意识、法律意识,并设立法律咨询人员、成立维权小组,帮助农民解决实际问题,提高集体的凝聚力和战斗力。在表达诉求方面,集体应该倡导多元化的表达方式,为农民提供更多的渠道,让农民的诉求得到更好的表达和解决。保障农民集体成员权利,不仅是维护农民利益的问题,也是推进农村改革的重要途径。

其次,使农民分享集体经济带来的收益。社会主义公有制在农村地区的体现就是农民可以分享集体经济带来的收益,这也是农民富裕、农村发展的重要支撑。经过多年的改革,中国的农村经济得到了迅速发展,这得益于农民通过组织集体经济实现了规模化、集约化生产,同时也通过合作社等组织形式,共同分享生产和销售的收益。这一模式的成功,不仅为农民增加了收入,还带动了农村经济的快速发展。为了确保这种模式的顺利实行,政府也出台了一系列的规范措施,对农村集体经济组织进行了指导和规范,明确了权利行使方式。农村集体经济组织特别法人制度的设计,是深化农村改革的进一步措施,其目的是使农民能够更好地参与到集体经济活动中,从而增加农民的收入和自主权,实现农村的社会经济发展。

再次,限制规范农村集体组织。农村集体固定资产总值是促进农村发展的基础。在农村经济体制改革的过程中,政府也对农村集体资产进行了清理和核实,确保了资产的合法性和公正性。这使农村的经济发展更加健康和有序,同时也为农村经济发展提供了更加稳定和可持续的基础。在经过多年的改革和发展后,我国农村经济发展已经取得了可喜的成绩,未来我国将继续深化农村经济体制改革,进一步推进农村的现代化和城乡一体化发展。因此,出台规范农村集体组织的法律制度,将会为广大农民带来更多的机会和福利,也将为中国农村经济的持续发展奠定更加坚实的基础。

最后,建立起集体成员权的保护机制。在当前社会发展中,为了使农民的基本权利不受侵犯,应当建立起集体成员权的保护机制。具体来说,农村集体土地等资源性资产是农民享有集体成员权利最重要的基础,政府征收土地时保障农民合法权利就是保障集体成员权利最主要的反映。政府征收土地必须符合国家利益和公共利益需要,且必须遵循法律规定,应得到农民的同意和给予其合理补偿,否则,征收土地的行为就是非法的,就是侵犯农民的集体经济组织的权利和农民集体成员权利。除土地征收时可能侵犯集体成员权外,还有可能出现集体经济组织侵犯成员权以及成员间互相侵犯成员权的问题,这些就要求国家出台农村集体经济组织法律制度,建立完善的集体成员权保护机制,使集体经济组织成员的成员权得以保护。

(三)成员权类型化的依据

法人成员是法人必要的构成要素。法人成员的法律地位表现为法人的设立者、拥有者和支配者,农村集体经济组织特别法人成员的确定标准、范围直接关系特别法人的设立和成立。[①] “要成立一个具备法律人格的组织,就肯定需要有若干个为了这一目的而集合在一起并愿意成立这一相对独立组织的自然人。”法人制度本质是具有独立于成员(设立者)人格的团体人格。在《民法典》出台前,农村集体经济组织特别法人与农村集体间一直存在混淆的情况,缺乏明确的民事主体定位。[②]《民法典》虽将农村集体经济组织定性为特别法人,但未明确其法人资本和成员。法人资本是法人核心构成要素之一,与法人成员密切相关,法人资本来源直接决定其成员类型。农村集体经济组织特别法人资本来源包括:一是农村集体经济组织的资产;二是特别法人设立时成员直接投资。农村集体组织资源性资产权益,在土地承包法中已有原则规定,通过承包经营土地或流转承包地获得收益;经营性资产以股份或份额形式量化到本集体成员,作为其参与集体收益分配的基本依据;其他公益性资产收益,主要实行福利性分配或共享方式[③]。直接投资包括集体组织成员和集体组织外成员投资,投资者可以是自然人,也可以是法人或非法人组织,投资形式可以是货币、实物、知识产权或商业秘密及其他可估价并可依法转让的非货币资产。

成员类型不同决定了其成员权不同,内部成员主要是基于集体资产折股量化而获得成员资格,外部成员是基于投资获得成员资格,二者的成员权权能不同。这种类型化分析是集体经济组织特别法人的治理机制所要求的,也是农村集体经济改革必须的。

二、构建内外有别的权能体系

(一)外部成员权能体系——基于股东身份所享有的特别法人成员权

农村集体经济组织特别法人的成员分为两部分:一是通过集体资产

---

① 参见杨仕兵、方颖:《论农村集体经济组织特别法人成员撤销权》,载《东北农业大学学报(社会科学版)》2019 年第 1 期。

② 参见许中缘、崔雪炜:《“三权分置”视域下的农村集体经济组织法人》,载《当代法学》2018 年第 1 期。

③ 参见刘振伟:《建立规范的特别法人治理结构》,载《中国人大》2017 年第 5 期。

折股量化获得股权的集体组织成员,其被称为内部成员;二是通过自有资产投资获得股权的成员,其被称为外部成员。外部成员以股东身份为基础,其权能体系与公司法中规定的股东权能基本一致。在企业经营活动中,股东是企业的所有者,其对企业的经营活动享有某些权益。然而,这种权利与利益并非绝对的自由,而是有其自身的局限性与规制。首先,“集体成员股转让”不仅要受到法律法规的限制,还要受到组织章程的限制。特别法人的外部成员需要转让股权时,成员之间相互转让股权一般没有过多限制,但成员转让给成员以外的其他人时,必须符合某些条件,比如原有成员的同意、受让人的资格限制等,符合这些条件,方可将其转让给外部投资人。内部成员相互转让股权时一般是章程限制不得超过一定比例。其目的在于维护农村集体经济组织特别法人的稳定、经营者的利益,避免不良投资者的进入,并维护内部成员与外部成员间利益的均衡。其次,外部成员股权权能更多是受农村集体经济组织法人章程的规范。公司股东的股权分为共益权和自益权两类。共益权是股东在公司决策和管理中所享有的权利,其中最重要的就是表决权,这些权利的行使,使其能够直接参与到公司的经营决策中,从而保障其权益。自益权是以股份所有权为基础的一种财产权利,其中最重要的是获取股息红利权。因此,对于集体经济组织特别法人外部成员权的权能体系,按照共益权与自益权的区分,外部成员在行使其成员权时,不仅要符合《公司法》对公司股东权的规定,还要受集体经济组织特别法人章程的规范,例如共益权的表决权比例、行使方式,以及自益权中的分红规定等。

但应当指出,对表决权要求有特别的考虑。表决权是成员在权力机关作出决议过程中行使的,因农村集体经济组织特别法人的成员有内部成员和外部成员之分,故在表决权的行使过程中,应区分内部成员和外部成员的不同,制定不同的表决方式和议事规则。内部成员的表决方式和议事规则可以参考《农民专业合作社法》的规定,在实行“按人投票”的同时,增加“部分社员拥有额外投票权”,过半数通过或 2/3 以上通过;外部成员的表决权行使方式和议事规则可以参照《公司法》的规定。而对于某种事项的决议要求内部成员和外部成员均达到通过后，方能通过该项决议。

（二）内部成员权能体系——基于集体成员身份所享有的集体成员权

农村集体经济组织特别法人的建立是在社区基础上进行的，内部成员不仅拥有特别法人的股东身份，还拥有集体组织成员身份。内部成员的权能体系也包括自益权和共益权。农村集体经济组织特别法人的成立是为了解决农村地区经济发展不平衡的问题，让农村居民可以通过集体经济组织来实现资源共享，利用规模效应实现利益共享。这一制度的实施可以有效地提高农村地区的经济发展水平，增加农民的收入水平。需要说明的是，特别法人内部成员的自益权实现过程有诸多特殊性。比如分红权问题，不能够简单按照公司法的规定，因为这样难以实现农村居民的"土地保障功能"；股权转让权也应当受到限制，其通过集体资产折股量化而获得的股权，转让给本集体经济组织以外人就应当禁止。特别法人内部成员权能体系的设置和限制可以避免某些成员特别是外部成员滥用自己的权利，从而损害内部成员的基本保障权和影响整个集体经济组织的发展。同时，也保障了集体经济组织的集体性与社区性，在经济发展的同时不会忽视社区的福祉与发展。因此，内部成员的成员权权能设置要充分考虑内部成员与外部成员、成员与集体经济组织之间的利益平衡。

第三节　农村集体经济组织特别法人成员权权能的扩张、分离与实现

一、成员权权能扩张与分离的前提

《民法典》赋予农村集体经济组织特别法人资格，在法律层面上使其获得独立的法律地位。同时，《民法典》还将农村集体经济组织与村民委员会作为并列的法律主体，以实现村民自治和经济管理的分离。农村集

体经济组织的成员不仅包括农民，还包括其他社会成员，“农村集体经济组织的组织结构方面的开放性是其与农民集体的重大区别”[①]，这种开放性使得农村集体经济组织能够吸纳更多的资金和人才，促进其发展。在法人成员权的构造方面，应考虑到农村集体经济组织与其他企业的差异。由于其组织结构的开放性和特殊性，需要在法人成员权的构造上进行更加细致的考虑和规划。同时，还需要进一步探讨其与村民委员会、农民集体等的关系，以实现农村集体经济组织的良性发展。

首先，农村集体经济组织法人具有营利性特征。法人制度作为民事主体制度，是民法的基本制度，《民法典》规定的四种特别法人类型区别于传统的营利法人和非营利法人。农村集体经济组织特别法人制度的确立，进一步推动农村经济体制改革。这些改革使多方利益主体得到了共赢，是对我国经济发展的积极促进。在农村集体经济组织特别法人改革过程中，那些认为集体经济组织法人的内部组织结构应当保持封闭性的观点，是对其营利性特征的忽视。[②] 我们应该认识到，农村集体经济组织特别法人具有“公益性”的特征，其承担“公益性”职能必然需要物质基础作为后盾，从某种程度上来讲，这需要依赖于特别法人的“营利性”特征。农村集体经济组织法人的封闭性会给其带来很多限制和不利影响，如果没有外部资本的引入，这些组织很难实现真正的发展，也很难为社会创造更多的价值。只有通过引入外部资本，才能为其带来双重制度改革的利益。因此，我们应该鼓励这些组织引入外部资本，为其带来更多的发展机遇。当然，在引入外部资本时，也应该注意保护集体经济组织及其内部成员的利益。

其次，集体土地所有权的主体是集体组织，而不是集体成员。农村集体经济组织特别法人的制度设计，其目的就是要盘活集体资产，以确定所

---

① 温世扬：《从集体成员权到法人成员权——农村集体经济组织法人成员权的内容构造》，载《武汉大学学报(哲学社会科学版)》2022年第4期。

② 参见温世扬：《从集体成员权到法人成员权——农村集体经济组织法人成员权的内容构造》，载《武汉大学学报(哲学社会科学版)》2022年第4期。

有权归属的方式,使集体财产可以被最大限度地使用,并让集体成员可以共享利益。它与以户籍制为基础、以福利保障为核心的农民集体权本是不同的。在我国公有制的经济体制中,农村集体所有是其不可分割的组成部分,为了更好地发挥农村集体经济组织的作用,必须探讨如何解决其经营策略和资本扩张问题。有人认为,应该对农村集体经济组织的经营策略和资本扩张进行限制,这种做法并不是最好的解决方案。相反,允许集体经济组织经营策略和资本扩张的同时,完善监管机制才是解决问题的更好途径。农村集体经济组织应该有权自主选择经营策略和资本扩张手段,以实现经济利益的最大化,只有这样,才能真正发挥农村集体经济组织在农村经济发展中的作用。不能完全限制法人经营策略,否则将阻碍农村集体经济组织的发展。当然,外部资本引入带来的少数人控制问题也需要解决。这就需要加强监管机制,保障集体财产和集体成员的权益。只有这样,才能确保农村集体经济组织的健康发展。在解决农村集体经济组织的经营策略和资本扩张问题时,需要综合考虑农村经济发展的实际情况,探索出适合本集体经济组织的路径。只有根据实际情况制定出有效的政策,才能让农村集体经济组织真正发挥作用,为农村经济的发展作出贡献。

最后,在国家对农村集体经济组织法人改造的指导政策中,允许有条件地吸收外来资本和技术,即允许外部成员的出现,在地方性规定和实践中,也有外部成员的规定和做法。这意味着,除了原本的集体经济组织成员,其他人员只需要得到成员大会或代表大会的同意,就可以成为该组织的成员,或者符合章程约定的组织或个人,可通过投资的方式成为特别法人的外部成员。这种开放式的组织结构有助于吸引更多的投资和资源,能够促进农村集体经济组织的发展和提高其竞争力,以达到更好地为农村经济服务的目的。

从总体上讲,农村集体经济组织特别法人的成员有两种类型,一种是以农村集体资产折股量化获得股份的内部成员,另一种是以自有资产出资获得股权的外部成员。因为集体经济组织最主要的特点是营利,所以不能将其作为一个绝对的封闭型的组织，而是要让外来的成员参与进来。外部成员的规范可以从公司制度中得到启示，外部成员的资质、投资方式、股权权能等均可借鉴公司股东的规范。农村集体经济组织特别法人一方面具有公益性特征，不完全是营利性组织，另一方面还具有为内部成员提供部分社会保障的职能。这就使得其组织架构具有相对封闭性，应该赋予内部成员一定程度上的优先权。这种优先权的赋予可以通过参照公司法人的治理模式予以拓展。在农民集体成员权的拓展方面，应该从公司法人的治理模式中得到启示。内部成员和外部成员的权能体系应该从实体权和程序权、共益权和自益权的不同角度进行法理构造和权能实现的制度设计。这种制度设计应该能够使集体经济组织的内部成员和外部的股东实现良好的协作关系，从而推动组织的健康发展。

二、从实体权角度看成员权扩张与分离

成员权是指集体组织中成员所享有的一种身份权利，它包括对集体财产性权益的支配和程序性参与权。成员权的权利范围仅限于成员，不包括非成员。[①] 此外，成员权与非成员权主体享有的从团体中获得利益的权利是不同的，成员权在性质上应该具有某种特殊的地位。因此，在确定成员权的内涵时，必须遵循合理分配的原则，并以成员的身份专属性为先决条件。同时，应该在此基础上建立差别的权利，或者让各种形式的组织可以用协会自治的形式来对其权利进行调整。另外，在对成员的基本权利进行法律规定时，也要对成员的一般权利进行规定，确立合理的权利范围和内容。

第一，农村集体土地承包权的请求权。农村土地集体所有，基于“两权分离”理论，出现土地承包权，这是集体经济组织特别法人内部成员享有其他权利的基础。在“三权分置”制度确立后，承包地的经营权独立出来。通过“两权分离”理论获得土地承包权的主体必须限制在集体组织

---

① 参见戴威：《农村集体经济组织成员权制度研究》，法律出版社 2016 年版，第 207 页。

的成员之内，即具有内部成员的身份，而通过“三权分置”获得承包地的经营权的主体没有集体成员身份的限制。需要明确的是，在集体土地承包权的请求权实现后，才产生集体土地承包权，在土地承包人死亡后，其继承人如果是集体经济组织的成员，因土地承包权的“静态管理”而不作调整，且土地承包是以“户”为承包单位，只要“户”内还有集体经济组织成员，就不改变其土地承包权；如果“户”内没有集体经济组织成员，其继承人也不是集体经济组织的成员，那么继承人只能继承承包地的经营权或经营权的收益，在承包权期限届满后集体经济组织重新调整土地承包权、重新发包时，由于继承人不具备承包资格就不再享有经营权或经营权收益。

宅基地权也存在相同的理论基础和实现路径。宅基地“三权分置”就是宅基地所有权、资格权和使用权分置，宅基地所有权是集体土地所有权的表现，宅基地资格权就是只有农村集体经济组织成员可以申请宅基地，即申请人必须具有内部成员身份，且不得违反“一户一宅”基地的限制，户内多个内部成员也只能申请一处宅基地。其申请行为从法律上看是请求权的体现，申请成功后，资格权得到实现，且享有宅基地使用权。宅基地资格权是不能继承的，因为宅基地是以“户”为单位申请的，户内其他成员也有宅基地资格权，只是因受“一户一宅”基地的限制，户内其他成员与申请人一起实现宅基地资格权和使用权。当申请人死亡后，其继承人如果是集体经济组织的成员，其同样具有宅基地资格权，不需要继承，在其没有其他宅基地（因“一户一宅”基地的限制），即其资格权没有实现，继承人继承房屋时占有、使用宅基地可以视为其资格权、使用权的实现；如果其继承人不是集体经济组织的成员，那么继承人没有宅基地资格权，其只能继承该宅基地上的房屋，由于房地不可分开，此时宅基地使用权或使用权的收益，可以视为房屋所有权的一部分，但当房屋灭失后，由于继承人不具备取得宅基地资格就不再享有宅基地使用权，宅基地使用权不能单独继承。

另外，在集体经济组织统一发包土地后取得内部成员身份的，不得单独请求实现土地承包权。因为法律规定和绝大多数地方实践均是实行"增人不增地、减人不减地"政策，统一发包后集体组织不再留有未经发包的土地，特别是耕地。在承包期内新增"户"申请宅基地，即宅基地请求权，集体经济组织可以允许，但宅基地的土地由申请人自行解决，可以使用自己的承包地，也可以通过流转使用他人的承包地。非集体经济组织的内部成员不享有宅基地请求权，即使其存在通过流转取得的土地经营权，也不能直接向集体经济组织提出申请①，但可以通过宅基地流转取得宅基地使用权。

第二，集体收益分配请求权。集体资产折股量化及成员权益的分配问题一直是农村经济改革关注的焦点。集体财产中，除了公共财产，还包括经营性财产。折股量化后，集体财产带来的诸多收益应该按照一定的规则进行分配，以保证成员的公平权益。在农村地区，当集体经济组织成员将承包地交与特别法人经营或集体组织进行统一流转时，会产生一定的收益，这些收益应该归属于成员作为流转土地经营权的对价，成员应当享有相应利益。

在对集体收益分配的争议中，其中对被征收土地的款项分配争议最大。集体所有的农村土地征收补偿款，必须由集体组织进行管理，不能在个人之间进行分配②，并排除于司法诉讼之外。③ 实际上，土地征用补偿款既是集体成员的一项主要经济利益，又是集体成员的一项共同财产。农村集体土地征收有两种可能，一是对整村土地全部征收，二是对部分集体成员承包地征收。整村征收的实质是以货币的方式对集体土地进行产权的代换，征收补偿款应该被看作是一种集体性的资产，由集体组织进行统一的经营和利用，在补偿给每户后剩余的部分属于集体所有，应作为集

---

① 参见韩康：《启动中国农村宅基地的市场化改革》，载《国家行政学院学报》2008 年第 4 期。

② 参见农业部《关于加强农村集体组织征地补偿费监督管理指导工作的意见》(农经发〔2005〕1 号)第 2 条第 1 款。

③ 参见最高人民法院《关于审理涉及农村土地承包纠纷案件适用法律问题的解释》第 1 条。

体经济组织法人或村自治组织用于公共利益的支出。而整村征收后，全体村民就变为城镇居民，该部分财产就转为居民委员会（基层自治组织）用于公共利益的财产。如果仅仅征收部分承包人的土地，征收款应当支付给被征收人的应当足额支付，剩余款项由集体组织进行合理的分配和使用。但需要注意的是，农地征收补偿款不属于个人所有，不得在个体之间进行分配，这是为了保证集体利益和成员利益之间的平衡。因此，在农地征收补偿款的管理和使用中，成员权的作用尤为重要，即由集体经济组织法人或基层自治组织管理使用的部分款项，成员可以依据成员权享受相应收益。

第三，获得收益权。集体经济组织成员拥有承包地、宅基地请求权和收益分配请求权，主要是集体经济组织的内部成员，特别是在二轮土地承包时承包土地的初始成员，对于以后集体经济组织新增的人口不一定取得成员资格，即在折股量化后没有取得股权的新增人，也应当享受集体经济组织公益性活动带来的收益，这也是社会主义公有制优越性的体现。而对于集体经济组织法人的外部成员，其收益权的保障主要是依据《公司法》规定，当集体经济组织法人盈利后，在满足弥补亏损、缴纳税款（如果存在依法应当缴纳税款的情况）、提取公积金公益金后，全体股东按照特别法人章程规定的分配利润条件，进行股权分红。

三、从共益权角度看成员权扩张与分离

对于农村集体经济组织特别法人来说，共益权就是其成员享有的维护法人组织及全体成员利益的权利，主要包括对法人组织民主管理的权利、理事和监事的选举权和被选举权、表决权、知情权、监督权、代表诉讼和撤销权等。由于表决权在下文单独进行论述，在此主要对选举权和被选举权、代表诉讼和撤销权进行说明。

（一）对于选举权与被选举权，应当适当扩张

在“代表行使”机制下，作为一个群体的集体，没有自己的独立机构，

因此集体成员的选举权和被选举权不能体现出来(《中华人民共和国村民委员会组织法》中对村民选举权和被选举权的规定,不是私法上的成员权利)。但是,在集体经济组织特别法人的治理结构中,选举权和被选举权是法人成员参加法人管理的基本权利,这一点已经在某些地方立法中被确定。选举权与被选举权作为一种固有的、与自身身份并存的权利,不能因为法人的章程和决议而被剥夺,但是选举权和被选举权的行使必须以自然人具备完全民事行为能力为条件。从选举的角度来看,作为法人代表、理事会和监事会成员的集体成员,其在选举过程中所起的作用是毋庸置疑的。在投票权问题上,也必须是一个拥有完全民事行为能力的团体,才能够以自己的行动方式形成一个有效的决议。当然,在具体的投票规则设置上,无论是按照成员"一人一票"还是按股权数额,抑或多种规则的结合,可以由集体经济组织法人章程规定。关于被选举权方面,农村集体经济组织法人章程应当设置被选举理事会成员、监事会成员以及法定代表人任职的积极条件和消极条件以及程序性条件。另外,需要特别说明的是,在对选举权和被选举权的规则设计时,需要考虑内部成员与外部成员的区别,在人员比例、被选举人的任职资格条件、投票规则等方面,都要分别进行规定。因此,农村集体经济组织特别法人的成员选举权与被选举权不是一般意义上的选举与被选举。

(二)对于成员代表诉讼权,应当适当扩张

根据诉讼法理论,原告为维护自身利益针对认为侵犯其权利的加害人提起的诉讼属于直接诉讼。直接诉讼要求原告是直接利害关系人,否则就属于诉讼主体不适合,一般的民商事案件都是直接诉讼。而原告为维护他人利益或社会公共利益而对加害人提起的诉讼属于间接诉讼。间接诉讼的原告不是直接利害关系人,故间接诉讼必须有法律的规定,否则就无权提起诉讼,股东代表诉讼和公益诉讼就是间接诉讼。农村集体经济组织特别法人成员如果认为自己的权利受到他人侵犯,包括特别法人、特别法人管理人、其他法人成员或其他第三人,均可以提起直接诉讼。但

如果农村集体经济组织特别法人成员认为有人侵犯了特别法人的权利，而特别法人又怠于行使诉权，尤其是特别法人的管理人侵犯法人利益时更是如此，此时应当赋予法人成员提起间接诉讼的权利。

农村集体经济组织特别法人成员包括因直接投资获得股权的法人成员（外部成员）和通过集体资产折股量化获得股权的成员（内部成员），[①]其在提起代表诉讼时应有所不同，主要是对提起代表诉讼的主体要设置不同的条件。内部成员提起代表诉讼不仅要有成员人数的要求，还要有股权比例的要求，基本上不存在持股时间的要求，而外部成员提起代表诉讼时，可借鉴股东代表诉讼的规定，设置持股比例和持股时间的条件。当内部成员与外部成员联合提起代表诉讼时，人数和持股比例可以合并计算，但外部成员必须达到持股时间的规定。

（三）对于撤销权，应当适当分离

当特别法人成员的合法权益因集体经济组织或法人机关作出有关决定受到侵害时，成员应享有请求法院撤销的权利。权利人为保护自身权利而对义务人行使，既有诉权特征，也有请求权特征。特别法人成员撤销权的权利人是指合法权益受到侵害的特别法人成员，义务人则是指作出决定的农村集体经济组织特别法人，行使方式是向法院提起诉讼。[②] 同时，从权利行使效果上看，仅通过单方意思表示即可完成应属于形成权。因此，根据形成权基本理论和法律具体规定，该撤销权本质上属于形成诉权。[③] 目前，该学说也是学界关于农村集体经济组织成员撤销权性质的主流观点。

随着农村集体经济组织特别法人性质的确立，其成员撤销权虽在法律上无明确规定，但可与现有制度中相关成员撤销权比较，从而确定其特

---

① 参见杨仕兵、方颖：《论农村集体经济组织特别法人成员撤销权》，载《东北农业大学学报（社会科学版）》2019 年第 1 期。

② 参见杨仕兵、方颖：《论农村集体经济组织特别法人成员撤销权》，载《东北农业大学学报（社会科学版）》2019 年第 1 期。

③ 参见管洪彦：《关于农民集体成员撤销权的几点思考》，载《法学论坛》2013 年第 2 期。

殊性。撤销权主要包括农村集体成员撤销权、债权人撤销权、股东撤销权和业主撤销权等。通过比较发现，农村集体经济组织特别法人成员撤销权的特殊性包括：第一，享有撤销权的成员复杂，特别法人分为法人出资人成员（外部成员）和集体经济组织内部成员（内部成员）两种类型，而其他类型撤销权的主体单一；第二，在权利基础上，农村集体经济组织特别法人成员撤销权可能基于债权或物权，而其他类型撤销权的权利基础或是基于债权，或是基于物权；第三，在行使对象上，农村集体经济组织特别法人成员撤销权的行使对象为特别法人或其法人机关的决议或决定，债权撤销权对象是债务人对债权人的侵害行为；第四，在行使期限上，由于农村集体经济组织特别法人成员差异，应对其设置不同行使期限，而其他类型撤销权期限单一；第五，在行使效果上，债权撤销权现有保护善意第三人的相关规定，而农村集体经济组织特别法人成员撤销权缺乏该规定。[①]

同样，农村集体经济组织特别法人成员包括内部成员和外部成员，撤销权也应有所不同。同时，应区别特别法人成员撤销权与农村集体成员撤销权。

四、农村集体经济组织特别法人成员权的实现

农村集体经济组织法人成员权包括众多的具体权能，而不同的权能实现从不同角度体现了成员的利益。

（一）集体土地承包请求权的实现

家庭联产承包责任制是农村经济体制改革的重要举措，已取得明显的效果，该举措使农村经济得到长足发展。农村土地承包经营开始是依据国家政策，后来通过原《民法通则》、原《中华人民共和国物权法》和《中

① 参见杨仕兵、方颖：《论农村集体经济组织特别法人成员撤销权》，载《东北农业大学学报（社会科学版）》2019 年第 1 期。

华人民共和国农村土地承包法》(以下简称《农村土地承包法》)予以确定。在农村集体经济组织特别法人改革过程中,农户土地承包请求权是成员权最主要的一种权利。土地承包请求权是集体经济组织法人内部成员享有的重要权利,并以土地承包合同的形式来实现。在实现这个权利的过程中,需要经过产生承包小组、公布承包方案、讨论通过、签订合同等程序。这些程序的严格执行,保障了每个成员的利益,也为集体经济组织的管理提供了有效手段。自合同生效时,成员得以实现土地承包经营权。"两权分离"是家庭联产承包责任制在法律上的体现。在"三权分置"改革后,承包人可以通过自己经营土地取得收益,也可以通过土地经营权流转取得收益。在集体经济组织特别法人设立后,实际上就是将承包地的经营权流转至特别法人,实现土地的规模化经营。

(二)宅基地请求权的实现

宅基地请求权是农村集体经济组织成员向该组织申请取得宅基地的权利。然而,宅基地的取得并非无条件的,而是要根据相关的法律、法规来进行的。"户"是宅基地请求权的行使单位,每个家庭可以申请一块宅基地。申请宅基地必须符合"一户一宅"的原则,即每个家庭只能申请一块宅基地。宅基地的取得需经过申请人申请、集体组织同意、乡县政府批准的程序。宅基地请求权是一种天然的身份性权利,并不等同于宅基地使用权,请求权实现后获得宅基地,请求权可能被否定(如果不符合申请条件)就不能获得宅基地。宅基地使用权是宅基地"三权分置"改革后形成的一种权利,也即宅基地使用权可以是申请人自己使用,也可以是非申请人通过流转取得使用权。宅基地是农村集体经济组织成员的重要财产,宅基地"三权分置"的目的就是促进宅基地使用权的流转。因为户内共同生活人与申请人同时实现的宅基地请求权、使用权,所以在宅基地申请人死亡后,不影响宅基地使用权,如果户内没有共同生活人,原则上宅基地应当返还给集体组织,但对于宅基地上存在房屋的,就会发生继承人继承房屋时影响宅基地的情况。当申请人死亡后,其继承人如果是该组织的成员,同样具有宅基地资格权,如果没有其他宅基地(因“一户一宅”基地的限制),即其资格权没有实现,继承人继承房屋时可以视为其宅基地资格权、使用权的实现。在继承人有其他宅基地即其资格权已经实现时,就只能继承房屋,而不能继承宅基地资格权。如果其继承人不是该组织的成员,那么继承人就没有宅基地资格权,其只能继承该宅基地上的房屋,不能认为继承宅基地的资格权和使用权。在继承房屋时,由于房地不可分开,此时宅基地使用权或使用权的收益,可以视为房屋所有权的一部分,但当房屋灭失后,由于不具备取得宅基地资格(一是没有资格权,二是资格权已经实现)就不再享有宅基地使用权,宅基地使用权与房屋使用权是一起实现的,不存在离开房屋的宅基地使用权。

(三)表决权的行使

因农村集体经济组织特别法人成员包括内部成员和外部成员,表决权应有所不同。在设置集体经济组织成员表决权规则时,需要强化的措施主要有:一是建立健全完善的土地经营权价值评估体系和市场环境,使内部成员与外部成员享有平等取得股权的前提,这也是保障内部成员股权的开始;二是增强内部成员表决权,无论是普通事项的过半数表决权还是特殊事项的2/3 表决权,均将内部成员和外部成员分开计算,这就是“双重表决”制度,这样能够有效地保障内部成员的利益;三是加强对内部成员利润分配管理,由于内部成员的土地承包权承担着社会保障功能,对内部成员股权性质应按照优先股对待,同时股权收益采用“固定分红+浮动分红”的模式。

(四)股权转让权的实现

从《公司法》规定看,股东入股后的资产即变为公司的财产,是不允许股东退股的,股东如果需要退出公司,只能采取“用脚投票”的方式,通过转让股权实现退出公司。在农村集体经济组织特别法人中,内部成员的股权是以集体资产折股量化后取得的,这不同于外部成员取得股权的出资方式。股权转让一般是转让方与受让方的合意,与法人组织和其他股东没有关系，但由于集体经济组织法人的内部成员具有身份性，与有限责任公司相似，“股东享有的股权不仅包括和公司之间的投资关系，还包括股东之间的信任关系”，[①]加之内部成员股权的特殊性，其转让就产生了新的问题。这些问题主要表现在：一是受让方能否取得内部成员股东的身份。内部成员股权的受让方必然是用货币或其他可以用货币估价的财产作为支付给原来内部成员股东的对价，而特别法人在原来内部成员股东入股时就已经取得了农地经营权，股权受让人并没有交付新的农地经营权，所以股权受让方是否属于内部成员股东，需要明确。二是受让的股权是否还能够属于优先股，其股权收益是否还能够采用“固定分红＋浮动分红”的模式。笔者认为，受让方是用货币或其他可以用货币估价的财产作为支付给原来内部成员股东的对价，这与外部成员股东的出资方式没有差别，就不应当与外部成员股东的股权存在差别。三是内部成员股权转让时的优先认购权问题。在特别法人内部成员股权转让时，如果主张优先购买权的股东均属于内部成员股东或外部成员股东，可以按照《公司法》规定或法人章程规定处理。但如果主张优先认购权的股东有内部成员股东和外部成员股东，那么最后的受让人是内部成员股东，则不影响内部成员股权性质、股权优先股性质以及股权分红模式。如果最后的受让人是外部成员股东，则应当改变内部成员股权性质、股权优先股性质以及股权分红模式。

在农村集体经济组织特别法人中，如果内部成员股东离婚或死亡，发生股权分割和继承，是否会出现受让方的内部成员股东身份、股权优先股性质以及股权分红模式的改变呢？笔者认为，这种情况不影响，因为内部成员主要是以“户”为单位，而不仅仅是承包户中的某个人，夫妻离婚不影响承包户的承包权，也就不会影响农地经营权，当然不应当影响农地经营权入股后所产生的内部成员股东的身份。如果夫妻离婚后一方不再属

---

① 参见徐强胜：《股权转让限制规定的效力——〈公司法〉第71条的功能分析》，载《环球法律评论》2015年第1期。

于该集体组织的成员，其所分割的内部成员股权，应当由属于集体组织成员的夫或妻给予对方经济补偿，而不应当分割内部成员股权。

在内部成员股东死亡时，其股权的继承问题分以下情况处理：一是当继承人均属于集体经济组织成员时，不影响内部成员股东身份、股权优先股性质以及股权分红模式；二是当部分继承人属于集体经济组织成员，部分继承人不再属于该集体经济组织的成员时，不属于集体经济组织成员的继承人不能直接继承内部成员股权，应当由属于集体组织成员的继承人给予其经济补偿，而不应当分割内部成员股权，股权由属于集体经济组织成员的继承人所有，此时也不影响内部成员股东身份、股权优先股性质以及股权分红模式；三是全部继承人不再属于该集体组织的成员，其所继承的内部成员股权，就会影响内部成员股东身份、股权优先股性质以及股权分红模式，继承人就不应当具备内部成员股东身份，其股权优先股性质以及股权分红模式可以由章程规定是否改变。

（五）担保权的实现

股权担保属于物的担保，是将拥有的股权作为标的实施的担保行为。我国从原《中华人民共和国担保法》到《民法典》均规定了股权质押担保。因此，农村集体经济组织特别法人的股权可以进行担保。

农村集体经济组织特别法人股权担保是指集体经济组织成员为自己或他人所负债务，以其所持特别法人的股权向债权人担保，担保债务人按期履行债务的担保方式。在特别法人股权上设立担保，按照现有法律对股权质押的规定，没有任何问题。但在债务人不能按期清偿债务时，债权人实现质押权时，与一般股权质押有所不同，这是因为特别法人成员股权的特殊性所决定的。担保制度是为保护债权人债权的实现，质押担保也是如此。但如果是特别法人内部成员股权担保，债权人实现质押权时，必然影响到拍卖、变卖或折价后内部成员股权性质、股权优先股性质以及股权分红模式。因为拍卖、变卖或折价后的受让方必然是用货币或其他可以用货币估价的财产作为代替债务人支付给债权人的清偿债务的对价，所以股权受让方不应当属于内部成员股东，而应当可能成为通过投资取得股权的外部成员股东，其经过拍卖、变卖或折价后取得的股权应当按照拍卖、变卖或折价方式来计算该股权以后获得的收益。

第 三 章

农村集体经济组织特别法人的资本制度

第一节 农村集体经济组织特别法人的资本构成

法人资本是构成法人的核心要素之一,是法人从事活动的物质保障,也是对外承担责任的财产担保。营利法人的资本来源于成员的投资,非营利法人的资本来源于财政拨款或分配以及捐赠,农村集体经济组织特别法人的资本构成虽然也包括财政补贴和社会捐赠,但其主要来源于两部分,一部分是折股量化的集体资产,另一部分是内部成员和外部成员以其自有资产的直接投资。

一、折股量化的集体资产

农村集体资产表示隶属于农村集体所有制物质的价值。[①] 农村集体资产分为资源性资产、经营性资产和非经营性资产三种类型。[②] 一般来讲,农村集体资产的来源主要有三种途径:一是社会主义改造完成后划归为集体经济组织的资产和土地等自然资源;二是集体经济组织的自身历史积累和以村集体为名义投资的本金与收益;三是无偿获得,主要包括接

① 参见陈华菊:《试论农村集体资产清产核资的基本做法与成效》,载《农村经济与科技》2019 年第 20 期。

② 参见 2016 年中共中央、国务院发布的《关于稳步推进农村集体产权制度改革的意见》。

受社会捐赠与政府补贴的收入。[①]

折股量化的农村集体资产，承担着营利职能和公共职能，其所有权归属于特定农村集体组织，主要以资源性资产为基础，表现为不动产的特性，具有明显的地域性特征。这是因为：首先，农村集体具有地域性。农村集体是基于地缘性特征而聚集在特定区域，在长期生产和生活中形成的较小乡土集体。农村集体组织具有明显的地域性，资源数量、人口户籍等超出特定的地域范围就不再是该集体组织了。其次，农村集体资产也体现出地域性。不同地域范围内的农村集体，其所有的资源性资产和非经营性资产基本上都是不动产，固定在特定的农村集体组织范围内。至于经营性资产，由于长期实行的计划经济体制不允许农村集体资产对外投资，不允许农村集体成员随意流动，集体资产只能在该集体经济组织的地域范围内，由其成员集体所有、集体生产经营、集体收益、按劳分配。在全面实行家庭联产承包责任制后，承包集体资产的主体也只能是集体成员，承包户的生产经营活动、获得收益等也均是在农村集体组织的区域内。因此，农村集体资产的地域性是通过其资产的不动产特性及其所属集体成员的地域性体现出来的。

关于折股量化的资产范围，理论界存在不同的观点，农村集体产权制度改革政策的顶层设计认为经营性集体资产可以折股量化。有学者在分析可折股量化的集体资产特征后，认为可折股量化的集体资产范围为集体经营性资产和可以进行统一经营的集体资源性资产[②]；有学者认为国家政策肯定了经营性资产可折股量化，但并没有否定其他类型资产量化的方式，其提出各地农村集体经济组织在不突破法律和政策的底线的情况下，可以对折股量化的资产范围不作统一规定；[③]还有学者认为折股量

---

① 参见高嘉祺、薛彩霞：《农村集体产权制度改革路径与实践剖析——来自西安市21个村庄的调研》，载《农业现代化研究》2020年第4期。

② 参见林广会：《农村集体资产折股量化范围的确定及其法律效果》，载《中国不动产法研究》2021年第1期。

③ 参见管洪彦：《农村集体产权改革中的资产量化范围和股权设置》，载《人民法治》2019年第14期。

化应主要以经营性资产为标的，非经营性资产与未发包的资源性资产暂时都不宜折股量化；[①]等等。

在农村集体资产产权改革实践中，折股量化的集体资产范围差异很大，有全部量化和部分量化模式。全部量化模式是不再区分集体资产的类型，对全部集体资产进行折股量化[②]，部分量化模式就是区分集体资产的类型，仅对部分集体资产进行折股量化。部分量化模式的差异也很大，主要体现在经营性资产以外的资产能否量化的问题上，例如，有些地方仅对经营性资产进行折股量化[③]，有些地方对经营性净资产和资源性资产进行折股量化[④]以及对经营性资产和非经营性资产进行折股量化，等等。

经营性资产是农村集体经济组织进行市场交易的财产，也是对外承担责任的财产担保，当然是可以折股量化的。当特别法人需要对外承担责任时，这部分资产是可以直接用于承担市场带来的风险的。非经营性资产和资源性资产[⑤]也是农村集体经济组织特别法人生存和发展的资产

---

① 参见张洪波：《论农村集体资产股份合作中的折股量化》，载《苏州大学学报（哲学社会科学版）》2019 年第 2 期。

② 参见《祁门县大坦乡农村集体资产产权股份合作制改革试点推进工作实施方案》（祁门县农水局〔2017〕37 号）。

③ 《嵊州市关于全面推进农村集体资产股份合作制改革的实施意见》（嵊州市委办〔2014〕22 号）第 3 条第 3 项规定，“明确界定集体资产权属，划分经营性资产和公益性资产，资产量化其范围为集体经营性资产”。《明溪县农村集体经济组织股权管理暂行办法》（明政办〔2019〕36 号）第 6 条规定：“股份量化的资产范围为经过清产核资确认的集体经营性资产。土地等资源性、非经营性资产暂不纳入本次股份量化的范围。”

④ 《射洪县关于进一步扩大农村集体资产股份合作制改革试点实施方案》（射府办发〔2016〕46 号）第 5 条第 6 项规定，“按照经营性资产资源确股，非经营性资产资源登记的方式分类进行。将集体经济组织的经营性净资产和资源分别进行折股量化”。绩溪县《荆州乡农村集体资产股份合作制改革试点实施方案》（荆政〔2017〕19 号）第 3 条第 5 项规定，“折股量化到人的资产原则上为村集体经营权净资产和发包租赁的资源型资产，公益性资产和非发包租赁的资源型资产暂不列入折股量化的范围”。《衡南县农村集体资产股权量化管理指导意见》（清政办发〔2019〕14 号）第 1 条规定，“农村集体资产折股量化范围是：经营性净资产和资源性资产（林地）”。

⑤ 非经营性资产和资源性资产是否属于折股量化的资产，理论上和实践中存在肯定和否定两种截然相反的观点。

范围。一方面,非经营性资产在特定条件下可以转化为经营性资产,比如现在普遍存在的农村中小学合并撤销后留下的校舍,中小学校舍本来是非经营性资产,但空闲的中小学校舍就转化为经营性资产;另一方面,非经营性资产中可能包含经营性内容,比如农村集体组织的文体卫资源也可以进行市场化运作,这就包含了经营性内容。对于资源性资产,只要是通过经营管理并能够产生收益的,也是可以对其折股量化的。但当特别法人需要对外承担责任时,这部分资产是不能用于承担市场带来的风险的。应当明确农村集体资产股权配置的客体是源于农村集体资产的集体收益,而不是农村集体资产本身。① 无论是集体资产的哪种类型,农村集体经济组织均不能将其资产以股份或者份额形式量化分割给本集体成员,否则就是瓜分集体资产。能够量化并以成员股为依据分配给本集体成员的仅仅是该农村集体经济组织获得的收益,其中配置给成员的股份是该成员有权分享的集体收益份额。农村集体资产股权配置不是以股权形式将集体资产在农村集体经济组织成员之间进行分配,此种股权实质是一种在不可分割资产基础上的收益凭证,②其不同于公司法中股东投资所形成的股权,与私人投资形成的股权具有本质不同。③

二、成员的直接投资

农村集体经济组织特别法人允许吸纳社会资本、技术,这是实现农村发展、乡村振兴的需要,也是符合市场经济规则的要求。外部成员的加入形式就是直接投资。当然,农村集体经济组织的内部成员如果用自有的

---

① 参见高飞:《农村集体资产股权配置的法理分析与立法抉择》,载《南京农业大学学报(社会科学版)》2023 年第 1 期。

② 参见陈雪原:《怎样理解农村集体经济组织的市场主体地位》,载《农村经营管理》2021 年第 12 期。

③ 参见高飞:《农村土地“三权分置”的法理阐释与制度意蕴》,载《法学研究》2016 年第 3 期。

资产对特别法人进行投资,也可以取得外部成员的法律地位。此时,内部成员就享有折股量化后的股权和投资形成的股权,但在表决时,其股权应当分开计算,折股量化后的股权计入内部成员的股权数额,而投资形成的股权计入外部成员的股权数额。

因此,向农村集体经济组织特别法人投资的成员可以是集体经济组织的内部成员,也可以是集体经济组织以外的成员。内部成员可以是以个人投资方式也可以是采取家庭投资方式投资。外部成员可以是个人和法人或其他组织,但法人或其他组织应当属于营利性组织,非营利性组织原则上不允许参与投资。

成员投资的形式可以参照《公司法》股东投资的出资形式规定,《公司法》对股东出资形式采取列举加概括兜底和除外规定的模式进行规定,列举包括货币、实物、知识产权、土地使用权四项,概括兜底界定为可以用货币估价并可以依法转让的非货币财产,除外规定就是法律、行政法规规定不得作为出资的财产。[①] 从法律科学的角度出发,“股权是各出资人将其财产出资组成公司,形成公司财产权之后,再从公司取得的一种权利”[②]。“股东向公司提供了资本,公司向股东支付的对价就是股东权。换言之,股东要取得股东权,就得向公司支付权益性资本。”[③]所以,农村集体经济组织特别法人的成员投资,就是以自有资产转移给特别法人,而从特别法人处获得股权。

成员的直接投资,投资人取得特别法人的股权,财产所有权转为特别法人所有,这部分财产应当属于特别法人的营利性财产,当特别法人需要对外承担责任时,这部分资产是可以直接用于承担市场带来的风险的。

---

① 参见杨仕兵、魏雪:《土地承包经营权“三权分置”下的农民股东权保护》,载《中国石油大学学报(社会科学版)》2016 年第 6 期。

② 漆多俊:《论股权》,载《现代法学》1993 年第 4 期。

③ 侯东德:《股东权的产生逻辑:一个契约理论的考察》,载《改革与战略》2008 年第 12 期。

第二节　农村集体经济组织特别法人的股权设置

一、农村集体经济组织特别法人股权设置的标准

农村集体资产折股量化改革是农村产权制度的重要变革，其内在逻辑包括核查资产、确认资格、股权设置，“股权设置模式在一定程度上决定了集体成员可以拥有的股权数量，进而影响可以获得的集体收益分配之多寡”①。股权设置模式包括设置股权的类型、各类型股权的占比、个人股的设置标准等，事关集体经济组织与其成员以及各成员间的利益平衡，所以其改革的重点就是股权设置的种类、标准。农村集体经济组织特别法人的股权应当包含两部分：一是农村集体资产折股量化形成的内部成员的股权；二是通过自有资产投资形成的股权。对于投资股权，由于仅仅涉及与集体资产量化股权的利益平衡问题，在实践中争议不大。农村集体经济组织特别法人的股权设置主要是集体资产折股量化问题，是否设置集体股、设置集体股的比例、个人股的设置标准以及外部成员股问题等，是股权设置的重点和难点。

在农村集体资产产权改革实践中，由于受到各地集体经济发展水平的不同，各地区的农村集体资产股权设置的模式也出现多元化的特征。②是否设置集体股，各地存在肯定和否定两种截然相反的做法。在设置集体股的地方，其与个人股的比例各地也规定不一，个人股的设置标准更是多种多样。

集体资产折股量化形成的股权，其权利主体具有明显的身份性。农村集体资产的所有权主体是农村集体组织，这是集体所有制的体现，是折

① 林广会：《集体资产股权设置与管理模式的法律重构和效力解析》，载《山东社会科学》2022 年第 2 期。

② 参见姜文：《农村集体资产股份合作制改革中股权设置路径研究》，浙江海洋大学 2022 年硕士论文，第 12 页。

股量化改革的基础。集体资产折股量化改革不是将其资产以股份或者份额形式量化分割给本集体成员，否则就是瓜分集体资产，能够量化并以个人股为依据分配给本集体成员的仅仅是该农村集体经济组织获得的收益，其中配置给成员的股份是该成员有权分享的集体收益份额。通过集体资产折股量化形成的股权，是基于集体成员个体的成员权而享有的股权，即这类股权的持股主体必须是本集体组织的成员。因此，集体资产折股量化形成的股权也称为内部成员股。内部成员股也称为人口股，实践中虽然以“股权户”为单位核算股权数额，但实际上是以个人股为计算基数，按照“股权户”内的人口数，计算“股权户”的股权数。这是农村集体经济组织中股权改革实践采用的最常见的方法。

在农村集体经济组织资产折股量化的实践中，股权设置的方法主要有两种——股权平均法和股权差异法。

股权平均法就是按照集体经济组织的成员人数进行平均配股，其具体做法就是以户为单位核算股权数，以户为单位持股，股权证发放到户。以“股权户”为单位进行股权登记和股份分红，以“股权户”的户代表作为股权登记主体，不登记户内成员个人的股份数额，不对户内成员个人进行分红，积极倡导户内股权均等化。采用这种方法，集体经济组织的总股数长久不变，无论人口增减，户内股数长久不变。

股权差异法是依据每个成员对集体资产形成的贡献大小和内容，设置不同的股种，配给不同的股份系数，该方法应用比较广泛。在各地试点实践中，综合学者的观点和实践的做法，归纳起来主要有：一是人口股，根据集体经济组织成员的户内人口数量和承包地的数量来确认股权数量，这是最多、最常见的股权种类。二是劳龄股，根据集体组织成员工作的年限折合成一定的股份，但是各地工作年限折股的计算依据不同。三是贡献股，是指对村组织作出特殊贡献的成员所享有的股份。四是特殊股，除了前述几种股权，有些地方还创设了岗位股、敬老股（老龄股）、扶贫股以及其他特殊股权种类。至于有些集体经济组织设置了现金股、募集股、风险股等，这是吸纳集体资产以外的资本，严格意义上属于投资股。

由于农村集体经济组织特别法人可以吸纳社会资本，允许外部成员的加入，就会产生外部成员投资形成的股权，即募集股。向农村集体经济组织特别法人投资的成员可以是集体经济组织的内部成员，也可以是集体经济组织以外的成员。其投资的形式可以参照《公司法》对股东投资的出资形式规定，募集股是由投资人以符合《公司法》规定的出资形式购得，其股权形式必须符合《公司法》和集体经济组织特别法人的章程规定。募集股的股权权能应当不同于折股量化的股权权能。

二、农村集体经济组织特别法人集体股存废之争及替补路径

所谓集体股，是指按集体资产净额的一定比例折股量化，由全体集体经济组织成员享有的股份。[①] 集体股的设置，契合集体所有制的价值与宗旨，集体股即是农村集体经济组织成员集体所持有的股权，成员共同享有集体股的收益。在农村集体经济组织特别法人改造过程中，需要对农村集体资产折股量化，但是理论界的争论和各试点地区对是否设置集体股，存在肯定和否定两种截然相反的态度。

第一种观点，肯定设置集体股。该种观点认为只有设置集体股才能充分体现集体所有的公有制性质，实现公有制经济对集体经济发展和保障收入合理分配的调节功能。[②] 从维护集体所有制、发展壮大集体经济和保护集体财产所有者权利的角度考虑，应当设立集体股。[③] 集体股能够解决农村集体经济组织承担的公共服务职能与社会保障任务所需要的费用问题。[④] 在农村集体经济组织特别法人改造实践中，大量地区设置集体股，地方性规范性文件中要求设置集体股的，有省级文件也有地市、

---

① 参见王玉梅：《农村社区股份合作社的商主体制度构建》，载《中国政法大学学报》2016年第2期。

② 参见段浩：《农村集体经营性资产股份制改革的法治进路》，载《法商研究》2019年第6期。

③ 参见綦磊、张洪钊：《农村社区股份合作社的股份设置研究》，载《中国不动产法研究》2019年第2期。

④ 参见方志权：《农村集体资产管理若干问题研究》，载《科学发展》2011年第8期。

县区或乡镇的文件,只是各地规定集体股的比例差异较大。

第二种观点,否定设置集体股。该种观点认为农村集体经济组织特别法人设立过程中,在将集体资产折股量化到成员时,还保留一部分资产设置为集体股,会产生产权不明晰的问题①,这与农村集体产权制度改革的初衷相违背。设置集体股会对集体资产管理和二次分配留下隐患。②实践中,各地在否定设置集体股的具体规定上有所差异:一是仅规定禁止设置集体股或明确只设置个人股;二是在规定禁止设置集体股的同时,明确在集体收益分配中提取公积金、公益金,运用公积公益金制度予以代替。

实际上,设置集体股既违背股权的基本特性,又不具备正当性基础,③所以集体股应当废除。废除集体股后,利用农村集体经济组织公积金、公益金,完全可以替代集体股的公益性职能的资金来源,既符合股权的基本特性,又具备正当性。

首先,公积金、公益金的提取符合法理和股权属性。《公司法》规定了公司税后利润要提取法定公积金,虽没有公益金的要求,但允许公司章程规定和股东会决议提取公益金。在2020年农业农村部印发的《农村集体经济组织示范章程(试行)》(农政改发〔2020〕5号)、2021年财政部与农业农村部联合印发的《农村集体经济组织财务制度》(财农〔2021〕121号)中,均要求"提取公积公益金"。而且在实践中,也有试点地区用公积公益金代替集体股的经验。其次,农村集体经济组织公积金、公益金具备农村集体经济组织承担公益性职能的性质。《公司法》中规定公积金的用途是为公司的发展,公益金是为公司职工的福利,这与农村集体经济组织的公积金、公益金用途是一致的,而用于集体组织的发展和公益性建设以及集体福利、文教、卫生等方面的支出,这与设置集体股以实现农村集

① 参见韦少雄:《农村集体经济组织股份合作制改革的法律思考》,载《河池学院学报》2010年第3期。

② 参见黄延信、余葵、师高康:《对农村集体产权制度改革若干问题的思考》,载《农业经济问题》2014年第4期。

③ 参见房绍坤、任怡多:《论农村集体产权制度改革中的集体股:存废之争与现实路径》,载《苏州大学学报(哲学社会科学版)》2021年第1期。

体经济组织公共职能和公益职能的目的不谋而合。“通过在集体收益分配时提取公积金的办法，解决农村集体经济组织扩大再生产所需资金，既可以保障集体经济的发展壮大，也有利于规范管理农村集体资产。”①最后，用公积金、公益金替代集体股可以解决设置集体股的弊端。公积金、公益金在使用前属于集体经济组织特别法人所有，产权归属明确，不存在分配给成员的问题，而且其使用途径也是清晰的，必须用于特别法人的发展和承担集体组织的公益性职能。这样避免了集体股产权不清和“内部人”控制、“寻租”腐败问题。

第三节　农村集体经济组织特别法人的股权管理

一、股权管理模式

股权设置模式决定了哪些成员可以获得折股量化的股权以及折股量化的股权数量，进而影响收益的多少，而股权管理模式则影响折股量化的股权配置是否公平，以及折股量化的股权流转的问题。一般来讲，股权管理方式主要有两种，一种是动态管理，即根据集体经济组织的成员变化（人口增减变动、成员进出变动）不定期调整集体资产折股量化的股权分配和股权数量；另一种是静态管理，即一次性确定了股东与股权数，不随人员的变动而改变，也不允许未经董事会允许的股权转让和股权对外流动，这种方式增加了股权管理的稳定性。②

虽然《集体产权改革意见》提倡实行股权静态管理模式，但在改革试点地区，各地在股权管理的模式选择上与国家倡导的静态管理模式不尽一致。一些试点地区由成员民主确定股权管理模式，并非都选择了静态

① 王玉琴、王建峰：《集体股是否应该设置》，载《农村经营管理》2020 年第 2 期。

② 参见高嘉祺、薛彩霞：《农村集体产权制度改革路径与实践剖析——来自西安市 21 个村庄的调研》，载《农业现代化研究》2020 年第 4 期。

管理,也有的选择了动态管理或定期调整的动静结合的管理模式。

1. 股权静态管理模式

股权静态管理模式是指在以改革基准日为时间节点完成股权配置后,切断农村集体资产股份与人口变化的关系,"量化到人、归集到户",一次性把股权量化给所有成员,固定每户的股份数和农村集体经济组织的总股份数,实行"生不增、死不减,进不增、出不减",就是每户发生家庭成员因出生、户口迁入增加人员数量,因死亡、户口迁出减少人员数量,该户的股份数不作调整。绝大多数地区遵循政策导向,实行股权静态管理模式,在全国首批 29 个改革试点地区,有 24 个地区推行股权静态管理模式。股权静态管理模式的优势在于:第一,更贴近现代企业制度,同时还兼顾了效率与公平,固定每户的股权数额,赋予产权更完整的权能[①],能够满足集体组织内部成员对其股份权益的合理预期。第二,股权静态管理能够避免因股权动态管理而频繁调整所引起的纠纷。在司法实践中,针对股份量化规则提起诉讼是股份量化纠纷的基本形态,占比高达 98.9%[②],股权静态管理能够节约农村集体经济组织的管理和运营成本。第三,股权静态管理能够充分实现农村集体组织内部成员的股权权能,促使股权继承、担保、有偿退出等权能的实现。[③] 股权静态管理模式虽然有其优势,强调起点公平和稳定性,但该模式难以满足新增人口的股权需求[④],进而引发集体收益分配不公平的问题。

2. 股权动态管理模式

股权动态管理模式是指根据集体经济组织成员的变动,定期或根据

---

① 参见黄延信、余葵、师高康:《对农村集体产权制度改革若干问题的思考》,载《农业经济问题》2014 年第 4 期。

② 参见赵新龙:《农村集体资产股份量化纠纷的司法实践研究——基于 681 份裁判文书的整理》,载《农业经济问题》2019 年第 5 期。

③ 参见陈晓枫、翁斯柳:《股权的设置与管理:农村集体经营性资产股份权能改革的关键》,载《经济研究参考》2018 年第 32 期。

④ 参见林广会:《集体资产股权设置与管理模式的法律重构和效力解析》,载《山东社会科学》2022 年第 2 期。

实际需要每隔一段时间对农村集体资产股份进行调整，不仅改变集体资产的总股份数，还改变每人或每户股份数额。股权动态管理模式虽然初始折股量化时也是“量化到人、归集到户”，但随着每户人口出生、死亡、迁入、迁出发生的变化，调整该户的股份数，实行“生增、死减，进增、出减”，同时相应调整集体资产的总股份数。股权动态管理模式旨在解决集体经济组织成员变动时成员间的公平问题，满足新增成员的股权需求。但股权动态管理模式无法解决以下问题：第一，股权动态管理模式无法实现股权继承和有偿退出权能。当农村集体经济组织成员死亡或者退出时，其应当通过股权继承、有偿退出的方式实现股权权能。而股权动态调整意味着农村集体经济组织将无偿收回死亡成员及迁出成员的股权，从而阻断股权继承和有偿退出的可能性。第二，股权动态管理模式难以实现股权质押权能。[①] 因面临股权被调整的风险而损害质权人实现质押权，质权人就会拒绝接受股权质押而使得该股权的质押权能不能实现。第三，操作程序复杂，增加集体经济组织的管理负担。[②] 无论是定期调整还是不定期调整股权，都需要经过烦琐的程序，而且难以达到全部成员满意的结果。第四，股权动态管理模式可能会加剧道德风险。[③] 农村集体经济组织成员在股权被无偿收回前，通过流转获取对价，这造成集体组织无法收回现有股权仍需对新增人员配置股权，从而使股权动态管理变为“只增不减”，现有股权不断地被稀释，不仅变相减少其他集体成员的股权价值，还变相减少集体资产。

二、股权管理模式的理性选择

股权的管理与设置是农村集体产权改革的核心重点，也是推动农村

---

① 参见钟桂荔、夏英：《农村集体资产股权设置、量化与管理模式选择影响因素分析——以5个试点县（市、区）为例》，载《农村经营管理》2019年第11期。

② 参见陈晓枫、翁斯柳：《股权的设置与管理：农村集体经营性资产股份权能改革的关键》，载《经济研究参考》2018年第32期。

③ 参见任怡多：《农村集体资产股权的管理模式》，载《求索》2022年第3期。

集体产权改革多元化发展的科学策略。[①] 农村集体经济组织特别法人选择股权静态管理模式或者动态管理模式,都是其成员大会民主决策的结果,无法用优劣的二分法进行判断,这两种股权管理模式都分别存在着各自的优势,亦具有不同程度上的不足。笔者认为,股权管理模式的理性选择,本质上是一个利益衡量的问题。从农村集体产权制度改革的目标出发,结合当前的改革现状和实践经验,基于整体利益的全面衡量,坚持股权静态管理模式,既是符合国家政策的倡导,也是现阶段农村集体经济组织特别法人资本制度的需要,同时也符合农村集体产权制度改革的需求。

第一,股权静态管理模式契合农村集体产权制度改革"效率优先,兼顾公平"的理念。我国在建设小康社会过程中,"三农"问题是社会发展的短板,国家提出农村集体产权制度改革政策,就是追求"完善农村基本经营制度,促进集体经济发展和农民持续增收"。将农村集体资产折股量化就是将现代公司的股份制特点纳入农村集体经济组织的组织形式,按照股份制公司的经营管理模式,将其与农村集体经济组织特别法人相结合,赋予农民对集体资产的股份权能,实现集体经济发展壮大、农民持续增收,完善社会主义集体所有制的制度创新。股权静态管理模式在保证股权初始配置公平的基础上,不仅能够实现股权的各项流转权能,充分显现股权的市场化价值,还大大降低了农村集体经济组织的管理成本,确保广大农民对其股份权益形成稳定预期,从而更好地体现股权管理的效率价值。股权的静态管理的模式,体现的是初始配置公平,一次性到位体现较高效率,但"初始公平无法保证动态公平",对股权初始配置后的新增人口由于无法获得股权可能存在不公平现象,这是静态管理模式的弊端。然而,这种模式是"效率优先兼顾公平"的最好体现,动态管理模式虽保证新增成员的股权公平问题,但因其经常变更成员及股东、股权数额等,损害了股权权能的实现,增加集体组织的管理成本,表现得更多是效率低

---

① 参见陈绍宇:《农村集体产权改革中股权设置研究》,载《山东农业工程学院学报》2022年第4期。

下，这是“公平优先兼顾效率”的体现。“效率优先兼顾公平”是改革开放以来一直遵循的理念，也是与农村集体产权制度改革的理念一致，而“公平优先兼顾效率”是与农村集体产权制度改革理念相悖的。因此，股权静态管理模式符合农村集体产权改革的理念和目标定位，也是农村集体产权制度改革未来的方向。

第二，股权静态管理模式是试点地方实践选择的结果。全国农村集体产权制度改革的试点中，在清产核资、明确产权后，折股量化成为农村集体产权制度改革的核心环节。在股权管理模式上，改革初期有试点地区为确保成员间的公平、减少纠纷、满足新增人员的配股需求，通常定期调整股权，但随着改革的推进，股权动态管理的弊端凸显。动态股权管理模式易使集体陷入“公地悲剧”①，导致股民数量不断增加，每股分红金额不断下降，这与集体经济组织及其成员的期望相左。于是在汲取改革的经验后，绝大多数地区实行股权静态管理模式。

第三，股权静态管理模式下新增人员的股份权益的保护。股权静态管理模式具有降低管理成本、提高效率、实现完整的权能、减少纠纷等诸多优势，唯独无法满足新增人口的股权需求。实际上可以通过如下方式解决这一难题：一是借鉴广东省佛山市南海区“确权到户、户内共享、社内流动、长久不变”的经验，按户配股，户内人员发生变化都按照原来确定的股权数量进行分红，依照这样的方式稀释原来户内人员的分红，这与人民普遍接受的家庭联产承包责任制“增人不增地、减人不减地”是一致的。二是通过设置创设老龄股、扶贫股等特殊股来解决。集体组织内如果设置老龄股（主要针对“五保户”等），当“五保户”等人员去世，将这些股份按新增成员时间用来递补而取得股权，没有得到递补的新增成员，用扶贫股中的一部分对新增成员轮候补偿。原有成员有偿退出后的股权也可以按照这种方式分配给新增成员。三是设置集体股的地方，直接用集体股

① 参见谭韵祈、汤惠君、李灿：《农村股份合作制股权管理博弈分析》，载《农业经济》2020年第11期。

来分配给新增成员；没有集体股的地方，用公积公益金对新增成员给予补偿。对于第二、三种方式，为确保公平且减少争议，需要由新增成员申请，经过成员大会 2/3 以上成员同意通过方可采纳。

第四章

农村集体经济组织特别法人的内部治理机制

农村集体经济组织特别法人特征具有中国特色，随着农村经济社会发展而发展，与时俱进，其不会是僵化不变的。在立法时，对不同地区、不同发展水平的农村集体经济组织治理结构，尽可能给地方实践留出空间。[①]

第一节　农村集体经济组织特别法人的法人机关设置

一、农村集体经济组织特别法人的内部机构

一个组织在从事生产经营活动中，离不开内部机构的协调分工。农村集体经济组织特别法人作为公有制经济的重要实现形式，亦离不开对其权力体系设立的研究。2017 年的《民法总则》明确了农村集体经济组织特别法人的法律主体地位，农村集体经济组织特别法人成为农村改革的重要制度安排，该《民法总则》以法律的法式具象化农村集体经济组织的经济价值导向和基本路径。农村集体经济特别法人组织机构与权力体系的设立，必须明确特别法人内的集体资产不同于一般法人资产形成股

① 参见刘振伟：《关于农村集体经济组织立法的几个问题》，载《农村工作通讯》2023 年第 15 期。

权的特性，从而推动研究农村集体经济组织构造的特别性，提升其法构造的理论研究高度。[①] 结合实际情况，其权力体系包含意思机关、执行机关、监督机关以及法定代表人等。以股份合作制法人的组织架构为参考对象，农村集体经济组织特别法人的内部机构可以比照公司和农民专业合作社的框架设置，即决策职能是由成员（代表）大会行使、执行职能是由理事会行使、监督职能是由监事会行使，法定代表人的权力由理事长行使。同时，考虑农村基层自治机构与经营机构职能的交叉重合，避免组织成员对职能权属分工的不理解，可以参考适用村民代表大会为权力机关行使权力，村民委员会可以为执行机关执行事务，村民监督委员会为监督机关行使监督职能。在内部监督完善的同时，外部监督亦要并行，加强外部监督人员的管理控制能力，完善监督机制。

区别于一般法人，农村集体经济组织特别法人职能机构的设立程序有自我特性，其设立标准在一定程度上可以参照农民合作社，以农民合作社为参考样本，可以更好地遵循经济历史发展中的同源以溯根。出于同一为农村居民营利与共益的目的，应保障其与农民合作社居于同一法律地位。此外，在程序上该特别法人在登记上采取核准设立，由负责开展乡村振兴工作的相关部门审查核准才可设立。其职能机构的设立条件分为实质要件与程序要件，实质要件主要是以成员为角度，分析职能机构中成员的资格问题，同时需要符合章程的规定，明晰法人的注册资本、组织机构及名称住所地等必要信息。在程序上其需要向有关部门提交核准申请后办理设立登记，至此成为正式的具有职能机构的有效法律组织。

鉴于农村集体经济组织特别法人区别于农民合作社的特性，其在职能机构设立条件上亦有调整。科学的职能机构可以保障运行经营机制的高效便利，除设立一般的分权制衡机构权力机关、执行机关以及监事机关外，考虑到农村集体成员居住的集中性以及相对封闭的生产生活环境，为

① 参见罗培新：《放好农村集体经济组织这只“风筝”》，载《文汇报》2017 年 4 月 2 日，第 2 版。

排除农村集体经济组织特别法人的经营运作机制效率低下的可能性，可以在设立条件上加以特殊要件，诸如监事会不与其他职能部门成员混同，理事会或者监事会可以考虑吸纳社会资本的外部成员参与等。此外，可以制定合规的法人章程，明确特别法人的成立目的、组织机构名称、场所等必须明晰的情况，同时确立成员资格取得与丧失的情形、成员拥有的权利与义务，以及法人财务经营机制与议事表决规则要求，最后涵盖章程制定修改要求等。此种设立条件协调了成员的权利制衡与原则，兼顾集体与个人的利益衡量，农村集体经济组织特别法人的有效治理与职能机构协调运作离不开静态设立职能机构治理的推动，更需要职能机构动态依据现存的法律规则与章程作出协调处理。作为法人经营机制运行的职能机构，是法人可以有效推进农业生产生活经营活动的重要机构，便于形成权责清晰、互相制约的权力与权利行使的格局，符合农村集体经济组织特别法人职能机构的基础设立条件，推动组织体的高效有序运行。

二、农村集体经济组织特别法人内部组织构造

农村集体经济组织作为特别法人组织，必然会设立权力机关、执行机关以及监督机关，其内部组织的治理是该法人治理的重要环节，亦代表着集体组织成员的意志转化成为法人意志的重要保障。实现法人架构的有效设立以及经营机制的高效运行，推动内外部的权利与权力制衡协调运转，离不开对农村集体经济组织的内部治理。农村集体经济组织的内部治理可以细分为架构权力机关、执行机关与监督机关的静态治理机制，以及组织内机关制度运行操作的动态治理机制，主要包括阶段各机关的人员构成、产生途径、权力配置以及议事规则与程序等动态环节。同时，可以参考一般法人的机构设置，对照出特别法人的组织机构原则上是由成员大会行使权力机关职能，理事会行使执行机关职能，监事会行使监督机关职能。

1. 农村集体经济组织特别法人的权力机关

法人组织机构是法人发挥效能的关键因素，保障法人组织机构科学高效运转的重要因素是权力机关发挥职能。农村集体经济组织特别法人中的权力机关为成员大会或成员代表大会。比照一般法人而言，成员代表源于成员之中，即成员范围大于成员代表，探究权力机关成员大会的人员构成，亦涵盖成员代表大会的人员构成。首先应当从成员资格取得的角度出发，探究如何取得特别法人的成员资格。目前农村改革实践中出现多重确认标准，主要以"户籍 + 土地承包关系"的标准确定成员资格。此外，还可以以对集体贡献程度以及经过农村集体的村民会议的讨论同意加入等方式认定。农村集体经济组织特别法人的人员构成，在一定程度上同农民合作社与公司法人一样具有开放性，其允许集体资产折股量化的内部成员以外的投资人成为该经济组织的股东。具体而言，农村集体经济组织特别法人的人员构成，可以比照农民合作社以及公司法人的成员构建方式区分，形成本集体成员股东以及非本集体成员股东。[①] 本集体成员股东是以集体资产折股量化的股东成员，具体可以是以集体内部的人数为计算依据，也可以以集体内部的承包户数为计算依据。外部成员是指以自有资产投资到特别法人的投资者，可以是本集体成员以自有资产进行投资，也可以是非本集体成员的自然人、法人或其他组织。

成员大会是特别法人的最高决策机构，维护整个组织的科学有效运转，是其对外的意思表示机关。在从事生产经营活动中，成员大会代表全体集体成员的意志，以会议方式行使权力，以决议方式作出决策。对于成员大会代表的选举、成员大会的定期会议与临时会议、成员大会的召集与主持等应该确立于法人章程内。对于公司法人而言，制定章程是极为重要的事项，法人的构建主旨源于章程的内容，故对于农村集体经济组织特别法人的章程制定权属于成员大会，其享有的章程制定权是最基础亦是

---

① 参见于雅璁：《"特别法人"架构下我国农村集体经济组织改革发展路径研析》，载《海南大学学报（人文社会科学版）》2020 年第 6 期。

最重要的权利。此外,对于特别法人的具体经济职能详细规定于章程的具体内容,诸如特别法人的经营方针、审议批准财务预算流程、决算方案以及收益分配的制度方式等重要的经济活动内容,还可以形成具体的操作文件,此类内容均为成员大会享有的制定权利。对于集体资产的管理维护职能亦属于成员大会,对于特定人员的产生任免亦需要成员大会的管理约束,即如何选举产生特别法人的执行机关,需要听从成员大会的意思表示。成员大会还可以决定组织内高级管理人员的选举任免,还有权决定特别法人的设立、存续、变更、注销等,这些均属于成员大会的基本职权范围。

成员大会是通过会议的方式行使职权,召开会议就成为法人成员行使成员权利的重要途径,亦是成员直接表达其意思表示的重要形式。在各地试点地区的立法实践中,通过确立相关立法体现了对成员大会议事规则与程序的重视。农村集体经济组织特别法人可以比照农民合作社与公司法人的模式,确定召开成员大会的定期会议与临时会议的具体条件,成员大会的定期会议规定每年召开一次,临时会议按照法定情形出现时即需要召开,此处指定的法定情形需要涵盖大部分重要决策事项要求。[①] 明确成员大会由理事会召集、理事长主持,同时要确立理事会不能召集会议的替代机构(监事会),在理事会和监事会不召集会议时,满足一定条件的成员可以召集会议。因为会议召集与主持是召开会议的必经阶段。对于会议的通知时间,考虑法人组织成员构成的特殊性,需要由经过成员大会的自治规定。对于会议提案内容规范与要求,可以在章程中明确。故在改革实践中,成员大会的职权行使是推动集体资产有效管理运营的重要保障。[②]

2. 农村集体经济组织特别法人的执行机关

虽然成员大会是农村集体经济组织特别法人的权力机关,但其并非常设机关,需要执行机关对权力机关制定的规定执行落实,以法人的名义

---

① 参见臧昊:《特别法人定位下农村集体经济组织的职能重构》,载《农业经济》2019 年第 5 期。

② 参见房绍坤、马鹏博《农村集体经济组织具有破产能力吗?》,载《上海政法学院学报(法治论丛)》2022 年第 5 期。

对外代表从事经济活动,故理事会属于常设机关。[①] 农村集体经济组织特别法人的执行机构,是法人有序开展经济活动的重要组织保障,可以有效推动形成权责清晰、权利与权力制约的组织格局。无论是公司还是合作社的权力机关,其行使职权都是纲领性的概括行使,农村集体经济组织特别法人的权力机关也不例外,对于农村集体经济组织事务难以做到事无巨细的规制。作为农村集体经济组织特别法人的执行机关,将权力机关的意思表示付诸实践,直接参与特别法人的经营管理活动,负责日常经营管理活动,理事会特别法人经营成效的好坏取决于执行机构能否高效运转,理事会在经营管理活动中,具有推动集体资产保值增值的重要作用,故构建科学合理的执行机构(理事会)极为重要的。

在农村改革实践中,曾出现村委人员与集体经济组织的执行机关人员混同的情形,产生"一套人马、两块牌子"的现象。出于优化理事会对于农村集体经济组织的经济管理控制职权,可以考虑推动人员构成的多样化发展。具体而言,构成人员可以包括一般全能型人才以及专业性管理人才,做到普通行政工作人员与专业技术人员以及高级行政管理人员的协调共存,合理优化理事会的人员架构。此外,农村集体经济组织特别法人承载着发展集体公用事业与集体组织成员收益分配的双重任务,对于非本集体成员股东更多关注个人私益的分配,二者各有侧重点,那么在理事会的人员构成这一方面,理事会的人员是否要求成员身份,则取决于农村集体经济组织法人的特别性。[②] 在理论研究中,非本集体成员股东能否取得理事会成员资格是存在争议的。实际上,如果农村集体经济组织没有吸纳集体成员以外的投资,也就是说成员均为集体组织内部成员,此时的理事会成员当然全部为内部成员,不存在非集体成员作为理事会成员。但如果农村集体经济组织特别法人吸纳社会资本,成员大会中就

---

① 参见管洪彦:《农村集体经济组织法人治理机制立法建构的基本思路》,载《苏州大学学报(哲学社会科学版)》2019 年第 1 期。

② 参见段浩:《农村集体经营性资产股份合作法律制度构建研究》,西南政法大学 2019 年博士学位论文,第 42 页。

应当包含非集体成员的外部成员，理事会及监事会成员就应当有非集体成员代表。从考量增强农村集体经济组织的经营能力与防范化解风险的能力角度来说，应当限制非本集体成员担任理事会成员的比例。

理事会的职责权限通过权力机关制定的章程以及法律法规的规定可以明确，从理事会的构成人员、选举任用、薪资待遇、议事规则与程序的实质内容，形成动态科学的规则设计。理事会的职权应当接受权力机关的监督约束。作为决策的执行机关，理事会在执行职务过程中应当根据现存的经济环境，在权力机关授权范围内作出符合集体经济组织特别法人需求的经济投资计划，并动态调整。对于集体公用事业的发展，理事会亦应当制定相应的基础建设投资计划，应当确定组织内的收益分配的具体方案。理事会的表决规则允许章程做特别规定，否则采取“一人一票”的表决方式，参考农民合作社与公司法人的执行机关的表决规则，对对于上述表决持有不同意见的成员应当记录在案。此外，理事会成员对于集体财产不得侵占与挪用，不得滥用自己理事身份。对于作出违反法人章程的行为，法人组织内部的监督机关有义务对其进行追责处理。

3. 农村集体经济组织特别法人的监督机关

农村集体经济组织特别法人除了具有公有制的属性，在经营体制与收益分配上亦体现出集体资本的属性。作为公有制经济基础的特别法人，其经营对象是集体所有的财产，是与农村集体成员的生活休戚相关的，故监督特别法人经营集体资产的环节显得尤为重要。成员将集体资产进行折股量化取得特别法人的股权，实现了集体利益与个人利益的有效衔接，集体利益是集体资产的转化形式，个人利益是集体利益中作为组成部分的个人资产的转化，积极回应了时代对农民经济发展的关切，保障农村经济有序发展。农村集体经济组织的监督机关行使监督职权，监督管理执行机关经营集体资产实现保值增值，保障成员合理行使权利并公正公平地实现收益分配，从而为实现共同富裕提供助力。

对农村集体经济组织特别法人的监督机关，可以从人员构成、组织形式、职权划分的角度展开研究。目前农村经济改革实践中，农村集体经济组织特别法人的监督机关有三种组织形式:一是专门监督的监事会,二是外部监督的审计机构,三是内部监督的成员大会。

监事会是农村集体经济特别法人常设的监督机关,承担行使监督职能,监督有效健全特别法人内部治理的组织架构。根据农村集体经济组织拥有的公有制属性与个人资本收益的属性来看,监事会的人员构成应该在代表集体利益与代表成员个人利益的人员划分上保持相当比例。因上文所述的权力机关与执行机关架构比照农民合作社与公司法人的架构,故监督机关的组织架构保持同一性,亦可以比照农民合作社与公司法人的组织架构,其在人员构成上分为三类,分别是内部成员监事、外部成员监事和独立监事。其中,外部监事是集体经济组织吸纳外部投资时才可能存在,否则就没有外部成员监事。基层自治组织委派的独立监事可以作为农村集体经济组织特别法人的特殊性体现,一是设立目的宗旨的特殊性,二是资产来源的特殊性。农村集体经济组织特别法人的监事会成员需要考虑折股量化的股东和投资性股东的比例,且要规定两种监事的职权和议事规则。考虑农村集体经济组织特别法人的法律特性,监事会为必须的常设机关,而不允许其像农民合作社与公司法人的组织架构,可以在不设立监事会时只设立一至两名执行监事。

作为农村集体经济组织的外部监督——审计监督的组织形式,是顺应经济改革实践发展而产生的。审计监督的出现,更好地实现了集体利益与个人利益的协同发展,外部监管更多地可以代表公平公正行权。在农村经济发展实践中,外部的审计监督包含聘请专业机构的审计监督、向社会公示审计报告的社会监督以及政府部门核查审计监督三种形式。为实现集体经济收益的有效监管,考量农村集体经济组织特别法人的公有制与资本性的双重属性,集体资产运营的社会审计与政府审计可以更好地维护公有制属性,内部审计部门可以更好地维护资本性,故外部监督的三种组织形式是协同存在的。在特别法人开展经济活动过程中,其投资决策、资本运营情况等最终反映在资产营运报表上,对财务活动的有效监管离不开专业人员对报表的审计监督,可以合理监测特别法人最真实的经济活动状况。

这三种审计监督组织形式的存在，有助于形成权责架构清晰、互相制衡、互相监督的监督机关架构，有效维护集体资产的收益分配制度。

此外，作为权力机关的成员大会，对于组织内部的经济活动情况亦拥有监管职权。成员大会体现特别法人所有成员的意思表示，是集体资产利益代表体，实践中这项权力归属于集体经济组织所在的村委会或者是村民大会，是属于集体经济组织专有的民主监督形式。[①] 在特别法人实现创新创造发展的过程中，合理分配使用来自国家的政策福利倾斜资源，光靠前两种的组织形式还不够科学，须得让成员参与监管过程，即成员大会的监督形式应当受到合理重视，对倾斜支持的政策福利进行持续的民主跟踪监管。在权力机关制定的章程中，亦需要明确监督机关的职权范围、组织形式、开展方式等实质内容，防止执行机关滥用执行决策权力，保护集体资产不受外部其他资本的侵害，从而彰显集体经济组织内农民主体地位，保障民主监督权利行使，实现集体资本收益分配与再分配过程的科学有效监管。

虽然监督形式有三种，但农村集体经济组织特别法人的监督机关是指专门行使监督职能的监事会。监事会成员经由权力机关选举产生，在履行职务过程中，除了对管理层人员即执行机关进行监督，还对成员即意思表示机关组成人员进行监督，发现不当行为及时处理。具体而言，农村集体经济组织特别法人的监督机关职权主要有以下方面。首先，其综合职能表现为内部监督管理职权，实现上下衔接作用，有效沟通权力机关与执行机关；对执行机关的经济活动进行审计监管，核查经济活动中是否存在不当行为侵害成员利益；对权力机关的成员行为进行监管，防止出现滥用成员权利的情况出现；维护完善信息报告机制，健全信息查阅制度，切实保障成员的知情权、表决权。其次，对于经由选举产生的成员程序，要注重资格审查监管与程序正确监管。根据章程规定的资格取得方式内容

---

① 参见宋天骐：《论农村集体经济组织法人内部治理中的“人”与“财”——以治理机构的人员构成与集体资产股权为观察对象》，载《河北法学》2022 年第 4 期。

以及选举程序合规的内容,做好实体与程序的双重监管要求,维护成员进入特别法人组织的过程不受侵害。对于监管机关的具体制度设计,包括监事会的设立职权范围划定以及执行监事等实质内容,可以经由权力机关制定的章程确定。最后,对于涉及成员重大利益与集体整体利益的重要决策执行上,监督机关可以通过专业机构人员实现完备监管审查,维护个人利益与集体利益,防范化解可能出现的风险。同时,履行成员内的管理维护职责,对于发现的成员或工作人员的不当行为及时纠正,必要时可以代表特别法人提起诉讼。

第二节 农村集体经济组织特别法人成员大会

一、农村集体经济组织特别法人成员大会的表决机制

1. 农村集体经济组织特别法人大会成员设置

推进乡村治理体系与治理能力现代化发展,是农村经济发展的核心要务,也是实现"乡村振兴战略"的必然路径。对于农村集体经济组织特别法人的制度构建,法人成员是构成法人的核心要素之一,所以特别法人成员的分类显得尤为重要。理论界与实践界对农村集体经济组织成员形成多重的分类标准,下文选取成员资格取得方式分为内部成员与外部成员的分类方式展开研究。通过分析可知,成员取得成员资格的方式分为通过户籍所在地或者同经济组织存在土地承包关系等方式取得成员资格的内部成员,以及农村集体组织法人化后通过投资入股等方式取得成员资格的外部成员。作为农村集体经济组织的最高权力机构,成员大会的组成人员也应当包括内部成员与外部成员,即农村集体经济组织的固有成员与社会资本方。[①] 农村集体经济组织成员取得折股量化后的股权,

---

① 参见马莉玲:《农村集体经济组织特别法人成员大会制度构建研究》,安徽财经大学2020年硕士学位论文,第16页。

当然属于农村集体经济组织特别法人成员,也必然属于参加成员大会的人员,而农村集体经济组织特别法人成员并不等同于农村集体经济组织成员,因为特别法人如果存在吸纳社会资本情形,就存在外部成员,外部成员也是参加成员大会的人员。对于成员大会中的成员设置可以通过章程确定,根据农村集体经济组织所在地的农业发展情况,结合相关法律规定,制定符合当地运行的特别法人成员资格认定标准。

内部成员需要统筹考虑户籍与土地承包等经济关系,考虑集体内的接受意愿等因素,通过民主方式设置认定内部成员资格取得标准。实践中需要着重对于外嫁女、服兵役人员、大学生以及在外服刑人员的资格认定以及表决权行使设置条件。基于农村集体经济组织的公有制与资本性的双重属性,农村集体经济组织特别法人应当允许社会资本方存在,这有利于保障农民股东对于集体资产的股份可以有偿退出,合理发展农村经济。制定的章程中可以明确企事业与社会组织或自然人可以通过投资等方式取得法人成员资格,即允许社会资本方有条件地进入农村集体经济组织特别法人,帮助法人盘活农村经济资产,推进农村集体经济组织通过折股量化手段实现产权改革。目前的农村改革实践中还体现出一个重要趋势,即要保障农村集体经济组织固有成员的主体地位。因为社会资本方是以追逐资本实现为目标的,从而弱化公益追求,如果赋予社会资本方以同等地位,会侵害特别法人的公益属性,阻碍农村公用事业的发展,这与农村经济改革实现目标背道而驰。尊重固有成员的主体地位,决策的重心可以兼顾推动发展农村公有事业与农村经济利益实现收益分配目标。承认农村集体经济组织固有成员与社会投资方的地位不能等同,有利于农村经济健康有序发展。

法律将农村集体经济组织确立为特别法人,有利于保障农村经济改革实践,且顺应经济的发展需求,分析得出拥有鲜明中国特色的农村经济形态的农村集体经济实现经济活动方式丰富多样,发展集体经济一定要走多元化的道路。换言之,在人员构成上,内部成员的利益追求可以体现出其社会公有制属性的基本特征,外部成员社会资本方可以为农村集体经济组织提供来自资金、技术和管理等经济要素发展机会。同时,比照农民合作社的人员架构方式,可以考虑在农村集体经济组织设置外部成员即包括企事业单位在内的社会投资方,其人数不超过总体人数占比的10%。此外,外部成员的存在是必要的,其有利于帮助内部成员实现股份的有偿退出。在实践中,内部成员退出一共有三种方式,一是内部成员之间的相互转让,二是集体资本赎回手段,三是外部资本方购入,第三种方式需要外部成员的参与才可实现。总而言之,农村集体经济组织成员应当包含内部成员与外部成员,内部成员侧重于经由户籍身份关系与经济关系等生产生活方式形成取得,外部成员侧重于投资收益需求形式取得。①

2. 农村集体经济组织特别法人内部成员表决机制

作为农村集体经济组织特别法人,因其特性应区别于一般法人,成员构成更加特别,在成员表决权这一块不可以"一刀切"。根据内部成员的认定标准以及内部成员在经济活动中的重要作用,赋予内部成员对成员大会的表决权是高于外部成员的表决权的。在成员表决权配置上,可以比照农民合作社的社员表决权与公司法人的股权表决权的制度设计,通过借鉴成熟的公司表决权配置,因势利导地为内外部成员配置不同的表决权,完善农村集体经济组织的权力配置体系。进言之,以户籍所在地和土地承包关系等经济关系取得的成员资格的内部成员,按照"股权户"计票,表决采取"一户一票"的表决方式。内部成员在集体的权属可以比照于信托关系中的委托人,这相当于实质上的委托收益关系,即受托人(执行机关)处理事务、管理财产,委托人(内部成员)分享收益。"一人一票"与民主多数决的表决方式能保障民主决策的有效性,体现了平等原则。"一人一票"要求一人或者一户享有平等的表决权,一票要求对表决内容要做到统一,不因表决事项而对成员有区别限制。坚持实行"一人一票"或者"一户一票"的表决原则,此种表决方式代表着每户都拥有相同数量

① 参见李睿:《农村集体经济组织法人内部治理构建》,首都经济贸易大学2021年硕士学位论文。

的表决权,从而降低随意剥夺成员表决权的可能性,可以有效防止出现少数人控制集体意志的情形。

适用"一人一票"表决原则的同时,亦需要完善表决权的行使机制,防止出现折股量化的内部成员和投资性的外部成员之间的冲突。加之农村集体经济组织特别法人的社会公共职能与政治职能是向内部成员倾斜的,因此,应当明确表决权行使内容并设置合理的表决通过比例,参照农民合作社与公司法人构建实现民主决策的架构。表决权行使内容的细化可以优化表决权制度设置,结合相关法律与规范性文件,明确农村集体经济组织特别法人的表决事项可以分为涉及生产经营过程中的经营决策表决事项,以及涉及权益分配的权益决策表决事项。《民法典》第261条第2款通过列举式的方式规定出需经过法定程序表决决议的五项事项,但此是不完全列举,决议的内容主要为集体所有的动产与不动产。加之适用多数决是表决事项通过的一般标准,其中包含资本多数决与人头多数决,保障内部成员的表决权利,可以根据需要表决决策事项的不同,采取多元化的决策通过制度,便于提高成员参与积极性,维护成员核心利益。

3. 农村集体经济组织特别法人外部成员表决机制

作为具有营利目的的特别法人,农村集体经济组织应当为其成员谋取经济利益。农村集体经济组织通过将集体所有的资产转化形成法人财产,折股量化使得组织成员成为法人的股东,实现收益分配,为内部成员带来福利保障。同时,设置特别条件,引入外部资本进入组织内,可以丰盈农村集体经济组织特别法人的资本,更好地开展经营生产活动,获取更多的收益。通过投资等方式进入组织内的人员,是农村集体经济组织的外部成员,其更多注重倾斜通过投资获取收益的需求,弱化对于公共职能的追求,故应当为外部成员设置赋予不同的表决权。农村集体经济组织的营利性职能和公共职能,应根据行使职能不同即表决的事项不同对内外部表决权进行区分,关于表决投资营运等从事经济活动的决策可以向外部成员倾斜,而关于表决公共职能事项主要参考内部成员的意见。对于表决的行使原则,坚持“一人一票”与“一户一票”的原则,对于权益决策事项,依然采取“一人一票”原则。对于涉及从事经济活动获取经济利益的经营决策事项,诸如年度财务预决算、债权债务核算以及资金收支情况等事项,可以考虑附加表决权采用一股一票的方式,这有助于提高经营管理的效率①。允许针对不同的决策事项附加表决权,既遵守了实质上的平等,又兼顾效率价值。同时,比照农民合作社的社员表决权与公司法人的股权表决权,设置附加表决权总数不能超过基本表决权总数的20%,协调内部成员与外部成员之间的表决权,实现实质正义。

根据实现民主决议要求,表决机制不仅要注重实体上的价值实现,也要注重程序上的价值实现,程序兼具内外要求,在建立合意的基础上,可以在最大限度上保证决议的民主性。表决程序可以分为召集程序、会议通知以及表决方式。实践中应当完善会议表决的召集程序,会议召开前应当提前将会议议程、场地通知,针对外部成员的经营决策事项附加表决权在召集通知书中列明,并载明附加表决权的人数以及附加表决权的权数。细化表决事项的表决通过机制,针对普通事项允许成员过半数通过,针对修改章程等重大事项要求表决权过2/3通过。② 当然,由于农村集体经济组织特别法人的特殊性,可以在章程中要求更高的通过比例。此外,还要明确表决决议的公示规则,在成员大会形成合意后,设置不少于15日的公示期间,允许外部成员对表决事项提出异议。同时,设置允许委托代理规则,对于无法参会的外部成员,允许其将自己的表决权委托给其他成员代理行使。合理设置外部成员的表决权,提升其积极参与组织管理的动力并激励法人组织争取市场青睐,从而有助于确保集体资产的延续发展,实现集体财产的高效有序运转。

---

① 参见高玉凤:《股份合作制农村集体经济组织法人治理机制完善研究》,烟台大学2022年硕士学位论文。

② 参见丁劭泊:《农村集体经济组织法人治理的构建与完善》,载《农业开发与装备》2021年第5期。

二、农村集体经济组织特别法人决议行为

农村集体经济组织特别法人既有营利性又有公益性，但其既不是营利法人也不是非营利法人，而是与营利法人、非营利法人并列的一种特别法人。它是成员依据民主机制进行经营管理的法人组织，其重大决策事项应当由成员民主表决并作出决议。① 对于其内部治理，可以通过设立权力机关、执行机关与监督机关的架构实现静态治理，但静态治理难以满足不同地域的经济组织发展要求，难以形成行之有效的农村集体经济内部治理体系。因此，根据整体主义方法论的要求，设置经济组织的动态治理体系，其主要通过权益分配以及表决决议机制完成。决议行为是法人组织通过内部议事决策规则继而产生的意思表示行为，对于决议行为的一般规则包括决议行为的形成、效力以及瑕疵决议行为救济等方面。农村集体经济组织特别法人拥有与一般法人机关一致的共同特征，但囿于经济组织的地域性与相对封闭性以及血缘结构等因素的影响和制约，其对于决议行为的决议制度与通过制度等方面，亦有不同于一般法人机关的特性。加之决议行为是农村集体经济组织特别法人实现内部治理的有效手段，故农村集体经济组织特别法人应当按照其特性构建决议机制，防止出现多数人暴政以及少数人专权的不良情况。法人组织的意志形成与实现需要通过决议行为，将组织内的意思表示能力展露于外，即通过内部决策机制实现组织意思能力表示，进而有效纠正在民主决策程序中可能出现的无序性，提高民主决策效能。

1. 农村集体经济组织特别法人决议特点

农村集体经济组织特别法人决议行为区别于一般的法律行为，其在注重实质正义的同时，因决议过程中民主决策程序性规则代表着民主技术性规则在农村集体经济法人组织内的法律确认，故也强调程序正义。

---

① 参见张泽嵩：《农村集体经济组织决议外部效力规则之构造》，载《地方立法研究》2022年第1期。

决议行为是通过法律规定的正当程序从而实现民主决策的法人化行为，它表现出程序性、团体性以及经济性的三大特征。研究农村集体经济组织的内部治理问题，离不开对决议行为的分析，而决议行为的特性有助于更好了解决议行为的性质。为更好地分析决议行为过程中的规则设立、行为成立与生效要件、瑕疵决议行为处理等内容，应当先行从决议行为的特点入手。

首先，该特别法人决议行为的程序性，是程序正义的表现。成员在民主决策下表决作出决议时，依据的是章程和法律有关规定，来保障集体成员平等地享有成员权利。[①] 农村集体经济组织成员区别于一般的公司法人成员，更具身份性与财产性的权利属性，其二重权利属性更加应当保障平等地位。经由正当程序作出的决议，体现出决议行为的程序性要求。而不符合程序性要求作出的决议行为，存在效力瑕疵问题。决议行为从成立至生效均为程序性行为，不同阶段有不同的表现形式，诸如成员大会的召集、成员大会内容的表决、成员大会决议的签字确认等内容。成员大会的每一项决议行为如果存在程序瑕疵，必然影响到决议的效力。

其次，农村集体经济组织成员大会作出的决议行为具有团体性特征。作为最高权力机关，成员大会对法人的重大事项进行表决并作出决议，其作出的决议事关法人组织的经济利益与公共利益，直接影响成员的个人利益、法人组织的集体利益，甚至影响事关农村发展的社会利益。成员大会决议是全体成员（内部成员和外部成员）的意思表示按照一定规则形成的法人的意思表示，这种意思表示不是个人的意思表示，而是团体的意思表示。决议行为的形成具有团体性要求，在内容上需要法定数量的成员行使表决权方能产生效力。对于需要决策的事项，表决决议通过事项采取多数决，即决议需要取得多数人的同意，符合决议行为团体制度要求，在最大程度上保护成员的经济利益与公共利益。同时，针对成员大会

---

① 参见李国强、朱晓慧：《农村集体经济组织法人的治理机制研究》，载《财经法学》2022 年第 1 期。

作出的有效决议,其约束对象也体现出团体性的特征。决议行为不约束法人组织与组织外第三人的权利义务关系,而是约束法人组织、全体法人组织成员以及法人机关,要求其遵循决议内容从事生产经营、管理活动,体现对特别法人行为的法律规制。

最后,农村集体经济组织法人化,其对于从事的生产经营等经济行为,在作出决议行为时亦会考虑经济效益,规避市场风险,体现经济性的特征。在发展农村集体经济组织法人化的过程中,在实践考量农村实际情形,通过合理优化经济活动适应农村实际,推动村组织经济稳步有序进入市场经济体制。因此,将组织引导进入经济市场,以合作的方式在市场间进行经济交易活动,实现其发展农村集体经济组织、壮大集体经济、为成员带来切实利益的目标追求。作为一种新型的市场交易主体,农村集体经济组织特别法人具有营利的目的,其作出的决议行为,在维护成员权利的同时,还可以盘活集体资产,实现营利目标,继而发展农村公用事业。其决议行为以保障组织体经济利益为先,管理与保障的双重职能并行,以法人可分配财产为客体形成稳中有变的管理模式,构建完备的法人治理体制。在处理农村集体经济组织成员间的纠纷问题时,决议行为的经济属性可以为行使法官自由裁量权、最大限度地保护组织体的经济起到重要作用。

2. 农村集体经济组织特别法人成员大会决议成立与生效认定

作为法典化时代集体经济项下的团体行为,农村集体经济组织特别法人成员大会的决议行为效力影响其经济活动方向。作为特别法人组织内部治理的重要工具,成员大会决议行为的形成及其效力规则彰显着国家干预与组织自治的协调机制。目前农村经济的产权改革实践下,为避免因成员大会决议行为的效力缺失而出现法律风险,应当对其决议行为效力认定进行梳理,分析其决议行为的效力基础、成立与生效区别以及对应的构成要件。决议行为的成立,是指决议行为在具备法律规定的成立要素的情形下,取得事实上存在的地位;决议行为的生效,是指决议行为比照于法律法规,具备生效要件,取得法律上的效力保护,产生相应的法律后果。决议行为成立与生效的区别,可以从发生时间状态、事实状态与法律状态以及约束力对象三个角度分析。首先,决议行为须先成立,才可能进入生效状态,成立的发生时间早于生效时间。其次,决议行为成立是在事实层面的存在状态,而生效是在法律层面取得保护效力。[①] 最后,决议行为的成立约束的是行为本身,成立后除非出现可撤销事由,否则不会因其他因素消失;决议行为的生效约束的是法人组织的全体成员产生权利义务关系。

农村集体经济组织特别法人成员大会的决议行为,其决策内容兼具营利与公益的性质,是一种特殊的法律行为。由于决议行为属于团体性行为,所以其成立除具备法律行为成立的三要件[②]外,还必须具备特别的程序要件,包括决议主体的召集方式、表决以及决议形式等程序性事务。[③] 从具备法律行为成立的三要件的内容来看,决议行为的三要件也有其特殊性:首先,决议行为的主体要件不同于一般法律行为的主体要件。成员大会作为决议机关,其参加成员大会的人员包括内部成员和外部成员,即决议行为的主体是农村集体经济组织法人的成员。在农村经济改革实践中,可以发现集体内成员不一定均在集体内生活,可能出现外嫁女、外出务工等特殊情形,对于外嫁女、服兵役人员以及在监狱服刑人员的表决决议权利需要特殊的考量。此外,还可能出现因吸引外来资本、技术等产生的外部成员。无论是内部成员还是外部成员,参加成员大会可以自己参加也可以委托他人参加。因此,一方面由于农村集体经济组织法人成员众多,不一定都能参加成员大会,这就必须对成员大会决议行为主体的人数及持股比例作出规定,另一方面委托他人代为参加成员大会,就需要对受托人的资质及受托数量进行规定,这是一般法律行为主体与决议行为主体的区别。其次,决议行为的标的要件不同于一般法律行

---

① 参见郑庆宇:《关于农村集体经济组织法人特别性的思考》,载《农村经营管理》2021 年第 9 期。

② 一般法律行为的成立要件包括行为主体、标的以及意思表示,它们被称为法律行为成立的三要件。

③ 参见刘宇晗:《农地"三权分置"视域下农村集体经济组织法人制度的完善》,载《山东大学学报(哲学社会科学版)》2019 年第 7 期。

为的标的要件。法律行为的标的是主体权利义务指向的对象,在法律行为成立的标的要件中,不同的法律行为由于主体权利义务的不同而不同,但农村集体经济组织法人的决议行为的标的,其范围是法律规定与章程约定,是农村集体经济组织法人生产经营及管理的重大事项,而不是主体权利义务指向的对象。最后,决议行为的意思表示要件不同于一般法律行为的意思表示要件。一般法律行为的意思表示是主体直接作出,表现为行为人个体的意思表示,不受外力干涉,否则就可能是欺诈、胁迫等意思表示瑕疵,从而影响行为效力,而决议行为的意思表示是团体意思表示,团体意思表示是个体意思的叠加,但又离不开个体意思,是在全体成员意思表示的基础上按照一定规则形成的团体意思表示。因为规则的限制,个体意思可能形成团体意思,也可能无法形成团体意思。

决议行为生效的要件也有特别要求。法律行为生效要件是指主体具备相应的行为能力、标的合法、意思表示真实。而决议行为的生效要件还包括参加成员大会的成员数量和持股比例需要达到一定标准,决议事项(标的)是否按照程序提前通知或公告,团体意思表示形成是否符合法律规定或章程约定等。决议行为的生效要件还需要满足程序要件,即成员大会的召集与主持、决议事项的通知与公告、表决程序、议事规则、决定作出等。会议的召集过程需要注重召集人和主持人的身份,要符合法律及章程的规定;表决程序主要是区分内部成员与外部成员的表决权,平衡内部成员与外部成员的利益;议事规则主要是表决规则,即计算表决权票数问题,由农村集体经济组织法人章程约定,各地需要结合法人所在地的地区特点,因地制宜作出自己特色的议事方式;表决通过事项需要注重公示以及信息披露机制的架构。比照农民合作社与一般的公司法人决议形式的机制,其特别生效要件主要表现为公权力机关的批准以及是否存在附条件或者附期限的内容要求。此外,其必须不存在有效的障碍要件,诸如违背公序良俗、违反法律规定等效力瑕疵。当全部生效要件完备后,决议行为取得法律效力。

尽管决议行为的成立离不开特殊的程序要件,但程序正义并非决议行为效力基础。其决议行为多数决方式获得通过,更多地表现为团体成员的自由意志,团体的自治体系是决议行为的效力基础。团体意思表示源自自然人,多数决将团体内部的多数人成员意思表示整合至全体成员的意思表示,贯彻团体自治原则。成员将法律赋予的意思表示行为交接给组织,是确信团体自治的能力,承认团体是集体内利益的最好维护者,承认并尊重团体意志,那么决议行为效力当然地约束团体组织及内部成员。进言之,决议行为是由拥有表决权的成员,行使表决权作出数个意思一致的表决行为,并进行有机结合的法律行为。决议行为效力认定需要基于团体的意思表示,故而决议行为效力基础源自团体自治体系。①

3. 农村集体经济组织特别法人决议瑕疵及处理

法典化时代的农村集体经济组织特别法人作出的瑕疵决议行为,会同一般法律行为一样,存在不成立、可撤销、无效三种状态。在瑕疵决议中,决议行为的不成立与可撤销属于程序上的瑕疵问题,决议行为的无效属于效力上的瑕疵问题。上文已经梳理了决议行为成立的构成要件,包括一般构成要件与特殊构成要件。法人组织在进行表决作出决议的过程中,如果没有完备的构成要件,诸如成员大会的召集、决议事项的通知、决议的签字确认等方面,不满足构成要件那么决议自始就不成立。根据司法实践中决议不成立的适用情形,可以归纳分类为事实上未召开成员大会以及视为未召开成员大会的情形。伪造成员大会决议就是事实上未召开,表决时未达表决权数就视为未召开。区别决议不成立是对法律规定的决议程序性事务严重违反,决议可撤销是对法律规定的程序性事务的轻微违反。在司法实践中,瑕疵决议包括决议程序瑕疵和决议内容瑕疵两种。程序瑕疵主要表现为召集方式、通知方式、召集人资格、表决程序、决议文件签署等轻微瑕疵问题;内容瑕疵就是决议的内容违反法律及章程规定等。针对决议无效规定的范围小等因素,其仅限于违反法律法规以及法律原则的行为。

---

① 参见房绍坤、张泽嵩:《农村集体经济组织决议效力之认定》,载《法学论坛》2021 年第 2 期。

在决议不成立的情形中，决议行为自始不存在，从事实层面上否认决议，在法律上不发生效力；在决议可撤销的情形中，决议行为被撤销后追溯至自始无效；在决议无效的情形中，决议行为不产生约束力。为促进农业生产要素的改革优化，推动农村集体经济的发展前进势头，延续法人组织的互助公益追求目标，对目前实践中农村集体经济组织作出的决议存在效力瑕疵的情形，其处理方式亟待完善，需要将决议瑕疵情形分为两类进行处理，一是决议效力无法拯救的决议不成立以及决议无效的情形，二是决议效力可以拯救的决议可撤销情形。对于瑕疵的决议处理方式可以从这两个方面展开分析。

对于上文所述三类瑕疵决议的行为处理，还可以通过健全农村集体经济组织决议的内外部效力的法律规制来实现，将瑕疵决议行为的效力分为内部效力与外部效力。① 内部效力就是瑕疵决议对农村集体经济组织法人是否有约束力，是否能够通过程序补救改变效力类型；外部效力是指依据瑕疵决议与第三人形成的民事法律关系效力。瑕疵决议的内部效力，一方面是将决议不成立、决议无效的确认之诉与撤销之诉区分，从诉讼法理论看，二者的区别还是明确的。因为决议不成立和无效对农村集体经济组织不可能产生约束力，对这两种决议行为的效力无法采取补救措施，从制度设计来说，只有明确诉讼主体的资格确认条件，明确农村集体经济组织管理者是否拥有诉权。② 同时对于决议行为不成立与决议行为无效的诉讼事由内容予以固定，并且对于诉讼时效的期间作出具体规定。对于决议可撤销的瑕疵决议行为，虽然可以提起撤销之诉，但可以通过程序补正消灭诉因，使可撤销的瑕疵决议行为合法有效。另一方面就是瑕疵决议行为的法律责任应当完善，作为法人机关、理事、监事及高级管理人员，必须对决议行为的瑕疵承担责任，否则制度就没有任何意义，

---

① 参见高海：《农村集体经济组织法人治理的特别性与法构造》，载《江西社会科学》2022年第10期。

② 参见张继承、陈逸彤：《从概念到制度：农村集体经济组织特别法人的构建》，载《法治社会》2019年第5期。

就不会得到遵守。对瑕疵决议的外部效力的判断主要看第三人是善意还是恶意,民事法律关系的原则是保护善意第三人利益,所以外部效力就是因瑕疵决议与善意第三人之间的法律行为是有效的,而与恶意第三人之间的法律行为无效。农村集体经济组织决议行为不成立或者被撤销,其外部效力一般不受影响,本质上均为没有决议,故不成立与可撤销决议的外部效力可以同等处理。在司法实践过程中,外部效力的认定不应当僵化地适用善意保护规则,在具体适用过程中应当考虑利益衡量因素来进行对外部行为效力的认定。具体而言,若否认外部行为的效力,会导致农村集体经济组织及利害关系人利益受到严重损害,可以考虑适当维持外部行为的效力,避免法律行为主体间的权利义务失衡。① 实践中,不同的农村集体经济组织决议不同的组织事项,所涉及的利益主体不同,在适用过程中应当兼顾集体成员利益与善意相对人的利益,区分法律规定与章程制定的决议事项内容,合理借鉴无权代理制度,从而实现类型化地认定外部行为的效力。因此,在瑕疵决议影响集体经济利益的情形下,构造合理的内外部效力确认规则,平衡该特别法人内部与外部交易相对方间的利益,从而更好地实现农村集体经济组织特别法人的内部治理核心目标,构造平衡保护农村集体及相关利益主体之间利益的规则,推动实现乡村治理体系与治理能力的现代化建设。

第三节 农村集体经济组织特别法人的收益分配制度

一、农村集体经济组织特别法人收益分配的界定及特殊性

农村集体经济组织特别法人的收益分配就是农村集体经济组织经营收益,由谁享有,按照什么样的规则和程序进行分配。从市场主体盈余分

---

① 参见张泽嵩:《农村集体经济组织决议外部效力规则之构造》,载《地方立法研究》2022年第1期。

配的规定来看，可分配的收益范围应当是净利润，但对其有不同的规定[①]，分配标准或依据也有所差别。[②] 借鉴和参考这些规定，农村集体经济组织特别法人的收益分配应当按照章程规定或成员大会决议确定具体分配办法，收益分配的范围应当是弥补亏损、提取公积金后的当年盈余。

农村集体经济组织特别法人的生产经营收益，从其受益主体或分配主体看，可以将其分为两类，一类是共享的收益，另一类是分享的收益。共享收益的受益主体是集体成员，收益的表现形式主要是通过提供农村公共物品以提高农村社会福祉；分享收益是指法人成员从法人的盈余分配中实现的个人独立享有的利益[③]。农村集体经济组织法人的收益分配程序有特别要求。首先，精准核算年度收支及可分配收益，这在公司或农民[illegible]合作社也是要求的；其次，制订相关分配方案，理事会根据章程制定[illegible]分配方案并由专业监督机构进行审核，经成员大会决议通过；再次[illegible]镇人民政府审核，经法人成员大会决议通过后，将方案向乡镇人民[illegible]审核，并向全体成员公示；最后，收益分配方案实施。农村集体经济[illegible]法人的年度收益分配完成后，应将过程、结果等相关资料整理归档[illegible]上报乡镇人民政府备案。

[illegible]村集体经济组织特别法人是独立于营利法人与非营利法人的特殊类[illegible]所以其收益分配方式也会具有特殊性。[④] 其一，相较于非营利性法人[illegible]分配的特殊性。非营利法人以公益为目的不进行利润分配，但农村[illegible]体经济组织特别法人因具有促进农村社会福祉的特殊性而具有公益性[illegible]同时因利润需要进行分配以保障个体的收益而具有私益性。正是

[illegible] 公司在弥补亏损、缴纳税款、提取公积金后的盈余为公司的可分配利润，农民专业合作社在[illegible]补亏损、提取公积金后的当年盈余为可分配盈余，合伙企业没有规定盈余或可分配利润的范围。

② 有限责任公司是按照股权比例或章程规定分配，股份公司是按股分配，合伙企业是按照合伙协议规定分配，农民专业合作社是按照章程规定或者经成员大会决议确定具体分配办法。

③ 参见韩松：《论农民集体土地所有权的集体成员受益权能》，载《当代法学》2014 年第 1 期。

④ 参见高海、朱婷：《农村集体经济组织收益分配的特别性与规则完善》，载《南京农业大学学报（社会科学版）》2022 年第 4 期。

由于共享收益服务于村集体内所有成员，同时特别法人在运营过程中亦保护成员的个人收益，因此农村集体经济组织收益分配同时具有公益与私益的双重属性，其利益分配方式也具有多元化的特点。①

其二，相较于营利性法人利益分配的特殊性，即营利法人必须注重于向出资人分配利益，而农村集体经济组织则需要同时兼顾公益与私利，兼顾公益与私益的平衡，甚至在某些情况下优先保障集体成员的公益。其特殊性的具体表现为：一是优先满足农村集体经济组织生产经营发展的需要，保证农村社会公共福祉的提高，要求集体收益分配的公益优先、公共事务优先②，只有在满足共享收益后才进行分享收益的分配；二是分享收益的分配也存在优先顺序，当在农村集体经济组织法人存在外部成员时，其收益分配顺位滞后于内部成员，须优先满足内部成员的收益，且内部成员收益有保底要求，这在公司、合伙或农民专业合作社的收益分配中是没有的；三是在收益分配的程序上也不同于营利性组织，营利性组织的收益分配强调的是组织自治，排除外来干预，而农村集体经济组织法人的收益分配尤其是用于分配的收益范围、分配方案、分配程序等必须经乡镇人民政府确认。

二、农村集体经济组织特别法人的收益分配制度现状

随着农村地区集体产权改革的不断推进，国家对于农村经济发展的重视程度不断加强，国家的政策性文件亦多次涉及农村集体成员的收益分配问题，其中对于该特别法人收益分配规则的规定也逐渐细化。当前，全国性的文件主要是从宏观层面对农村集体经济组织的收益分配进行规制，而地方对此制定的各种规则却具有多样性，这同时也从侧面反映出地方性的规范文件层级有限，缺乏统一的文件指导。因此，通过对全国性规范文件和地

---

① 参见陈小君：《〈民法典〉特别法人制度立法透视》，载《苏州大学学报（法学版）》2021 年第 1 期。

② 参见宋天骐：《论农村集体经济组织法人内部治理中的“人”与“财”——以治理机构的人员构成与集体资产股权为观察对象》，载《河北法学》2022 年第 4 期。

方性规范文件的梳理，来分析农村集体经济组织收益分配制度的现状。

在国家制定的法律中，仅有《中华人民共和国乡村振兴促进法》（以下简称《乡村振兴促进法》）[①]对农村集体经济组织的收益分配作了原则性的规定，其他规范性文件对农村集体经济组织法人的收益分配也有零星规定，但均为原则性规定，缺乏操作性，见表4－1。

表4－1　其他对农村集体经济组织法人的收益分配有规定的全国性文件

文件名称	年份	内容
《集体产权改革意见》	2016	健全集体收益分配制度，明确公积金、公益金提取比例，把农民集体资产股份收益分配权落到实处
《示范章程》	2020	（1）收益分配兼顾成员增收和集体福利。（2）个人股设置人口股、劳龄股等。（3）提取公积公益金、福利费（用于集体福利、文教卫生）后按股分红
《农村集体经济组织财务制度》	2021	（1）收益分配民主议定。（2）按照弥补亏损、提取公积公益金、按股分红顺序分配

地方性规范文件从制定主体看，有省级、地市级、县区级和乡镇级的主体对农村集体经济组织法人收益分配的规定，但规定内容差异很大，其中共享收益的分配差异主要体现在是否设置集体股、公积公益金提取比例、是否提取福利费等方面，而分享收益的分配差异主要体现在分配主体的认定以及个人股类型方面。个人股类型的差异表现为少数地区设置单一的人口基本股[②]，而大多数地区都是设置复合型的股份。[③]

---

① 自2021年6月1日起施行的《乡村振兴促进法》第21条第2款规定，“国家采取措施支持农村集体经济组织发展，为本集体成员提供生产生活服务，保障成员从集体经营收入中获得收益分配的权利”。

② 参见《政和县村集体经济组织股权管理暂行办法》（政人综〔2019〕150号）第5条、《永安市农村集体经济组织股权管理办法》（永政办〔2019〕31号）第5条、《红寺堡区农村集体经济组织股权管理暂行办法》第5条。

③ 设置“人口股＋劳龄股＋特殊股”［参见《南丰县农村集体资产量化、股权设置及管理指导意见》（市府发〔2020〕27号）第4条、《和林格尔县农村集体资产股权设置与量化管理指导意见（试行）》（和政办发〔2019〕19号）第2条］；设置“人口股＋土地股＋农龄股（贡献股）＋资金股”［参见《梧州市农村集体资产折股量化股权设置和股权管理指导意见》（梧政规〔2020〕5号）第4条］；设置“人口股＋土地股＋贡献股＋农龄股＋扶贫救助股”［参见《温泉镇农村集体产权制度改革股权量化工作方案》第3条］。

地方性规范性文件有很多,本文没有一一比较,况且有些地方规定相似,也没有必要列举,仅简单列举几个地方性规范性文件以表现其共享收益分配的差异性。

一是是否设置集体股问题。地方规范性文件中采取的表述不一样,有些仅规定个人股,对是否设置集体股却没有言明,也有些明确不设置集体股,比如漳平市西园镇《关于印发西园镇农村集体产权制度改革工作实施的方案》(西政〔2018〕43号)明确股权设置以成员股为主,原则上不设置集体股。省级的规范性文件将是否设置集体股授权给下级政府或集体经济组织决定,并明确规定设置集体股的地方,集体股的比例也不一样①,其中安徽省的上限比例是20%,黑龙江省的上限比例是30%。湖南省长沙市对城中村集体经济组织是否设置集体股的规定是主要看其是否继续承担社会服务功能。②

二是共享收益分配的类型与比例差异。地方规范性文件中对共享收益分配的类型表述不一样,有些地区表达为公积公益金、福利费,有些地区表达为公积公益金,有些地区单纯表达为公积金,有些地区单纯表达为公益金,还有些地区单纯表达为福利费,而且各地对共享收益分配规定的

---

①《宁夏回族自治区农村集体产权制度改革试点方案》(宁政办规发〔2019〕6号)规定,在股权设置方面,应以成员股为主,是否设置集体股由本集体经济组织成员民主讨论决定。《山东省农村集体产权制度改革试点方案》(鲁政办字〔2018〕158号)规定,股权设置应以成员股为主,集体股的设立与否及所占比例由集体经济组织成员大会或代表大会讨论决定。《江苏省关于深化农村集体产权制度改革的实施意见》(苏发〔2017〕32号)规定,股权设置可设集体股和成员股,所占总股份比重的大小,由本集体经济组织成员民主讨论决定。《安徽省关于稳步推进农村集体产权制度改革的实施意见》(皖发〔2017〕27号)规定,股权设置应以成员股为主,是否设置集体股由本集体经济组织成员民主讨论决定。可设置一定比例的集体股,但集体股占总股本的比例一般不超过20%。《黑龙江省农村集体经济组织条例》规定,股权设置可以分为集体股和成员股。集体股占农村集体经济组织总股权的比例不超过30%。是否设置集体股以及集体股占农村集体经济组织总股权的具体比例,由本集体经济组织成员民主讨论决定。

②《长沙市关于城中村集体经济组织产权制度改革的指导意见》(长政办发[2010]30号)规定,对仍将继续承担部分或全部社会服务功能的可设集体股和个人股,但集体股不得超过总股权份额的20%;对将退出社会服务功能的,只设置个人股。

比例差异明显。[①]

三、农村集体经济组织特别法人收益分配制度存在的不足

1. 共享收益分配规则不完备

农村集体经济组织收益分配制度中的共享收益分配规则还不完善，主要体现在：(1)是否要设置集体股，以及集体股股息、公益金与福利费的提取存在交叉重复的问题。目前，各地区对于集体股采取不设置、需要设置或是否设置由本集体经济组织成员通过民主讨论决定的举措，虽然只提取公益金在大部分地区实行，而只提取福利金仅是少数地区的规定，但一旦这三种形式同时存在，便会因为作用相同在用途上产生交叉或者重复。(2)集体股引发的其他问题。一是集体股代行主体的设置存在分歧，到底是由代表大会行使[②]还是由资产管理委员会行使存在争议。[③] 二是集体股是否具有表决权，且不同地区的表决权规定也不同。比如深圳明确集体股可以按股享有表决权，但其他地区却未赋予集体股表决权，便是考虑到此做法会产生内部人操控的问题。(3)对于公积公益金的相关规范不明确。在公积公益金持续结余又并无大支出的情况下，是否提取或者按何种比例提取等疑问在地方性的规范文件中没有得到解决。(4)关于可支配收益的处置规定引发了问题。大部分地区的规范性文件都要求年度可分配收益达到最低限额，否则不进行分红，但对于未分配的

---

① 浙江省规定提取公积公益金、福利费。山东省平度市规定提取公积公益金和福利费应不少于30%，山东省淄博市规定提取公积公益金和福利费，合计提取比例一般不超过30%，提取福利费方面，应保持在5%～10%。福建省大田县规定提取公积公益金，且对各自比例作出了规定，公积公益金提取15%，福利费提取15%。北京市门头沟区规定只提取公积金，提取比例10%，法定盈余公积金达到注册资本的50%时则不再允许提取。甘肃省永昌县规定只提取公积公益金，无论是否设置集体股，都要提取公积金和公益金，提取比例不得超过20%。福州市仓山区规定只提取福利费，设置集体股，提取村集体股的分红作为福利费。

② 参见《宜黄县农村集体资产量化及股权设置与管理指导意见》（宜府办发〔2020〕15号）第4条、《和林格尔县农村集体资产股权设置与量化管理指导意见（试行）》（和政办发〔2019〕19号）第2条。

③ 参见2019年《深圳经济特区股份合作公司条例》第39条、第41条。

收益是直接划入集体成员共享收益还是转为下一年度的可分配收益的问题,没有明确处理规则。①

2. 分享收益分配规则不完善

随着集体产权股份化改革的不断推进,农村集体经济组织成员分享收益分配的主要依据是个人股,而个人股中有内部成员股和外部成员股之分,二者的分享收益分配规则如何平衡,特别是内部成员股中的劳龄股以及新增人口不能分享收益是分享收益分配规则的弊端。

首先,内部成员股和外部成员股的分享收益分配规则难以平衡。农村集体经济组织特别法人为发展需要可以吸纳外部成员的投资,其投资形式主要是资金、技术等,这些都是可以进行评估作价的,也就是可以计算占该法人总股权数额的比例。而内部成员股是对集体资产进行量化分配的,集体资产中的经营性资产,这是可以用货币进行量化的,但集体资产中的非经营性资产以及资源性资产难以用货币估价,且随着农村经济的发展,这些资产的价值是变动的,即股权量化后的每股对应的资产是变化的,且价值往往是增大的,但其并没有改变股权的数额。而外部成员股对应的资金、技术等资产,不会随着时间的推移变化,即使变化也是价值越来越小。在农村集体经济组织法人设立时,就确定了内部成员和外部成员股的数额,在分享收益分配时就按照这个数额进行计算,这就造成了不公平。此外,内部成员股的分红还有保障功能,外部成员股的分红没有这种功能,二者分享收益分配规则难以平衡。

其次,体现在设置劳龄股分享收益存在着偏差。目前,大部分地区设置复合股,而劳龄股作为其中一种类型,在具体的实践中仅仅与集体成员在农村集体经济组织持续劳动的时间有关,同时将这个时间看作是对集体贡献力量的时间,并以此作为配置股份和分享收益的主要依

---

① 参见高海、朱婷:《农村集体经济组织收益分配的特别性与规则完善》,载《南京农业大学学报(社会科学版)》2022年第4期。

据之一。[①] 虽然按照劳动的贡献量进行股份的分配有利于贯彻"按劳分配"原则,符合农村集体经济组织的性质,但一旦其作为绝对化的标准,就会造成配置劳龄股的偏差。因为仅以时间为标准不一定能检验出集体成员为本集体组织所作贡献的真实性,未必能精准计算出集体成员的劳动时间对农村集体经济组织收益增长量的贡献度。

最后,股权"静态管理"使得新增成员不能获得分享收益的问题。在地方规范性文件中,集体资产折股量化的个人股大多采取股份静态管理模式,即实行"量化到人,确权到户,户内共享",在折股量化基准日后发生的人口增减变动不影响个人股的数量,即"增人不增股,减人不减股"。在静态管理模式下,"股权户"的股份数不会随户内人口数量的变动而调整。本集体经济组织的子女在出生时自动获得农村集体成员的资格,但是却不能自动获得来自集体财产的股份,因此成为待股成员,其自然也就无法按照股份分享收益。实践中,这一规定使新增集体成员与原有集体成员之间权利的不公平问题日益突出。

3. 收益分配保障机制不健全

由于农村集体经济组织具有特殊性,对农民合作社或者公司发挥作用的收益分配保障制度运用到了农村集体经济组织上便会不适应,主要表现在:一是内部保障机制存在漏洞,体现在收益分配的信息公开制度不健全。二是外部保障机制的错位。

在内部保障机制方面,无法保证成员对收益分配信息充分了解导致对收益分配的监督不够。农村集体经济组织法人成员对其收益详情以及收益分配方案的内容及制定依据等相关信息具有知情权。由此可见,集体成员便是农村集体经济组织在收益分配程序上的最好的监督主体。集体成员只有了解了这些信息才能进行有效的监督,才能更好地维护集体和个人的利益。

---

① 参见《和林格尔县农村集体资产股权设置与量化管理指导意见(试行)》(和政办发〔2019〕19 号)第 2 条、《梧州市农村集体资产折股量化股权设置和股权管理指导意见》(梧政规〔2020〕5 号)第 4 条。

在外部保障机制的错位方面，主要表现就是“政经不分”“村经不分”。由于农村集体产权制度的改革是自上而下推动的一场大变革，在改与不改的问题，广大农民具有服从性和被动性。[①] 在农村集体经济组织法人收益分配的外部保障机制方面，其弊端表现在“政经不分”，收益分配往往需要报政府审核[②]，这会加剧政府对农村集体经济组织收益分配的不恰当干预。而“村经不分”导致村民委员会与农村集体经济组织之间的职能界限不清。在没有进行农村集体经济组织法人化改造前，往往是村民委员会行使其相关的职能，这容易造成村委会的工作人员将农村集体经济组织的职能当作落实行政任务的手段。况且，村民委员会与农村集体经济组织的管理人员重叠，其利用村民委员会的职能影响集体经济组织的分享收益分配，甚至会想利用自己手中掌握的权力获取不正当的利益，从而损害集体经济组织的发展。

四、完善农村集体经济组织特别法人收益分配制度

1. 完善共享收益规则

完善共享收益分配规则的设想：(1)针对有关集体股的相关问题。是否应该设置集体股，应该由成员通过民主商议决定，不应该强制性地要求集体股的存废，各地区应该根据现实情况作出判断。在具体的实践中，设置集体股能够解决一些实际问题，如无人继承、无人受遗赠以及回赎的股份可以直接并入集体股，否则这部分股份难以处理。还有就是可以解决新增人口没有股份不能分享利益的问题，可以用集体股进行调节。而对于不需要设置集体股的地区，为保证农村集体经济组织法人的社会功能，直接设置分配利益时增加公益金、福利费的提取比例，这不仅可以简化分别提取、管理、运用的繁杂程序，还可以方便对公益金进行一体化的

---

① 参见王洪平：《农村集体产权制度改革中“农民意愿”的规范分析》，载《河北法学》2022年第4期。

② 参见《宁波市农业农村局关于加强村股份经济合作社收益分配管理的通知》(甬农发〔2019〕94号)。

规范;并且不再设置集体股,也是对避免集体股代表行使主体设置争议等问题的妥善解决方法。(2)应采取较为灵活的公积公益金制度。公积金虽为法定的提取比例,但可以通过公益金作为共享收益分配的调节阀,当公积金虽不能满足农村集体经济组织法人社会职能需要的资金时,可以由民主议定任意公益金的提取比例或数额。反之,则暂停提取公益金或是降低公益金提取的数额或比例,但利用公益金作为调节阀,需要有章程的规定或农村集体经济组织成员进行民主议定后才能决定。如此,不仅能够兼顾不同地区不同农村集体经济组织的情况,同时还增加了集体成员的参与感,增强民主自治,从而达到公益与私益的平衡。(3)完善可支配收益的处置措施,并根据是否设置集体股决定采取何种方式提取。当公积公益金达到章程规定比例或数额,集体经济组织特别法人的盈利不再提取,通过成员大会决议后直接用于分红。此外,还可将公积公益金转增该特别法人的资本后,再按照法律或章程规定提取。

2. 完善分享收益规则

首先,平衡内部成员股和外部成员股的分享收益分配规则。农村集体经济组织特别法人为发展需要可以吸纳外部成员的投资,其投资形式主要是资金、技术等,而内部成员股是对集体资产进行量化分配的。随着农村经济的发展,集体资产价值会增加,即股权量化后的每股对应的资产价值会增大,但没有改变内部成员股权的数额。而外部成员股对应的资金、技术等资产,不会随着时间的推移变化,即使变化也是价值越来越小。在农村集体经济组织法人设立时,就确定了内部成员和外部成员股的数额,在分享收益分配时就按照这个数额进行计算,这就造成了不公平。为解决这种不公平,在确定内部成员的分享收益分配时,为保证内部成员股的分红的保障功能,赋予内部成员股优先分享收益,且确定保底收益,其保底收益随着集体资产价值的增幅而增加,分红部分按照股权数额,内外成员一致,从而平衡内部成员与外部成员分享收益分配规则。

其次,改进劳龄股配置。是否需要设置劳龄股应由章程规定或成员大会决议确定。设置劳龄股要体现劳动贡献与分享收益之间成正比,同时劳龄股的设置依据要尽量结合集体成员付出的劳动时间及产生的劳动贡献率;要合理限制劳龄股,明确规定劳龄股占股的最高比例。

最后,股权固化的改进措施。一是选择“动静结合”的股权管理模式。“动”就是对农村集体经济组织的新增人员进行股份配置,“静”就是不改变原有集体成员的股份。对于新增集体人员的股份配置,根据集体股的设置与否,灵活选择不同的方式。当集体经济组织设置了集体股,可以将部分集体股分量转化为新增人员的个人股,例如福建省政和县的实践①;在没有设置集体股的情况下,则可以将公积金转增资本部分的股权分配给新增集体成员。二是赋予新增集体成员在集体内部流转股权②时的优先购股权。此项举措强调的优先权,从形式上看似乎不公平,但实质上却是符合农集体经济组织的集体所有权为所有集体成员提供保障的属性,也有助于促进新增集体成员与原有集体成员之间的实质公平。

3. 健全收益分配保障机制

首先,对于收益分配的内部保障机制来说,要建立完备的收益分配信息公示制度,积极发挥集体成员的内部监督作用。农村集体经济组织的主体主要是农民,其获取收益分配相关信息的渠道有限,因而很难接收到重要信息。信息的对称性决定了其成员在行使其权利和维护其权利方面所付出的代价与效力,而要缩小掌握信息的鸿沟,就应健全信息公示制度。另外,在网络环境下,将网络公开纳入信息披露的形式,能够更好地保证成员对收益分配的监控。

其次,对于收益分配的外部保障机制来说,要厘清政府与农村集体经济组织特别法人的关系,政府的指导、监督、管理职能不是对农村集体经济组织特别法人的干预。对于收益分配的外部保障机制来说,健全收益分配保障机制应厘清农村集体经济组织法人与村民委员会之间的关系,

① 新增集体成员的股权可以从集体股中提取,但需要经过农村集体经济组织成员代表大会的同意。参见《政和县村集体经济组织股权管理暂行办法》(政人综〔2019〕150 号)第 36 条。

② 集体成员所享有的资产股份(份额),可以在本集体经济组织成员之间进行转让。参见《四川省农村集体经济组织条例》第 32 条。

在人事方面，尽量避免二者的管理人员交叉、重叠，而在收入分配方案方面，则由理事会来制定、执行，村委会应当与集体经济组织分离。在没有进行农村集体经济组织特别法人改造的地区，村委会代行集体经济组织的职能，但要形成书面材料，明确其行使的是村委会职能还是集体经济组织职能。

最后，完善民主决策机制下的收益分配规则。民主决策机制，是指在村民自治体制下，由集体组织全体成员共同参与，共同决定其利益分配方案。在此机制下，由于集体成员和集体经济组织的财产属于特殊的共有关系，在对集体收入进行分配时，应当由全体成员充分参与分配，共同作出最终的利益分配方案。而且在决策过程中，以多数人的意志作为行为基础，可以有效地避免少数人"专政"，同时还兼顾效率和公平，这是一个符合现代民主理念的利益分配机制。

第四节　农村集体经济组织特别法人成员代表诉讼和撤销权

一、农村集体经济组织特别法人成员代表诉讼

农村集体经济组织特别法人作为一种新型法律主体，具有完全的独立法律人格，必然有自己独立的财产、利益，但其作为团体性组织，其财产、利益归根结底属于其成员和集体组织，当农村集体经济组织的权益受到其管理者或第三人侵害时，农村集体经济组织应当有法律救济其权益的途径。但实践中，当侵权人为管理者时，管理者不可能自己起诉自己，当侵权人为第三人时，管理者出于某种原因怠于行使其管理权限以保护集体经济组织的权益，这都使农村集体经济组织的权益被侵害而得不到有效救济。[①] 因此，可以借鉴《公司法》中的股东代表诉讼制度，赋予农村

---

① 参见司曹颖：《农村集体经济组织成员代表诉讼研究》，安徽财经大学 2017 年硕士学位论文，第 1 页。

集体经济组织成员提起代表诉讼的权利,这是有效解决这一问题的制度设计。

1. 农村集体经济组织特别法人成员代表诉讼的诉讼主体

(1)具有集体经济组织成员资格

农村集体经济组织的成员有通过户籍或者同经济组织存在土地承包关系等方式取得成员资格的内部成员,以及农村集体组织法人化后通过投资入股等方式取得成员资格的外部成员。由于内部成员和外部成员属性的差异,其成员的定义和衍生的诉讼程序也不尽相同。内部成员是基于集体经济组织成员身份通过集体资产折股量化获得的股权,外部成员则是通过投资集体经济组织直接获得的投资股权,所以外部成员行使代表诉讼权利应当比内部成员有更多的限制,比如持有股权比例、持股时间、诉讼担保等。

(2)满足成员人数或投资股权比例

对内部人员的约束。内部成员比外部成员拥有更多的身份特征,如果内部成员提出了衍生诉讼,则需要对提出起诉的人数进行限制,考虑参照人大代表选举的方式,即当联名人数达到全体成员总数的5%或更多时,就可以提出诉讼。之所以规定内部人员的数量是因为:第一,内部成员属于集体经济组织稳定成员,变化很小。内部成员是基于集体经济组织成员身份,具有集体经济组织的户籍、在该集体组织内承包有土地、在该集体组织内有固定住所等,集体组织的利益与其个人利益密切相关。第二,一方面,集体经济组织中的大多数成员都是本村的村民,对一个侵权行为,如果全体成员都可以起诉,则有可能出现重复起诉情形;另一方面,集体经济组织成员提起成员代表诉讼的人数也不宜过多,内部成员是集体经济组织的村民,因其法律意识和维权意识都有限,加上知识、经验和经济能力等限制,如果要求集体经济组织成员人数过高,就可能使得这种制度难以在实践中付诸实施,形同虚设。

外部成员是指不属于通过集体资产折股量化获得股权,而是通过投入资本、技术等生产要素,获得一定权益并承担一定责任的投资人。由于其自身的特殊性，外部成员与集体经济组织之间的联系没有内部成员那么密切，所以外部成员提起成员代表诉讼的成员数量要谨慎一些，外部成员如果单独提起诉讼，可以根据内部成员提起诉讼的成员数量作出相应的限制，同时需要其持股比例达到1%以上；如果外部成员与内部成员联合提起成员代表诉讼，需要满足内部成员或外部成员单独提起成员代表诉讼的1/2以上条件。在大多数由其他成员提出的法律诉讼中，只要股东的投资金额和表决权达到了一定的程度，就可以提出相应的法律诉讼，也可以使内部和外部的利益得到某种均衡。①

（3）代表诉讼被告范围

从各国公司法的规定来看，股东代表诉讼的被告范围不尽相同，但均存在逐步扩大的趋势，包括但不限于董事、监事、高级管理人员，这也体现了日益强调股东权益保护的趋势。借鉴我国《公司法》中股东代表诉讼制度，集体经济组织特别法人成员提起代表诉讼的被告，也应当包括所有可能侵犯集体经济组织利益的主体，"派生诉讼针对的被告可以是外部侵权第三人，也可以是内部管理者负责人"。② 外部侵权人可能是合同相对人，也可能是行政不作为或乱作为的行政机关、自治组织的村委会，还可能是其他侵权行为人，而内部管理人就是理事、监事会及其他高级管理人员。

（4）集体经济组织的诉讼地位

为维护集体经济组织的权益，其成员提起成员代表诉讼，诉讼结果与集体经济组织密切相关。因此，集体经济组织必须作为诉讼当事人参加诉讼。从成员代表诉讼的本质上看，集体经济组织具有双重的诉讼法律地位：一是真正的原告。虽然诉讼提起人是集体经济组织的成员，但其主张的是集体经济组织的权利，而且一切有利的判决都将归于集体经济组

① 参见韩冬等：《农村集体经济组织法人治理的构建与完善》，载《中国土地科学》2017年第7期。

② 王雷：《民法典有关特别法人的规定解析——从居民委员会、村民委员会和农村集体经济组织作为特别法人的相关思考谈起》，载《中国民政》2020年第13期。

织,因此集体经济组织是真正的原告。二是名义上的被告。由于集体经济组织的管理人怠于或拒绝以集体经济组织的名义起诉,因此成为名义上的被告。但实际上,不能将集体经济组织作为原告,因为无论是实质的原告,还是共同原告,就等于它以自己的名义行使诉权,成员代表诉讼的诉权因而也就失去依据。也不能将其作为被告,原因在于:一方面,提起成员代表诉讼的成员与集体经济组织的利益是一致的,并不存在相互冲突的利益诉求,且成员代表诉讼的原告胜诉后,最终胜诉利益也归属于集体经济组织;另一方面,将集体经济组织列为被告,在原告成员胜诉的情况下,胜诉利益却归于败诉的被告(集体经济组织),而在原告成员败诉的情况下,被告胜诉不需要承担法律责任,作为胜诉的集体经济组织,其权益受到侵犯却得不到任何救济。这两方面均是与民事诉讼法的基本原理相违背的。因此,在集体经济组织成员代表诉讼中,集体经济组织的诉讼地位应当属于第三人,而且属于无独立请求权第三人。

2. 农村集体经济组织特别法人成员代表诉讼的前置程序

可以借鉴《公司法》中股东代表诉讼制度,在集体经济组织成员正式提起成员代表诉讼前,应当设立一个诉讼前置程序,保障成员合法行使其代表诉讼的诉讼权利。

(1)成员大会行使权力

在集体组织成员提起诉讼前,要首先用尽集体内部的救济。在成员正式提起诉讼之前,成员大会作为特别法人的最高权力机关,成员的诉求应当先向成员大会提交,由成员大会对其请求进行审议,如果发现问题属实,则责令集体经济组织的管理者改正,并督促其管理者履行管理职责,直至提起直接诉讼;如果发现不是事实,则应当拒绝拟提起诉讼的成员请求。但成员大会或成员代表大会对问题的审议未必是对的,因此在其否决了成员的请求之后,成员仍然可以提起代表诉讼。在成员大会或成员代表大会的决议中,要求集体经济组织的管理者提起直接诉讼,但管理者仍不能履行其管理职责,集体经济组织的成员亦可向法院提起代表诉讼。如果在紧急情况下,向成员大会或成员代表大会提交可能损害村民集体利益的情形，则由成员代表直接起诉。

(2)向理事会、监事会要求维护集体经济组织的权益

理事会、监事会作为农村集体经济组织的法人机关，应当积极履行管理职责维护集体经济组织的权益。当集体经济组织的成员认为外部侵权人损害集体经济组织权益时，应当书面要求理事会、监事会积极履行管理职责维护集体经济组织的权益，只有当理事会、监事会拒绝或怠于履行管理职责维护集体经济组织的权益，集体经济组织的成员取得程序上的诉权，因为实体诉权仍然属于集体经济组织，成员才能够提起成员代表诉讼。理事会、监事会在内部治理结构中是一种分权制衡关系，当集体经济组织的成员认为理事及其他高级管理人员是侵权人时，应当书面要求监事会积极履行管理职责维护集体经济组织的权益，只有当监事会拒绝或怠于履行职责，即代表集体经济组织提起直接诉讼，集体经济组织的成员才能够提起成员代表诉讼；当集体经济组织的成员认为监事是侵权人时，应当书面要求理事会积极履行管理职责维护集体经济组织的权益，只有当理事会拒绝或怠于履行职责，即代表集体经济组织提起直接诉讼，集体经济组织的成员才能够提起成员代表诉讼。如果在紧急情况下，不立即提起诉讼将会对集体经济组织利益造成难以挽回的重大损害，则其成员可以直接向人民法院提起代表诉讼。

3. 农村集体经济组织特别法人成员代表诉讼的激励措施

农村集体经济组织作为市场主体，其自身利益受到侵害的情况也比较普遍。在这种情况下，经营者应该主动地行使自己的权利。但是由于某些原因，管理者往往不能有效地行使自己的职责，从而让侵权者侵害了集体的利益。而且，如果是集体经济组织的管理者侵害其权益，管理者也不会主动提起诉讼，从而导致了集体利益受到损害，最终在损害集体利益的同时也损害其成员利益。因此，集体经济组织成员代表诉讼制度不可缺少。

受我国传统文化的影响，“各人自扫门前雪”的思想加上集体经济组织成员的法律意识、维权意识的淡薄和知识、信息的局限，农村集体经济

组织成员代表诉讼的作用难以充分发挥，故需要有农村集体经济组织成员提起代表诉讼的激励措施。一是诉讼费用的减免或缓交。农村集体经济组织成员提起代表诉讼也需要预交诉讼费用，如果原告胜诉，诉讼费用就应当由被告承担，此时若让原告缓交诉讼费，则对原告是一种激励措施；如果原告败诉，则对其减免诉讼费用以激励提起成员代表诉讼。二是诉讼费用的计算。如果原告败诉，为避免原告承担大额诉讼费用，鼓励原告提起代表诉讼，诉讼费用可以按照行政案件、劳动案件的收费类型计算，因为行政案件、劳动案件的诉讼费用是计件收费的且数额很少，而其他的侵权、违约案件是按照诉讼标的计算。三是确立有利于成员提起代表诉讼的举证责任分配规则。民事诉讼的举证责任分配规则，是以"谁主张，谁举证"为原则，"举证责任倒置"为例外。在农村集体经济组织成员提起代表诉讼时，依据被告的不同确立不同的举证责任分配，当被告是农村集体经济组织的管理者（理事、监事及高级管理人员）时，实行"举证责任倒置"规则，由被告承担举证责任；当被告是外部第三人时，实行"谁主张、谁举证"规则，同时责令集体经济组织的管理者承担举证义务。当然，为防止滥诉，提起诉讼时必须具备起诉的基本证据，这必须由原告承担举证责任。四是给予原告一定比例或数额的胜诉利益激励。农村集体经济组织成员提起代表诉讼，原告成员只行使程序性诉权，其实体诉权仍归属于集体经济组织，集体经济组织是实质意义上的当事人，当原告胜诉时，其胜诉利益应当归集体经济组织，但原告为诉讼付出了成本。因此，为激励集体经济组织成员提起代表诉讼，给予原告一定比例或数额的胜诉利益作为激励。

二、农村集体经济组织特别法人成员撤销权

在集体经济组织特别法人的合法利益被集体经济组织或者法人机关的相关决议所损害时，其成员应当有权申请人民法院撤销。撤销权是一种实体法上的权利，也叫废罢诉权，即权利人为保护自身权利而对义务人行使，其既有诉权特征，也有请求权特征。特别法人成员撤销权的权利人

指合法权益受到侵害的特别法人成员，义务人则是指作出决定的农村集体经济组织特别法人，行使方式是向法院提起诉讼。

1. 成员撤销权的性质

在探讨农村集体成员撤销权性质问题中，学界主要有诉权说、形成权说、请求权兼有形成权说及形成诉权说等观点。

特别法人成员撤销权采取形成诉权说更合理。该权利属撤销权，且需通过诉讼方式实现。诉权说是从权利行使方式上分析，其更倾向于程序法规定，但会忽略特别法人成员撤销权民事实体权利性质，因此不宜单纯将此权利定性为诉权。[①] 形成权说相较于诉权说更注重撤销权的实体法效果，但会忽略程序法问题，依然具有局限性。请求权兼有形成权说缺乏相应法律依据，特别法人成员撤销权的请求对象是人民法院而非侵权人，此处请求不符合请求权内涵，不能被定义为请求权，这种观点仅体现立法目的和本意，难以在理论和实践中成立。形成诉权，又称间接形成权，与单纯形成权相对应，是通过司法途径行使的形成权，此时形成权人要提起诉讼才能行使权利，与之相对应的判决被称为形成判决。[②] 因此，从农村集体经济组织特别法人的从权利行使方式而言，其应属于形成诉权。

2. 农村集体经济组织特别法人成员撤销权行使主体

我国原《民法总则》规定了农村集体经济组织为特别法人之后，理论界对其撤销权的探讨很少，实践中也没有相关的判例。通过对集体经济组织成员撤销权的考察与判例进行梳理，我们发现我国成员认定存在不同标准，通过对有关案例和法律法规的查阅、整理，我们认为我国成员资格认定标准有：一是户籍标准，也是最主要的认定标准，是以居民户口是否与集体组织在同一地为判断依据。二是户口和经济关系的双重标准，既要有户口，又要有与集体组织相关的经济关系。[③] 三是最低生活保障

① 参见郭鲁阳：《集体成员撤销权的法律问题研究》，烟台大学2014年硕士学位论文。

② 参见黄立：《民法总则》，中国政法大学出版社2002年版，第71页。

③ 参见朱金东：《农村集体成员撤销权制度的实证分析——基于107份判决文书的整理》，载《烟台大学学报（哲学社会科学版）》2013年第3期。

标准,即规定社员必须以其在团体内的劳动收入作为其生活的主要收入。四是实行土地承包经营,把承包经营的农民确定为集体组织成员。五是权利和义务的标准,即规定了集体组织的成员必须与集体组织有实际的权利义务关系。①

在农村集体经济组织中,特别是法人的成员,应当区别出其内部和外部的成员。内部成员因其拥有农村集体组织的资源性财产而成为特殊法人,其户籍一般是在集体经济组织所在地,长期从事生产活动,并以其生产收入作为其基本生活来源,虽然没有被法律确认,但已经被默认为本集体经济组织的成员;外部成员则是在成立特别法人时,由于其直接出资而成为特殊法人的成员,其制度与现行的农民专业合作社制度类似,一些会员没有户口,也没有与集体组织长期的经济关系,但他们是通过向本集体经济组织投资取得成员资格。②

农村集体经济组织具有特殊的法人性质,对不同的会员类别,会采用不同的认定标准。内部人员可以参照集体成员的认定标准,遵循平等自愿原则,以户口为基础,以社团为主体,由地方政府机关为支撑,建立完善的户口登记资料,建立内部人员名录。《农民专业合作社法》第 14 条规定,外部成员可以根据其出资作为获得权利的象征,并根据出资额的大小来决定其权利的范围等。根据《农民专业合作社法》第 15 条的内容,外籍人士的人数也可以加以考虑。

3. 农村集体经济组织特别法人成员撤销权的适用对象

特别法人成员撤销权的对象,至少包括下列问题:一是被诉决定或决议是程序还是实体违法;二是被诉决定或决议侵害成员的自益权还是共益权;三是被诉决定或决议是否造成成员权益的实际损害或损害可能;四是内部成员与外部成员撤销权行使对象是否一致。

---

① 参见杜玫娟:《农村集体经济组织成员资格认定研究》,西南大学 2015 年硕士学位论文,第 31 页。

② 参见杨仕兵、方颖:《论农村集体经济组织特别法人成员撤销权》,载《东北农业大学学报(社会科学版)》2019 年第 1 期。

第一,被诉决定或决议无论是程序还是实体违法,均应纳入特别法人成员撤销权的行使对象范围。业主撤销权、股东撤销权均有类似规定,农民专业合作社法也规定了实体违法和程序违法决议的撤销问题。这些规定均可成为确定特别法人成员撤销权行使对象范围的借鉴。

第二,对成员自益权或共益权受到侵害时是否均享有撤销权,可结合其特别法人性质,借鉴公司法人的做法。《公司法》中有股东代表诉讼和股东直接诉讼,前者针对的是共益权受侵害,后者针对的是自益权受侵害。①

第三,被诉决定或决议是否造成成员权益实际损害或损害可能。当权益实际损害时,权利人当然可提起诉讼申请撤销。当特别法人决定或决议存在损害成员权益可能时,成员能否提起诉讼申请撤销?回答是肯定的。其原因在于:一是撤销权是程序性救济权;二是决定或决议是否被撤销,法院裁决更有利于维护特别法人及其成员权益。相反,如果否定成员对决定或决议存在造成成员权益损害可能时的撤销权,必然导致成员撤销权不完整,也不利于维护特别法人及其成员权益。当然,在立案时应审查特别法人决定或决议造成成员权益损害的可能性,并要求原告提供合理依据。

第四,内部成员与外部成员撤销权行使对象范围应有所区分。对被诉决定或决议造成成员共益权损害的,内部成员与外部成员行使撤销权对象范围应一致;但对被诉决定或决议造成成员自益权损害的,内部成员与外部成员行使撤销权的对象范围就应有所区分。当被诉决定或决议损害集体资源性资产权益,比如仅涉及农村土地征收补偿等,撤销权诉讼只能由内部成员提起,外部成员无诉讼资格。

4. 农村集体经济组织特别法人成员撤销权的法律效果

如果法院认为原决议是合法的,则可以继续执行;如果被认为是无效

---

① 参见管洪彦:《农民集体成员派生诉讼的合理性与制度建构》,载《法律科学(西北政法大学学报)》2013 年第 4 期。

的，那么原决议就不能继续执行。但在行使撤销权的过程中，被起诉的决议或决定是否应该继续或暂停执行？[①] 在诉讼程序中，对于被诉决议的实施与中止，对于维护被侵犯的成员的合法权利起着至关重要的作用。如果在审理期间暂停对原决议的执行，则可能使农村集体经济组织蒙受损失。如果最终判决结果是合法的，没有侵犯到集体成员的利益，那么谁来承担由此产生的损害，这将是一个新的问题。为了保障特别法人成员的撤销权，必须对被诉决议的执行和中止、权利救济、责任的承担等问题作出规定。

第一，明确被诉决议的执行与中止问题。在行政法上有诉讼期间不停止行政处罚决定执行原则，除非被告认为需要停止或原告提出申请，法院经裁量认为继续执行会造成难以弥补的损失，且停止执行不会损害公共利益时方可停止执行。在《公司法》中，股东因行使撤销权而导致原公司决议暂停执行，须提供相应担保。从上述规定可见，不论是行政法还是公司法均规定被诉决定或决议执行与中止的例外情况，并未一概而论。特别法人成员撤销权也需借鉴是否需要中止执行情况。从属性上看，该权利属于民事权利，双方当事人均为民事主体，因此更适宜参照《公司法》有关做法。由于农村集体经济组织或法人机关决定相对人不一定是特别法人成员，因此需区分以下情况：一是当农村集体经济组织决定是与善意第三人达成的，且原告提出中止履行诉求，则在诉讼期间的中止问题须考虑善意第三人利益。此时应根据民法公平原则，原则上保护善意第三人的利益不中止履行，但为降低风险、减少损失也可放弃保护善意第三人利益，而选择中止履行。二是当原告提出中止执行请求时，法院可参照股东撤销权的提供担保方式，要求原告提供相应担保，从而防止因决议中止执行给农村集体经济组织造成损失。

第二，明确权利救济问题。有权利就必然有救济，权利救济是对公民

---

① 参见方颖：《农村集体经济组织特别法人成员撤销权问题研究》，安徽财经大学 2018 年硕士学位论文，第 32 页。

享有的宪法或法律权利的基本保护。农村集体经济组织特别法人成员在行使撤销权后,其实体权利缺乏明确救济方式,导致成员的实体性权益并未得到真正意义上的补偿和保护,不能实现权利人行使权利初衷。对农村集体经济组织成员在完成撤销权行使以后的权利救济问题,人民法院在对被诉决定或决议裁决予以撤销或宣告无效的同时,不应直接将有关利益直接支付给相关特别法人成员,而应依据有关法律或章程由本集体经济组织成员决定。法院作出原决定应被撤销或无效判决后,如果集体经济组织特别法人在指定期限内仍不作出成员利益分配决定,则必须进行司法干预。

第三,建立责任承担制度。农村集体经济组织特别法人决定或决议被人民法院撤销或宣告无效后,给特别法人或其成员造成的损失由谁承担责任和承担何种责任缺乏规定,这给司法实践带来困难,这一问题直接关系特别法人治理和农村集体经济组织特别法人制度的实施效果。特别法人的决定或决议应包括组织决议和法人机关决定。借鉴《公司法》制度,农村集体经济组织特别法人应制定章程,设立成员大会、董事会(理事会)和监事会等。成员大会决议违反法律或章程有关规定,大会成员除非有证据证明自己曾对该错误提出反对意见或建议并在会议记录上记载外,均须承担相应责任。董事会(理事会)和监事会决议违反法律或章程规定,参会董事(理事)和监事除非有证据证明自己提出反对意见或建议并在会议记录上记载外,均须承担相应责任。

第四,确立善意第三人保护制度。国际上关于撤销权的行使对善意第三人保护主要有两种立法例:一是以德国法律为典型,对善意第三人采取保护态度,但其非绝对保护,而是视情况处理。《德国民法典》对起初非善意的第三人不予保护。[①] 二是以韩国立法为典型,对善意第三人的利益因原行为无效或被撤销而采取的绝对保护态度,此种立法无例外情

① 参见武腾:《无效、可撤销民事法律行为与善意第三人保护》,载《清华法学》2018 年第 1 期。

况。结合我国立法现状，首先，明确保护善意第三人是一种基本态度，即农村集体经济组织或法人机关的决定无效或被撤销，立法应保护善意第三人利益。从撤销权的法律关系而言，涉及撤销权人与相对人之间的法律关系，不应影响原第三人的法律关系。这样旨在更好维护交易安全和公平。其次，由于农村集体经济组织特殊性，其法律关系涉及的对象往往涉及农村集体资源性资产，对这种切实关乎农民生存和农村发展的重点问题，也需结合实际情况，不能一味保护善意第三人。对善意第三人损失，可由该第三人向有过错责任人主张赔偿。综上所述，特别法人成员撤销权中的善意第三人保护更应参照德国做法，原则上持保护态度，但不排除为降低风险、减少损失而放弃保护善意第三人利益。

第五章

农村集体经济组织特别法人配套制度

第一节　农村集体经济组织特别法人的登记

农村集体经济组织特别法人配套制度的构建一方面是为了自身发展的需要，另一方面是为了保障农村集体经济组织能够平等参与市场竞争。农村集体经济组织作为一种新型的法律拟制主体，如何取得法人资格，是制度建设不可回避的重要问题。

一、采取登记模式

为了提高社会对农村集体经济组织特定法人资格的认可度和接受度，确保市场交易的稳定和安全，农村集体经济组织法人进入市场后，应当在管理制度、对外公示等方面遵循一定规则。

在理论层面上，学术界对农村集体经济组织通过什么途径获得法人资格，以及是否需要注册、是通过注册登记还是通过备案登记获得法人资格存在各种学术探讨。有观点认为，农村集体经济组织是长期存在的组织形式，不需要申请批准或注册登记就能成立。[①] 但是，作为一种特殊的法人形式，农村集体经济组织本质上仍然是一个自主的市场经济主体。

① 参见管洪彦：《农民集体和农村集体经济组织关系的理论证成和实益展开》，载《山东大学学报（哲学社会科学版）》2022 年第 6 期。

从政策导向和实践经验来看，自从出台了农村集体经济组织登记赋码的规范性文件后，各地农村集体经济组织的登记赋码工作进展顺利，得到了群众的广泛认可。因此，将登记作为设立必经程序的管理模式，[①]既符合一般法人制度的要求，又同时兼顾对农村集体经济组织的综合管理以及宣传功能，应在农村集体经济组织立法中予以确认。全国人民代表大会常务委员会于2022年公布的《农村集体经济组织法（草案）》第6条第3款以及第23条也提出应当进行登记的意见。[②] 最终审议通过的《农村集体经济组织法》第22条规定的登记内容与一审稿第23条完全相同。

二、登记事项

法律拟制主体均需通过一定程序才能取得合法主体资格，否则就是非法组织。2017年《民法总则》明确了农村集体经济组织特别法人地位后，2018年国家发布《关于开展农村集体经济组织登记赋码工作的通知》[③]，规定农村集体经济组织登记赋码事项。但必须明确以下问题：一是登记事项与登记条件的差异；二是登记赋码通知所列事项是否均须登记，农村集体经济组织特别法人的证照应记载哪些事项。

登记条件包含法人设立的条件、登记程序合法、申请登记材料齐备合法等。以有限责任公司为例，有限责任公司设立条件是2018年《公司法》第23条规定的5项内容，该条虽在新《公司法》中删除但在有限责任公司

---

① 参见房绍坤、袁晓燕：《农村集体经济组织特别法人制度建构》，载《上海政法学院学报（法治论丛）》2021年第3期。

② 《农村集体经济组织法（草案）》第6条第3款提出，"农村集体经济组织依照本法登记，取得特别法人资格，依法从事与其履行职责相适应的民事活动"；第23条提出，"农村集体经济组织成员大会表决通过本集体经济组织章程、确认本集体经济组织成员、选举集体经济组织理事会和监事会成员后，应当及时向县级以上地方人民政府农业农村主管部门申请登记，取得农村集体经济组织登记证书。登记办法由国务院农业农村主管部门制定"。

③ 农业农村部、中国人民银行、国家市场监督管理总局联合发布的《关于开展农村集体经济组织登记赋码工作的通知》（农经发〔2018〕4号）规定，农村集体经济组织登记赋码事项包括确定农村集体经济组织名称，加载统一社会信用代码，明确组织类型、法定代表人、住所、成员人数、资产情况、业务范围、成立日期、有效期限、发证日期等。

设立一节中仍有这些内容的规定登记程序、登记材料等是要符合《市场主体登记管理条例》[1]的规定。登记事项与证照记载的事项，两者看似内容重叠，实际具有差异性。《公司法》规定公司营业执照应当载明公司的名称、住所、注册资本、经营范围、法定代表人姓名等事项，比较有限责任公司设立的5个条件与营业执照载明的5项内容，发现设立条件中的股东、章程、组织机构没有在营业执照上记载，而营业执照记载的经营范围、法定代表人姓名不是公司的设立条件。《市场主体登记管理条例》明确的登记事项除营业执照记载的5项内容外，还有3项内容，即公司类型、营业期限和有限责任公司股东的姓名或者名称。可见营业执照记载的内容，既涵盖登记事项的部分内容，又包括登记事项内容以外的部分内容。例如，"统一社会信用代码"和"登记日期"虽没有被列入《市场主体登记管理条例》规定的登记事项中，但"统一社会信用代码"是法人组织的身份证号码，还是纳税登记号码，也是证照本身的编码，"登记日期"表明法人组织取得法律主体资格的时间，由于营业执照的公示性特征，这些内容仍应属于执照记载内容。登记条件事关能否取得法人资格，影响法人登记的效力，如果不满足设立条件，或者登记程序不合法、申请登记材料虚假等，即使已经登记均可撤销登记，将导致法人组织不能取得法人资格。登记事项不完整或者登记错误，一般不会影响法人组织的法人资格，可以通过补充登记、变更登记等，使其登记合法。

对于农村集体经济组织登记事项，大多数地方性法规没有规定登记条件，仅规定了证照记载事项，主要包括名称、住所、法定代表人、资产情况、组织机构、成员、业务范围、组织类型、统一社会信用代码。[2] 登记赋码通知中对农村集体经济组织登记赋码事项的规定又与地方性规定存在差

---

① 《市场主体登记管理条例》自2022年3月1日起施行。《中华人民共和国公司登记管理条例》《中华人民共和国企业法人登记管理条例》《中华人民共和国合伙企业登记管理办法》《农民专业合作社登记管理条例》《企业法人法定代表人登记管理规定》同时废止。

② 参见张力、程敏：《农村集体经济组织特别法人的设立与终止》，载《北京航空航天大学学报（社会科学版）》2022年第5期。

异。不过,通过比较,应明确属于章程记载的事项,不需要作为登记事项。

1. 组织机构不应作为登记内容

举例来说,浙江省农村经济合作社条例等地方性法规将组织机构作为执照登记的事项之一,而登记赋码通知中却没有提到将其作为登记事项。与法人相比,不将组织结构作为登记事项的法律依据可能是:一方面,法人的内部组织结构仅限于内部决策和管理,而商事交易的安全问题通常仅限于法人的外部活动,将法定代表人作为登记事项提及即可;另一方面,组织结构的设立是一个自主事项,在章程中可予以明确,组织结构发生变化,在章程中亦可具体说明。因为将组织结构作为登记事项,意味着登记机关有义务检查登记是否与实际情况相符,这将增加登记机关的负担,降低其工作效率。因此,组织结构不应作为登记内容。

2. 成员及持股情况

我国对各种商事主体都采用登记制度拟制法律人格,且都规定相应的登记事项,例如,《市场主体登记管理条例》规定,公司登记事项之一是"有限责任公司股东或者股份有限公司发起人",合伙企业的登记事项之一是"合伙人的名称或姓名、住所、承担责任方式"。由此可见,设立人的基本信息都要求登记,但合伙企业还要求对合伙人的承担责任方式进行登记,而设立人缴纳出资的信息不再需登记,由公司章程或合伙协议自行决定。对合伙企业的"承担责任方式"登记,反映了因合伙企业合伙人之间的法律责任不同,必须通过合伙协议来表明合伙人的身份,确定合伙人的法律责任,而公司的股东承担相同的法律责任,故无须登记。实际上,公司股东信息和持股情况是公司章程的必备内容,合伙人信息和出资信息是合伙协议的必备内容,而公司章程和合伙协议是公司与合伙企业自治的依据,完全不需要通过登记来予以确认。

笔者认为,农村集体经济组织的成员及持股情况不应成为登记事项之一。与公司、合伙企业一样,成员信息和出资信息是章程与合伙协议的必备内容,章程和合伙协议作为组织自治的依据,市场主体能够自治,政府就不需要干预,登记也是政府管制的体现,无须登记就是政府放松管制的体现。况且,农村集体经济组织法人成员有内部成员与外部成员之分,内部成员稳定,其持股情况不是出资的结果而是集体资产折股量化的结果;因"股权静态管理"长期固定,外部成员的信息和出资信息完全可以参照公司股东的要求。农村集体经济组织法人因成员不同,其持股性质、出资方式、期限等均不同。这些复杂的内容交由法人成员自治,政府如果需要干预或管制,只需对法人章程进行审查即可,不需要作为登记事项进行审查。

3. 资产情况

公司的登记事项中只登记注册资本,合伙企业和个人独资企业登记的是出资额,也即登记事项是资本问题而不是资产情况。资本和资产存在明显区别,资本是一种静态的数字,而资产是一种动态的经济资源。资本只是确定经济实体在设立时的信用表现,是特定时间点的信用状态,资产是确认经济实体持续信用的表现方法,经济实体的资产规模直接决定了经济实体的信用程度,农村集体经济组织法人的资产状况也反映了其信用程度。注册资本实际上是设立登记时要求的资产数额,其仅仅是一个数字,而资产情况包含的内容就很多,除数额外,还包含资产类型、所在地、控制人或使用人,等等,这些内容不应当属于登记事项,而应当属于章程需要记载的内容。根据农业农村部办公厅《关于启用农村集体经济组织登记证有关事项的通知》①的规定,农村集体经济组织法人在申请登记时,必须填写集体资产、改制时计算的资产及其他相关数据,特别是集体土地总面积、资产总额、净资产总额、资本和股本总额。以上这些作为农村集体经济组织法人登记时需要提交的材料,用以证明章程中资产情况

---

① 农业农村部办公厅于 2018 年 9 月 30 日发布的《关于启用农村集体经济组织登记证有关事项的通知》第 2 条第 8 项规定,"农村集体经济组织在办理登记赋码时,需要填写集体资产、改革试点量化资产等相关信息。其中,集体土地总面积为农民集体所有的农用地、建设用地、未利用地的面积总数,资产总额为农民集体所有的流动资产、农业资产、长期资产、固定资产、其他资产等账面资产总额,净资产总额为集体资产总额减去负债后的差额(即所有者权益),资本为农村集体经济组织实际收到投入的资本总额,股本总额为完成农村集体产权制度改革的集体经济组织在改革时点全部股份对应的量化集体资产金额"。

记载的真实性，但没有必要作为登记事项进行登记。与企业资本登记类似，只需要将资本作为登记事项之一即可。

4. 业务范围

业务范围在传统理论中被理解为法人的法律能力即权利能力和行为能力的界限，主体必须在业务范围内从事各种行为，如果超出范围则认为因不具有相应权利能力而行为无效。就公司等营利性组织而言，其活动范围就是经营范围，特别是营利性业务，是需要登记的内容。理论界没有对农村集体经济组织法人的业务范围进行研究，地方性规定也基本上没有限制其业务范围，而只是允许参照《中华人民共和国市场主体登记管理条例》及其《实施细则》来确定活动范围。这样就出现了农村集体经济组织法人与其他营利性组织的经营范围一样，彼此存在范围大小及内容的差异，但根据启用登记证通知的规定，农村集体经济组织的业务范围是统一的，是没有差异的。[①] 关于这一问题，需要注意的是：一是与营利性组织的经营范围不同。农村集体经济组织特别法人不但具有营利性业务，还有非营利性业务。二是启用登记证通知统一规定业务范围的做法是不可取的。虽然农村集体经济组织法人的非营利性业务在全国范围内有共似性，但其营利性业务肯定是有差别的，除许可类经营项目外，一般经营项目不需要经过批准，农村集体经济组织特别法人作为市场经营者，应该有权界定其经济活动的范围。从法律的角度看，企业在其经济范围之外签订的合同不一定无效，实践中对企业经济范围的限制似乎也在逐步放宽。业务范围的登记主要是确定其权利能力和行为能力的范围，登记的目的是为体现其公示性。如果按照启用登记证通知的规定，某类组织全国一致的业务范围，就没有必要登记，因为交易相对人知道这类组织的业务范围是国家统一规定，也就没有必要公示。因此，农村集体经济组织法人的业务范围作为登记事项，要区分其营利性业务和非营利性业务，营利性业务更多的是以商业模

---

① 农业农村部办公厅于 2018 年 9 月 30 日发布的《关于启用农村集体经济组织登记证有关事项的通知》第 2 条第 7 项规定，农村集体经济组织的业务范围统一为“集体资产经营与管理、集体资源开发与利用、农业生产发展与服务、财务管理与收益分配等”。

式为指导，要因地制宜地确定业务范围，做列举式登记；而非营利性业务在全国范围内的共似性就不需要列举，只做概括性登记。

5. 存续期限

公司章程和合伙协议通常规定了营业期限或合伙期限，这是公司或合伙企业应当登记的事项之一。公司章程和合伙协议规定组织存续期限，是因为股东可以自主确定公司的营业期限，合伙人可以自主确定合伙期限，期限届满可以注销组织也可以通过修改章程或合伙协议使组织继续存在。农村集体经济组织作为一个特别的法人，因特定地域、特定资产的永久性、成员的延续性等因素，特别法人不存在存续期限问题，原则上不存在注销问题。一个近似永久性的组织其成员不能自主确定其存续期，法律也不应规定其存续期限，没有期限就不存在登记存续期限问题。需要明确的是：启用登记证通知规定登记证"自签发之日起 10 年内有效"，其不是规定法人组织的存续期限为 10 年，而是登记证书的有效期为 10 年。即使是公司等市场主体，其登记证书（营业执照）到期，也不影响主体的存在，其生产经营活动也可以照常进行，只不过会承担无照经营的法律责任，只需要变更登记延长登记证书的期限就可以改变这种现状。登记证中记载一个"有效期"，即使登记证过期，农村集体经济组织法人仍然存续，只是其需要更换登记证书。

三、登记机关

登记机关的设置不仅是登记管理体制的体现，也是不同机关职责权限分工的要求。不同类型的组织由不同登记机关登记，比如市场监督管理部门、民政部门、事业单位登记管理机关等。

农村集体经济组织特别法人的登记机关，不应为市场监督管理部门。《市场主体登记管理条例》中对市场经营主体提出了"以营利为目的"要求，即只有营利性组织由市场监督管理机构负责登记。农村集体经济组织是具有多种功能的特殊法人，作为社会主义公有制的组织实现形式，营利性市场主体的登记规则不能完全适用于农村集体经济组织。[①] 从地方性规定看，大部分地区由农业农村行政主管部门兼管登记工作，部分地区由工商行政管理部门负责登记工作，部分地区由市政府负责登记工作。例如，《浙江省经济合作社组织条例》第 9 条规定，乡镇人民政府应当负责对农村经济合作社的设立、选举、经营和解散提供具体指导和服务，江苏省扬州市也有类似规定。《市场主体登记管理条例》对市场经营主体的定义恰恰说明了农村集体经济组织是特殊的市场经营主体，其与营利性市场主体不同，农村集体经济组织法人不属于纯粹的营利性组织，故不属于《市场主体登记管理条例》的规范范围。

农村集体经济组织特别法人的登记工作应当由农业农村行政主管部门负责。理由如下：第一，农村集体经济组织是特别的法人组织，具有独立的法律人格，其业务范围主要是涉农业务，登记管理体制应以反映农村集体经济组织的特点为出发点；第二，农业农村行政主管部门已经建立了一套完整的农村集体经济组织登记管理制度和运行机制，维持现有的单位登记规则可以节约制度实施的成本，且农业农村管理部门的职责包含指导、管理农村集体经济组织的改革，在专业性上也有优势；第三，登记机关与其登记的组织市场认可度之间没有关联性。什么样的组织由什么机构进行登记，这只是国家管理体制的问题，认为农业农村行政主管部门负责登记会导致农村集体经济组织市场认可度低的理由不能成立。农村集体经济组织是具有特定社会功能的经济组织，在市场竞争中处于弱势地位。其缺乏市场接受度的原因不在于登记机构，而在于农村集体经济组织特别法人的偿债能力。相反，处于竞争弱势地位的农村集体经济组织，因其在农业农村主管部门的管理下得到促进，从而区别于其他市场主体，并获得适当的支持。此外，启用登记证通知规定，对农村集体经济组织原则上由县人民政府农业农村行政主管部门颁发证书并加盖印章，明确了

---

① 参见管洪彦：《农村集体经济组织设立“特别性”的基本法理与立法表达》，载《江西社会科学》2022 年第 10 期。

农业行政主管部门的登记责任，但也并没有完全排除有些地区根据实际情况由工商行政主管部门进行登记的做法。在《农村集体经济组织法(草案)》中也规定了农业农村主管部门负责农村集体经济组织的登记管理。[①] 从某种意义上说，登记机关已经取得了共识。

第二节　农村集体经济组织特别法人的纳税问题

目前，对农村集体经济组织法人而言没有明确的税收政策，也不清楚农村集体经济组织法人是否需要纳税，以及在市场经济中如何利用税收优惠开展经营活动。因此，研究农村集体经济组织作为特殊法人主体的税收问题，应属制度建设的重要范畴。

一、纳税主体

在关于改革完善农村集体经济组织制度的中央文件中，曾几次提到要赋予农村集体经济组织市场主体的地位。《农村集体经济组织法(草案)》将“农村集体经济组织”界定为：农村集体经济组织是独立的民事主体，具有法人地位，可以依法从事相应的民事活动(例如资源发包、物业出租、居间服务、资产参股等)；其自身并不是单纯地以营利为目的的经营性市场主体，但可以代表成员以集体组织出资或合资的方式，依法设立市场

① 《农村集体经济组织法(草案)》第10条规定，国务院农业农村主管部门负责全国农村集体经济组织建设和发展的指导。国务院其他有关部门在各自职责范围内负责有关工作。县级以上地方人民政府农业农村主管部门负责本行政区域内农村集体经济组织的登记管理、运行监督指导以及承包地、宅基地等集体财产管理和产权流转交易等监督指导。县级以上地方人民政府其他有关部门在各自职责范围内负责有关工作。乡镇人民政府(街道办事处)负责本行政区域内农村集体经济组织的监督管理等。县级以上人民政府建立农村集体经济组织工作的综合协调机制，统筹指导、协调、扶持、推动农村集体经济组织的建设和发展。各级人民政府应当采取措施，加强基层队伍建设，建立健全集体财产监督管理服务体系，配备与集体财产监督管理工作相适应的专业人员。

主体(例如合作社、公司等)并向国家市场监管部门登记和接受管理。[①]

一般说纳税主体就是指具有纳税义务的当事人,从国家规定来看,任何组织和个人均有依法纳税的义务,当然包括农村集体经济组织法人。早在原《民法总则》将农村集体经济组织和村民委员会作为两个独立的法人组织以前,上海市就出台了分账管理的意见[②],在原《民法总则》生效后,多地出台为保证"政经分离"的分账管理意见[③],妥善解决农村集体经济组织的税收问题。因此,对已领取农村集体经济组织登记证的农村集体经济组织应进行正常的税收征管,理由如下:

1. 有依法纳税的义务。长期以来,许多地方普遍实行村委会与集体经济组织"政经不分"的做法,原《民法总则》出台之前,由于农村集体经济组织法律主体资格不明,集体经济活动通常以村委会的名义进行,人们逐渐习惯于认为集体经济组织不需要纳税或纳税少的情况。[④] 原《民法总则》赋予农村集体经济组织特别法人地位后,法律主体资格明确,这不仅意味着农村集体经济组织获得了市场竞争的主体地位,而且农村集体经济组织法人具有营利性职能,营利性业务在税收征管方面与其他市场主体具有同等地位。按照市场主体竞争起点公平的原则,农村集体经济组织有义务依法纳税。

2. 有应税经济行为。我国实行的是民商合一制度,评估一项经济活动是否应税,不仅要看其是否是商主体,还要看其是否属于商行为,即不仅要看哪个单位开展活动,还要看是否有应税对象。传统的农村集体经济组织长期以来从事的是农业生产、农产品的生产和初级加工,不仅规模

---

① 参见陈锡文:《农村集体经济组织是不是市场主体?》,载《中国农村经济》2023 年第 8 期。

② 2015 年 11 月 28 日,上海市农业委员会、上海市民政局共同发布《关于本市开展村民委员会与村级集体经济组织分账管理工作的指导意见》(沪农委〔2015〕357 号)。

③ 2020 年南京市出台《关于稳步推进村级集体经济组织与村民委员会分账管理改革的指导意见》(宁农政改〔2020〕5 号),南通市印发《关于村民委员会与村级集体经济组织分账管理试点工作的指导意见》(通农发〔2020〕168 号),福建省莆田市荔城区印发《稳步推进村民委员会与村级集体经济组织分账管理改革的指导意见》(荔农〔2020〕151 号),等等。

④ 参见陈淑:《农村集体经济组织纳税问题刍议》,载《农村财务会计》2021 年第 4 期。

小、数量少,而且基本属于税收优惠范围,加上与村民委员会合一,所以农村集体经济组织没有进行纳税申报和登记。虽其业务范围主要是涉农领域,但现阶段在经济发达地区,农村集体经济组织的活动性质和经营活动范围发生了很大变化。随着产业链的扩大,应税对象的数量和应税经营活动的范围必然会增加,现有的税收优惠政策并没有涵盖现有农村集体经济组织的全部经营活动和产业活动。

3. 有农村集体经济组织作为纳税主体的地方实践。广东、北京、广州、浙江、上海以及江苏省南部许多地方都已经对集体经济组织征税。根据广东省东莞市的研究和统计可知,改为公司制的农村集体经济组织法人根据公司法缴纳企业所得税,其税负与一般企业相当。①

农村集体经济组织法人具有独立的法律主体资格,有自己的名称、组织机构、住所和资产,可以独立开展生产经营活动和提供服务,也是独立存在的社会单元,其占有社会资源,同时也存在应税行为,故应作为纳税主体。从市场体系的角度看,农村集体经济组织是一个市场主体,其所进行的工业生产和住宅出租应按规定纳税。然而,这并不意味着集体经济组织应与工、商企业一样被征税。集体经济组织是特殊的法人,对农村基础设施和公共服务负有社会责任,符合公共利益,因此在税收上应该有一些特别政策优惠。

农村集体经济组织可能涉及的应税行为及应纳税种,简单适用工商企业的一般规则来征税是不合适的。根据我国税法的规定及相关政策,解决集体经济组织面临的税收问题,并不仅仅意味着为农村集体经济组织调整税收规则和税收优惠政策,而是需要根据农村集体经济特别法人的特殊功能进行税收设定及管理。例如,需要允许农村集体组织法人对社会管理成本进行进项税抵扣,对成员从集体中获得的收入按其资产数量比例免征个人所得税,并加大对农村居民公共支出的常规财政支持。此外,应尽快修订农村集体经济组织的会计制度,优化农村集体经济组织特别法人的税收制度,以适应农村经济社会发展的需要和农村集体经济

① 参见陈淑:《农村集体经济组织纳税问题刍议》,载《农村财务会计》2021 年第 4 期。

组织特别法人税收征管的要求。

二、税收优惠

在农村改革的进程中,农村集体经济组织作为一种农村公有制的新型载体,承担了农村社会公共服务的大部分费用。农村集体经济组织法人税收优惠问题,也是特别法人制度构建的一部分,其既是税收理论需要解决的问题,也是税收征管实践中需要解决的问题。国家一直高度重视"三农"发展,税收优惠作为扶持"三农"发展的基本政策,基本设计了促进"三农"发展的税收政策体系,符合条件的农村集体经济组织成员及其成员享受到优惠的税收政策。①

2019 年中央 1 号文提出研究制定支持集体产权制度改革的税收政策,研究完善适合农村集体经济组织特点的税收优惠政策。各地在推进农村集体产权改革过程中制定的地方规定,也有专门针对农村集体经济组织法人税收的规范。例如,安徽省有要求落实好农村集体产权制度改革的税收政策;江西省专门提出要加大税收优惠力度,对农村集体经济组织租赁不动产、与公益事业建设所征收的有关税收,地方实行一定的财政返还;黑龙江省规定农村集体经济组织可以享受省里制定的新型农民优惠政策;江苏省规定农业集体组织享受国家和省制定的税费优惠政策;等等。

《农村集体经济组织法(草案)》第 50 条的财政支持措施建议,县级以上人民政府应当合理安排资金,支持农村集体经济组织发展集体经济,为集体成员服务;各级财政对农业发展和农村建设项目的支持,应当优先考虑由符合条件的农村集体经济组织依法实施的适宜项目。该草案第 51 条规定,农村集体经济组织依法履行纳税义务,依法享受税收优惠;农村集体经济组织开展集体产权制度改革办理土地、房屋权属变更或者开展经营活动,依照国家规定享受税收优惠政策。最终通过的《农村集体经

① 参见戴琼、袁辉:《农村集体经济组织财务管理问题及对策研究》,载《商业会计》2021 年第 2 期。

济组织法》中,这两条规定均无变化。

国家提出中央财政将保障村级组织运转经费的办法纳入县级财政基数体系,近年来稳步提高测算标准,并将继续加大对地方政府的统筹转移支付补助力度。例如,增加县级财政资金和老少边穷地区转移支付补助,支持地方政府提高基层财政保障水平,加强对村级组织的财政保障工作。通过发放奖金补贴的形式,探索资源节约型、服务型、物业管理型、混合型等多种形式的集体经济。

此外,各部门要做好相关财政政策的宣传工作,将国家或地方政策落到实处,让农村集体经济组织负责人、财务人员等公民更好地了解国家财政政策。税务总局从加强协调推动农村宣传工作、依托 12366 纳税服务热线直接提供咨询服务①、政策解读宣传工作三个方面,加强对农村集体经济组织法人的税收政策宣传。

第三节　农村集体经济组织特别法人的反垄断豁免

一、反垄断法与反垄断豁免

市场经济是一种社会资源配置的方式,"而竞争使市场经济成为迄今为止人类社会发展史上最有效的经济制度"②,市场竞争的正常开展,是实现资源优化配置和现代市场经济体制成功的前提。市场机制是通过自由竞争来实现的③,但其结果必然产生垄断,市场机制从而失去了调控功

---

① 参见赵银霞:《深化农村产权制度改革促进现代化大农业发展》,载《现代农业研究》2021 年第 9 期。

② 白树强:《全球竞争论——经济全球化下国际竞争理论与政策研究》,中国社会科学出版社 2000 年版,第 143 页。

③ 无限制的竞争力的相互作用将产生最佳的经济资源分配、最低的价格、最高的质量和最大的物质进步。由此所提供的环境将有助于保持我们民主的政治和社会制度。参见[美]马歇尔·C. 霍华德著:《美国反托斯法律与贸易法规——典型问题与案例分析》,中国社会科学出版社 1991 年版,第 3 页。

能。垄断的形成,导致价格不再是市场价格而是垄断价格,人为设置市场壁垒使资源配置不再合理,甚至还垄断技术及产品质量标准阻碍社会进步等,竞争机制从而被严重扭曲,这不仅损害非垄断企业与消费者的权益,甚至阻碍社会进步和国家发展。[①] 各国利用政府干预的方式弥补和矫正市场机制的缺陷和不足,这就产生了竞争法。反垄断法作为竞争法的部分,是反对限制竞争、维护自由公平竞争行为的法律规范的总称,是市场经济发展的基础性法律制度,其具有明显的国家干预性、社会本位性和经济政策性特征。[②]

我们知道,法律禁止或打击的行为是违法性行为,但并不是所有的垄断行为均具有违法性。有些垄断行为从经济发展角度看是资源优化配置的要求,从社会发展角度看是能够促进社会公共利益最大化的,这些行为在反垄断法中,就不认为其违法,不应当受到反垄断法的打击,这就是反垄断法的豁免制度。反垄断豁免是指某些在形式上符合反垄断法的禁止性规定的行为,其在经济发展上是合理的,在促进社会发展上是有益的,因而基于法律规定的免责条件而不认定其违法,不追究其行为责任。

反垄断法豁免与反垄断法适用除外是密切联系的两个概念,对于两者关系,学界的理解也不一致,有关立法中对这两个概念的使用也不是严格区分。[③] 本节内容中对二者的含义不作区分。

二、农村集体经济组织特别法人反垄断豁免的必要性

从《中华人民共和国反垄断法》(以下简称《反垄断法》)规定我们可

---

① 参见陶广峰、杨仕兵:《从市场失灵看经济法的作用机制》,载《甘肃政法学院学报》1999年第4期。

② 参见王先林:《经济与法律》,中国教育出版传媒集团、高等教育出版社2022年版,第172页。

③ 实际上,二者是可以区分的。适用除外是指在反垄断法中或者通过其他法律特别规定某些行业或领域不适用反垄断法,无需任何机关的许可,又被称为“本来的适用除外”。而豁免则是依照反垄断法应当或者可以禁止的行为,基于法律规定的免责条件,而不认定其违法,不追究其行为责任。豁免有时需要向特别机关申报并获得批准。它又称为“后退的使用除外”。参见王先林:《经济法教程》(第2版),上海交通大学出版社2016年版,第148～149页。

以看出,法律禁止或打击的垄断行为是违法性行为,但法律并不是规定所有的垄断行为均具有违法性,这也是不正当竞争行为与垄断行为的区别之一。因为所有的不正当竞争行为都是违法的,从经济角度看都是损害资源配置效率的,也就必然属于阻碍社会公共利益最大化的行为。有些垄断行为从经济角度看是资源优化配置的要求,从社会发展角度看是能够促进社会公共利益最大化的,反垄断法适用除外或豁免的行为主要体现为对特定行业或特定行为的规定,这些行为在《反垄断法》中通过列举或概括,明确规定其不属于违法行为,不应当受到反垄断法的打击。[①]"反垄断法的唯一目标就是经济效率",如果某种垄断行为本身就是资源配置优化的行为,能够实现效率最大化,反垄断法当然不能对其打击,否则就是与反垄断法的追求相违背。

《反垄断法》对农村集体经济组织的反垄断豁免直接规定体现在第69条[②]的规定之中,在立法说明中明确将农村集体经济组织作为反垄断豁免的主体,农业生产及农产品经营属于反垄断豁免的行为。[③] 其理由主要有二:一是农业的特殊性,二是符合反垄断法社会本位的追求。

我国是一个人口大国、农业大国,农业生产及农产品经营在我国经济、社会中发挥着重要作用,它提供了人口的基本需求,与民生息息相关,关乎社会的安全稳定。但农业生产和活动在家庭联产承包责任制后形成的碎片化经营模式,其规模化、商业化水平低,面对市场竞争的能力很弱,应该给予特别保护,从而促进市场主体积极发展农业。农村集体经济组织的发展为农业生产的合作化提供了机会,对改善现有农业生产的不利

---

① 《反垄断法》规定的适用除外或豁免情形主要有第8条特定行业经营者的垄断状态的适用除外、第20条规定特定垄断协议的豁免、第34条规定的经营者集中的豁免、第68条规定的知识产权正当行使行为的适用除外、第69条规定的农业生产经营活动的适用除外。

② 《反垄断法》第69条规定:"农业生产者及农村经济组织在农产品生产、加工、销售、运输、储存等经营活动中实施的联合或者协同行为,不适用本法。"

③ 本条所称的农村经济组织,既包括农民专业合作经济组织,也包括农村集体经济组织。参见全国人大常委会法制工作委员会经济法室编:《中华人民共和国反垄断法条文说明、立法理由及相关规定》,北京大学出版社2007年版,第353页。

局面起着重要作用,所以农业本身的特殊性决定了农村集体经济组织应该对农业反垄断进行豁免。①

农村集体经济组织法人的反垄断豁免,不仅是由于农业生产及农产品经营的特殊性,而且是符合反垄断法社会本位的价值追求的。反垄断豁免的行为就是豁免那些从经济上看是资源优化配置的要求、从社会发展角度看是能够促进社会公共利益最大化的行为。促进农业发展和农村发展,体现反垄断法对弱势行业和弱势群体的倾向性保护,也是实质公平的体现。我们知道,只有农业发展、农村发展,"三农"问题才能彻底解决。农村集体经济组织之间的协同和联合,将鼓励区域性、专业性甚至全国性的大型协会的形成,通过反垄断豁免,农业生产和农产品经营能够在联合中形成规模化、商业化的经营模式,农村集体经济组织法人在联合中能够增强谈判能力、提高市场竞争力,也能实现农村资源优化配置。

三、农村集体经济组织特别法人反垄断豁免的具体内容

一是农村集体经济组织法人属于反垄断豁免的行为主体。全国人大常委会法工委在《反垄断法》条文说明中,就明确表明农村经济组织包括农民专业合作经济组织和农村集体经济组织。《农民专业合作社法》规定允许甚至是鼓励农民专业合作社设立联合社,实际上就是承认农民专业合作社属于反垄断豁免的行为主体。因此,在《农村集体经济组织法》中也应有相应的规定。

二是农村集体经济组织法人反垄断豁免的生产经营范围。《反垄断法》规定豁免的范围是农业生产和农产品经营。因此,农村集体经济组织法人获得豁免资格的另一个基本要素是,其从事的必须是农业生产和农产品经营活动。随着我国农村经济的发展特别是一些经济较发达地区,农村集体经济组织的业务范围已经延伸到农产品深加工,甚至出现从事

① 参见祁伟:《我国农村经济组织反垄断豁免解析》,载《南京人口管理干部学院学报》2010年第1期。

工业生产经营活动。农业生产的范围包括种植业、畜牧业、渔业、林业等，即农业集体经济组织法人只有生产“四业”才属于反垄断豁免的范围，如果农村集体经济组织法人从事的业务范围超出“四业”范围就不应当属于反垄断豁免范围。农产品经营活动包括生产、加工、销售、运输、储存等，经营产品范围属于反垄断豁免的前提必须是农产品[①]，非通过农业活动（包括但不限于在工业生产中加工或生产）获得的产品不被认为是农业产品，就不应当属于反垄断豁免范围。

三是农村集体经济组织法人反垄断豁免的行为。《反垄断法》规定的垄断行为有四种[②]，而根据《反垄断法》第69条规定，其豁免的行为是农业生产和农产品经营的联合或协同行为。另外在《反垄断法》第20条规定的联合或协同行为，也是反垄断豁免的行为。这些规定仅仅说明农村集体经济组织开展的联合或协同行为属于垄断协议的适用除外或豁免。那么，农村集体经济组织法人是否存在其他三种垄断行为，如果存在是否应当豁免。首先，农村集体经济组织法人不可能存在滥用市场支配地位行为，在农业生产和农产品经营市场，迄今为止也没有出现具有市场支配地位企业，甚至国家都不可能成为农业生产和农产品经营市场的支配地位主体。农村集体经济组织法人从其资金、技术、土地资源等方面都不可能具有市场支配地位，也就不可能有滥用市场支配地位的行为，当然也就不存在滥用市场支配地位的豁免或适用除外问题。其次，经营者集中行为旨在通过“企业外部成长”[③]方式，获得市场优势或扩大市场份额。《反垄断法》对其控制的原因主要有：一是兼并或合并直接减少市场竞争主体数量；二是虽然没有减少竞争主体数量，但通过控制权使得彼此间不

---

① 《中华人民共和国农产品质量安全法》第2条规定，农产品是指来源于种植业、林业、畜牧业和渔业等的初级产品，即在农业活动中获得的植物、动物、微生物及其产品。

② 《反垄断法》规定的垄断行为主要有垄断协议、滥用市场支配地位、经营者集中、滥用行政权力排除限制竞争行为。

③ 企业成长就是企业发展，其成长方式有两种，一种是“内部成长”，另一种是“外部成长”。前者指企业通过将企业利润转为企业资本的扩大再生产方式，这种方式发展速度较慢；后者指企业通过兼并其他企业或控制其他资源，实现企业的快速成长。

产生竞争,扭曲竞争机制;三是可能影响市场结构。《反垄断法》对经营者集中控制的方式,不是规定行为的合法与违法,而是设置集中的事前申报制度,即参与集中的经营者达到申报标准,必须进行申报接受反垄断审查。它包含四方面的含义:一是达到申报标准的集中才需要申报,没有达到申报标准的经营者集中是不需要申报的,而由经营者自主决定是否集中。二是申报不是禁止经营者集中,达到申报标准的经营者,申报后经审查认为不会对市场竞争产生实质性影响,申报可能获得批准,经营者可以实施集中行为,只有集中后可能涉嫌垄断才不被批准。三是达到申报标准的经营者集中,申报并接受反垄断审查是集中的必经程序,只要经营者达到申报标准,如果进行集中就必须申报,否则就会受到反垄断制裁。四是申报后没有得到批准的集中行为,不仅无效而且会受到制裁。农村集体经济组织法人的集中,几乎不可能达到申报标准,即使达到申报标准,反垄断执法机构认为集中后会带来排除限制竞争的,也会否定该集中请求,不需要反垄断豁免。如果达到申报标准,申报后没有得到批准的集中行为,不产生集中的法律效果,而且要受到反垄断制裁。再次,滥用行政权力排除限制竞争行为,构成该行为的前提是滥用行政权力,即主体应当是有行政权力且属于法律授权的行政机关或接受行政机关委托的其他组织。农村集体经济组织法人没有行政权力,因此,不存在滥用行政权力的行为,也就不存在是否豁免的问题。由此可见,农村集体经济组织法人反垄断豁免的行为主要涉及垄断协议的联合或协同行为,即农业生产和农产品经营行为达成了排除或限制竞争的协议,也不受反垄断法的约束。[①] 这些行为表面看来符合反垄断法中垄断协议的形式,但由于其提高经济效率和社会公共利益,反垄断法不对其进行打击或约束。

---

① 参见贠梦羽:《我国农村经济组织反垄断豁免的适用问题分析》,载《农业经济》2015 年第 10 期。

第四节 农村集体经济组织特别法人的终止

农村集体经济组织不仅承担着发展农村经济的重大作用,它也是稳定整个农村社会的重要基石,是我国公有制的组成部分。农村集体经济组织特别法人作为农村改革的产物,现有法律只是形式上赋予了其"特别法人"的法律地位,而对于其他的包括组织运行、成员资格等方面并没有详细规定,在《民法典》中也只有一条概括性的规定。众所周知,对于一个组织来说,不管是大是小,它都会有成立、终止的问题,仅仅依靠《民法典》很难为农村集体经济组织的明天指引方向,所以要想真正规范农村集体经济组织,在农村集体经济组织制度构建中,就必然包括农村集体经济组织的终止问题。

一、农村集体经济组织特别法人不适用破产终止

对于农村集体经济组织而言,现存的《民法典》和其他法律法规的规定并没有涉及终止问题,因此要研究农村集体经济组织终止问题,只能从其他经济组织终止的规定中借鉴。对于公司或者企业来说,一般终止的事由就是破产和解散,而任何一家公司企业被宣告破产,后续影响都是巨大的:首先,会有大批量职工下岗;其次,辛辛苦苦建立起来的企业形象也会轰然倒塌;最后,企业破产也会导致一些债权无法得到完全清偿,这对于我国的市场经济秩序也是一种打击。而关于农村集体经济组织是否能够破产终止,理论上存在肯定与否定两种截然相反的观点。肯定者认为:农村集体经济组织属于《民法典》规定的一种法人,基于法人身份,在法人的一般性基础上,应一体适用破产制度①,应当能够破产终止,进行破

① 参见于雅璁:《"特别法人"架构下我国农村集体经济组织改革发展路径研析》,载《海南大学学报(人文社会科学版)》2020年第6期。

产清算。[①] 农村集体经济组织现有职能的综合性并不影响其破产，公有制也不能直接否定其作为市场主体的破产能力。[②] 在具体操作上，其可参照农民专业合作社破产的规定。[③] 否定者认为：农村集体经济组织承载着社会主义公有制的政治功能和社会功能，不能适用破产制度。[④] 这是因为农村集体经济组织是我国公有制经济在农村的载体，它与市场上那些纯粹营利性组织最大的不同就是它承担着公共职能，它是农村经济发展、解决“三农”问题的关键主体和载体，如果它发生了破产，影响就不是一家企业的生死存亡那么简单，很可能会使亿万农民的生活保障出现问题，无法实现“盘活集体资产”“壮大集体经济”，甚至会出现影响农村稳定的经济、政治因素。同时，一旦农村集体经济组织破产，不仅是法律主体的终止，法人财产就成为清偿债务的破产财产，由债权人按破产程序公平受偿，集体资产就可能成为个人资产，特别是集体资源性资产和非经营性资产成为个人资产，这与现有法律制度明显冲突，也影响我国基本经济制度——公有制在农村的实现。从农村集体经济组织的性质出发，其不具有破产的正当性，在实然和应然层面均不具有破产的必要性，破产清算和破产重整在理论和实践上均不具有可行性。[⑤] 所以，《农村集体经济组织法（草案）》三审稿与最终通过的《农村集体经济组织法》第6条规定一致，该条明确规定：农村集体经济组织不得破产。

二、农村集体经济组织特别法人的破产防范机制

农村集体经济组织不适用破产终止，但有可能出现严重亏损，出现

---

① 参见陶钟太朗、沈冬军：《论农村集体经济组织特别法人》，载《中国土地科学》2018年第5期。

② 参见吴昭军：《农村集体经济组织终止问题研究》，载《暨南学报（哲学社会科学版）》2021年第10期。

③ 参见张力、程敏：《农村集体经济组织特别法人的设立与终止》，载《北京航空航天大学学报（社会科学版）》2022年第5期。

④ 参见屈茂辉：《农村集体经济组织法人制度研究》，载《政法论坛》2018年第2期。

⑤ 参见房绍坤、马鹏博：《农村集体经济组织具有破产能力吗?》，载《上海政法学院学报（法治论丛）》2022年第5期。

《中华人民共和国企业破产法》(以下简称《企业破产法》)规定的破产界限。所以,对于农村集体经济组织而言,一定要把破产防范机制放在第一位,可以从以下几个方面入手。

(一)风险行为规制

这里的风险行为主要是指在农村集体经济组织的日常经营管理中一些高风险、高投入的市场投资行为。众所周知,在经济市场中,市场主体的盈利或亏损具有不确定性,有盈利的可能也有亏损的风险,那些看似可以给市场主体带来巨大经济利益的行为,其背后可能隐藏着很高的经济风险。我们所熟知的很多知名公司企业破产的案例,就是在一些高风险的投资行为失败了以后不得不面临企业破产。因此,对于农村集体经济组织而言,能否提前对高风险行为进行一些规制,避免出现过高投资成本的市场行为就显得尤为重要。农村集体经济组织的成员大会应当对其经营风险进行控制,对于一些风险不高的一般经济行为可以由理事会自主决策,但对于一些风险不确定或风险高的经济行为,以及高投入的市场行为时就必须设置“高门槛”。例如,交易金额在多少万元以上的经济行为必须经过全体成员大会绝大多数或者全部同意,具体表决比例可以事先在章程中列明。这样的话,即使最后的投资行为失败,也不会出现因为个别人的不理智行为而让整个集体经济组织承担责任。甚至在某些人数不多的集体经济组织中,对一些涉及企业“生死存亡”的关键问题可以实现全民公投,让每一个集体经济组织成员都参与到表决当中,真正让民主集中的原则在集体经济组织中得到贯彻。

(二)扩大集体经济组织资产备用金

一个企业要想维持一个稳定而长远发展前景,就必须从公司红利中提取公积金,以防公司企业在困难时期因为资金链断裂而破产。那么对于农村集体经济组织而言,其也可以也像上市公司一样建立起这个制度,从而尽可能规避破产风险。当然,由于集体经济组织牵连农民群体的公共利益,我们不仅要有资产备用金制度,还应该在保证农民分红的基础上尽可能扩大公积金公益金比例，以彰显公有制的优越性。一个集体经济组织资产备用金越多，那么它的抗风险能力也会随之提高。公司法对公司提取公积金及用途规定明确，现在，对于农村集体经济组织来说并没有法律明文规定其提取多少比例，但是可以借鉴公司法的规定，经过理事会讨论成员大会决议以后把比例写入章程，每个集体经济组织可以根据自己的情况来定。当然，如果哪一年集体经济组织净利润比以往平均利润都要高，那么在这一年固定提取分红后，可以召开一次全体或者常务理事会，讨论再将一部分分红纳入资产备用金之中，以防出现遭遇自然灾害或者效益不佳时能够有足够的资本盘活整个组织。

（三）多渠道准确把握市场方向

农村集体经济组织要想在市场的洪流中行稳致远，最关键的一点就是要紧跟时代潮流，准确把握市场动向。同时，一个集体经济组织一定要根据自身的实际情况和市场优势来，定位自己的位置从而制定正确的投资方案。那么，为了准确把握市场动向，农村集体经济组织就应该开辟多种渠道来搜集最新的市场信息，从而进行整合梳理。比如，可以每一月召开一次市场动向座谈会，讨论下各个成员对于最近一段时间市场风向的看法，在经济形势比较复杂的地区召开周期可以更短，因为对于它们来说市场风向每天都在变化，机会稍纵即逝，一不留神就会落后于人；可以聘请一些知名的经济学学者专家做客农村，解读最新经济形势，为农村集体经济组织的未来发展提供一些宝贵的建议；在数字经济发展迅速的今天，还可以通过网络直播的方式和潜在买家深入交流，时刻了解他们对于市场的最新需求，从而有针对性地改变自己的经营方案，适应市场大局。

（四）借鉴破产重整或者破产和解制度，加大严重亏损时的政府帮扶

达到破产法规定破产界限的企业，并不是全部宣告破产并清算，有的企业通过破产重整或破产和解程序实现扭亏为盈，摆脱破产困境。实践中，达到破产界限的企业也不是“一破了之”，而是秉持着保护企业的原则，在破产程序中如果有人申请破产重整或破产和解，应尽量促成破产重

整或破产和解,只有那些没有申请破产重整或破产和解,虽然申请但没有达成重整或和解协议的实在无法挽救的企业才会被宣告破产并进行清算。因此,破产法的功能不仅在于按照法定程序使债权人公平受偿,更在于“保障完全丧失竞争力的市场主体及时退出、尚存生产能力的市场主体得到救济再生”。[①] 由于农村集体经济组织具有公有制属性,虽然其不能够适用破产,但可以借鉴《破产法》中破产重整或者破产和解制度,即在农村集体经济组织法人严重亏损时,与债权人达成破产重整或者破产和解协议,减轻集体经济组织经营负担,以便于实现扭亏为盈。同时,当农村集体经济组织法人出现严重亏损时,应加大政府帮扶,使农村集体经济组织法人渡过难关。

三、农村集体经济组织特别法人终止规则

对于农村集体经济组织的终止制度而言,首先应考虑的是破产防范机制,从各个角度采取多种方法,尽量避免农村集体经济组织出现严重亏损。虽然集体经济组织法人不适用破产终止,但还是存在其他原因终止。一旦终止时的规则设置到位或者不合理,那么就会有很多“僵尸”组织的出现,这样下去势必会影响整个地区农村经济的健康发展。农村集体经济组织法人终止的“特别性”集中体现为终止制度目标的多元性、终止事由的严苛性和终止规则的强制兼自治性。[②] 农村集体经济组织的财产集体公有性与功能综合保障性,决定了农村集体经济组织终止制度保护法益的多样性,从而导致终止呈现终止方式缩限、终止财产处分限制更多等特别性。[③] 从农村集体经济组织的特殊性考虑,对于它的终止规则设置,

① 参见张钦昱:《我国破产法的系统性反思与重构——以世界银行〈营商环境报告〉之“办理破产”指标为视角》,载《法商研究》2020 年第 6 期。

② 参见管洪彦:《农村集体经济组织法人终止的法理证成与立法展开》,载《南京农业大学学报(社会科学版)》2023 年第 1 期。

③ 参见高海:《农村集体经济组织终止制度的特别性及立法建议》,载《南京农业大学学报(社会科学版)》2023 年第 6 期。

我们可以从终止事由规则设置和终止清算规则设置两个方面进行构建。

（一）农村集体经济组织终止事由

对于农村集体经济组织的终止事由国家并没有进行统一的规定，只有一些地区会因地制宜根据自身情况制定具体的一些规定或者法规，也就是说并没有一部放之四海而皆准的法律。一般而言，公司的终止分为两种，一种是公司的解散，一种是公司的破产。农村集体经济组织法人不适用于破产终止，那么是否适用解散终止，解散终止的原因又有哪些？从法学理论来看，法律主体有获得权利能力和行为能力的时间就应当有丧失权利能力和行为能力的时间，从自然人主体来说就是有出生和死亡的时间，从拟制主体来说就应当有成立的时间和终止的时间，这些营利性法人和非营利性法人均有法律规定。农村集体经济组织特别法人也是一种法律拟制主体，应当有成立和终止的时间，但因其特殊性，从其终止来看不能破产终止，如果终止的话就只能解散终止。解散终止需要有解散事由。通过比较法律对营利性组织主体的解散事由①，不难看出，不同组织的解散事由是不一样的。这些规定，对于农村集体经济组织的解散虽具有借鉴意义，但是由于农村集体经济的强烈公有性和公益性，我们在对农村集体经济组织的解散事由进行构建时就不能照搬其他组织解散原因的规定，而是要有所区别。

关于解散我们还应当注意，农村集体经济组织特别法人不能够协议解散。在公司、农民专业合作社、合伙企业和个人独资企业的解散事由

---

①　2023年修订的《公司法》规定公司因下列原因解散：公司章程规定的营业期限届满或者公司章程规定的其他解散事由出现；股东会决议解散；因公司合并或者分立需要解散；依法被吊销营业执照、责令关闭或者被撤销；人民法院依照《公司法》第231条的规定予以解散。《农民专业合作社法》规定的农民专业合作社解散原因有：章程规定的解散事由出现；成员大会决议解散；因合并或者分立需要解散；依法被吊销营业执照或者被撤销。《合伙企业法》规定合伙企业的解散事由为：合伙期限届满，合伙人决定不再经营；合伙协议约定的解散事由出现；全体合伙人决定解散；合伙人已不具备法定人数满30天；合伙协议约定的合伙目的已经实现或者无法实现；依法被吊销营业执照、责令关闭或者被撤销；法律、行政法规规定的其他原因。《个人独资企业法》规定个人独资企业的解散事由为：投资人决定解散；投资人死亡或者被宣告死亡，无继承人或者继承人决定放弃继承；被依法吊销营业执照；法律、行政法规规定的其他情形。

中，均有协议解散或自愿解散，其原因就在于：公司、农民专业合作社、合伙企业和个人独资企业主要是成员投资设立，公司是典型的营利性法人，农民专业合作社虽也是特别法人，但其设立不仅是社员的投资设立，更主要体现的成员的合意，均为投资人的投资设立，它们都不具有明显的公益性。因此，成员可以通过章程（合伙协议）约定或通过投资人决议，确定组织是否解散以及解散事由，这是市场主体自主经营的体现。但农村集体经济组织虽然也具有营利的目的，但是它还承担公共职能，具有公益性目的，所以作为一个以公有制为主体的社会主义国家，不允许利用协议解散方式自行解散公有制的载体农村集体经济组织。农村集体经济组织具有强烈的公权力运行因素，并非根据市场经济规则由市场主体自由设立亦可由市场决定消灭的纯粹私主体。① 农村集体经济组织作为集体土地所有制主体——农民集体的一种法律实现方式，是对《宪法》和《民法典》规定的农民集体所有权的遵循与落实，由此也决定了集体经济组织主体资格的消灭具有法定性，其成员不允许以意定的方式解散集体经济组织。② 另外，公司和合伙企业还有存续期限问题，如果期限届满，投资人不愿意继续经营，是可以解散的，这也是市场主体自主经营的体现。前文已经论述，农村集体经济组织作为一个特别的法人，因特定地域、特定资产的永久性、成员的延续性等因素，其法人成员不能自主确定其存续期，而且特别法人也不存在存续期限问题。因此，就不存在期限届满而解散的事由。

此外，公司等市场主体还会被强制解散③，这是否适用于农村集体经济组织特别法人。我们应当明确的是，因为法律规定的空白，农村集体经济组织目前还是以登记证书为主要的官方认可形式，当农村集体经济组

① 参见崔艳峰：《论农村集体经济组织的破产能力》，载《学习与探索》2022 年第 3 期。

② 参见姜楠：《集体土地所有权主体明晰化的法实现》，载《求是学刊》2020 年第 3 期。

③ 强制解散包括行政强制解散和司法强制解散两种。被吊销营业执照、责令关闭或者被撤销属于行政强制解散，它主要是指特别法人违反了行政管理规定，被撤销登记而丧失法人资格。司法强制解散是指公司经营管理发生严重困难，继续存续会使股东利益受到重大损失，通过其他途径不能解决的，满足法定条件的股东请求人民法院解散公司。

织登记出现应被撤销的事由，登记机关就应当撤销登记，但即使撤销登记后，农村集体经济组织仍然存续，只不过是相关人员需要承担行政责任，农村集体经济组织法人需要重新登记。司法强制解散是由于控制股东控制公司机关，违背公司治理机制，为保护小股东利益而设置的一种制度。农村集体经济组织法人一般不会产生控制人，既是产生控制人也可以通过政府干预就可以解决，没有必要通过司法解散程序。因此，农村集体经济组织特别法人的解散事由不包含行政强制解散和司法强制解散的原因。农村集体经济组织的解散事由包括：

1. 因合并或分立需要解散。

法律拟制主体在存续过程中，可能出现合并或分立。合并就是两个或两个以上的拟制主体合并为一个主体，分立就是一个主体分为两个或两个以上的主体。合并、分立是法律拟制主体的特殊表现，自然人主体就不存在合并或分立的问题。农村集体经济组织特别法人作为法律拟制主体同样也是可能出现合并或分立的，合并或分立就必然产生清算问题。合并存在两种情况：一是吸收合并，被吸收组织解散；二是新设合并，合并前的组织均必须解散。分立也存在两种情况：一是派生分立，此时不涉及组织解散问题，只涉及变更问题；二是分解分立，分解的组织解散。

2. 因整体被征收或搬迁而解散。

农村集体经济组织的主要资产是集体所有的土地资源，而城市扩容是我国城镇化进程的措施，特别是一些城郊集体经济组织，可能出现整体被征收的情况。此时集体组织的成员就可能全部转为城镇户籍，集体土地也成为国有土地，原有的集体经济组织已经丧失其存在的必要性，集体经济组织应当解散。因社会公共利益需要或国家大型工程的需要，也会出现整体被搬迁的情况，原有集体土地灭失（例如三峡水利工程）或被国有化，原有集体组织成员也可能分散到其他集体经济组织，成为其他集体经济组织成员，也可能分散到城镇成为城镇居民。此时，原集体经济组织法人已经不复存在，当然应当解散。

(二)农村集体经济组织解散的程序

农村集体经济组织的解散实际上只有因合并或分立解散时才需要遵循相应程序,而因整体被征收或搬迁而解散的程序更多的是行政程序,即依照征收或搬迁的程序要求。

农村集体经济组织法人章程既是集体经济组织法人设立的必备条件,也是法人自治的依据,因此所有重大事项的决策都必须符合法律规定和章程的约定。合并或分立显然属于重大事项,应当在清产核资的基础上编制资产负债表和财产清单,需要成员大会表决并作出决议。

农村集体经济组织法人的解散由成员大会决定,经过成员大会的决议,决议通过后才报乡镇、县级政府。而由于农村集体经济组织法人成员有基于身份的内部成员和基于投资的外部成员之分,对于解散决议的通过必须满足以下条件:一是内部成员和外部成员分别表决,且均达到通过比例要求;二是内部成员的表决,不仅要有股权比例要求,也需达到内部成员人数比例要求。同时满足以上这些条件方为解散决议通过,这样就能够平衡多方主体利益,充分体现民主管理和保证决议的公平、合理。

农村集体经济组织法人的解散设置乡镇政府审核、县级政府批准的程序,主要作用在于监督集体经济组织法人解散事由是否足够充分、解散程序是否合法、资产清算是否合规,以及集体经济组织成员、集体经济组织法人及其债权人的利益是否得到平衡保护等。农村集体经济组织法人解散的政府介入,一是为弥补集体经济组织的权力机构在决策时可能出现的失误,二是强化政府在农村集体经济组织解散中的责任。

(三)农村集体经济组织清算规则

终止清算是一个经济体在终止时必须面对的问题,对于农村集体经济组织而言也是如此,集体经济组织由于本身资产的特有属性,在清算时难免会遇到各种各样的难题。

在进行解散清算时,应当成立清算组负责清算事宜。农村集体经济组织法人清算时清算小组成员应当有理事会、监事会成员,还应当有其他法人成员参加，当然清算小组还必须是乡镇政府的人员。清算组制订的清算方案，应当报集体经济组织成员大会和乡镇人民政府确认。农村集体经济组织法人因合并、分立解散，只是名义上或形式上的解散。实质上仍然存在新的集体经济组织法人，比如吸收合并，虽被吸收组织解散，但被吸收组织成员、资产等已经成为合并方的一部分，新设合并前的组织成员、资产等成为合并后组织的一部分，分解分立时被分解的组织解散，其成员、资产等属于分立后的组织。如果农村集体经济组织因整体被征收或搬迁而解散，也可能是加入新的集体经济组织，也可能是加入城镇居民组织，其成员、财产等就成为新组织的成员、财产。因此，不存在集体经济组织法人财产的分配问题，只能分配股权收益。

农村集体经济组织特别法人因为其资产绝大部分都是集体所有的资产，所以在清算时就不能“一刀切”，而是应当采取折股量化的做法，即将集体经济的资产价值折合成股份，然后再分配到每一个成员的身上，最终清算时也应当使用折股量化的集体财产，而其他的公有财产是不能够进行清算的。可以用来清偿债务的财产包括集体经济组织的经营性资产、公积金公益金、集体股的收益、成员投资的财产等。由于集体经济组织法人解散后用来偿还债务的财产属于集体经济组织所有的财产，因此应当按照解散原因不同进行处理，主要表现在以下方面：(1)如果是因合并解散，合并前的财产由合并后的集体经济组织法人承继；如果是分立出现的解散，按照分立协议由分立后的集体经济组织法人所有。(2)如果是因整体被征收而解散，集体经济组织法人财产经乡镇人民政府审核、县级人民政府批准后，转为居民委员会的集体财产；如果是因整体被搬迁而解散，集体经济组织法人财产经法定程序后，可以转入接纳搬迁的基层集体组织所有。

在清算过程中，如果发现农村集体经济组织的资产收益不足以清偿债务，清算组应当向乡镇人民政府报告，乡镇人民政府就应当组织类似破产和解、重整程序，按照不同解散原因进行处理，主要表现在以下方面：(1)如果是因合并解散，合并前的债务由合并后的集体经济组织法人承继;如果是分立出现的解散,要么乡镇政府不予审核分立,要么按照经债权人同意的分立协议处理或者由分立后的集体经济组织法人承担连带责任。(2)如果是因整体被征收或搬迁而解散,集体经济组织法人财产不足以清偿债务,经乡镇人民政府审核后,不足部分由乡镇或县级人民政府承担。

农村集体经济组织解散后,清偿债务后的剩余集体资产收益,应当视为集体经济组织的盈利,按照章程规定的利润分配方式,对集体经济组织成员进行分配,这样,原属于集体经济组织法人的财产就成为新的集体经济组织法人财产。

第六章

土地经营权入股有限公司法律问题

具中国特色的土地权属制度自土地革命时期就一直是改革的重点内容。20 世纪 70 年代末至 80 年代初，由安徽小岗村包产到户肇始，农村集体土地开始出现“集体所有、承包户经营”的模式，到 1986 年《民法通则》颁布后，以法律的形式确立下来，由“集体所有、集体经营”的“人民公社制”转变为“集体所有、承包户经营”的大包干模式。从法律制度上来说，这就是土地集体所有权与土地承包经营权“两权分离”。[①]“而土地承包经营权一直到物权法颁布时，才正式确定了其物权的性质。但是基于其权利发展的历史过程，土地承包经营权中难免会留下一些身份性的掣肘。”[②]当然，在 2021 年生效的《民法典》中不仅确立了土地承包权的物权属性，而且在法律上确立了“三权分置”的制度。随着原《民法通则》的生效，农村改革所释放的生产力达到了高峰，但“三农”问题并没有从根本上解决。“三农”问题中的关键问题是农业问题，“两权分离”制度下的农业仍然是传统农业，“两权分离”制度虽然最大限度地激发了承包户的积极性，但承包户经营是一种细碎化的经营方式，无法发挥规模经济的最大化收益，农村、农业的发展都是有限的，农民的收益也是有限的，离彻底解决“三农”问题，实现全面建成小康社会的目标还存在巨大差距。“我国

① 参见朱继胜：《论“三权分置”下的土地承包权》，载《河北法学》2016 年第 3 期。

② 毛快：《我国土地承包经营权去身份性研究》，中国政法大学 2015 年民商法学硕士学位论文，第 40 页。

实行的家庭联产承包责任制，带来的是土地细碎化经营状况，形成分散的、超小规模的小农户家庭经营模式占据绝对主导地位。”①这严重限制了农村生产力的进一步释放，制约农业产业化和规模化经营，传统农业的弊端仍然存在甚至得到放大，这严重阻碍了“三农”问题的有效解决，阻碍工业化和城镇化的发展。显然，这种经营模式难以适应现代农业的规模化经营要求。② 解决“三农”问题的关键是要求实现农业规模化经营，使传统农业向现代农业转变，这既能大幅度增加农民的收益，也能够促进农村和农业的最大化发展。

2013 年，党的十八届三中全会通过的《中共中央关于全面深化改革若干重大问题的决定》提出，要“稳定农村土地承包关系并保持长久不变，在坚持和完善最严格的耕地保护制度前提下，赋予农民对承包地占有、使用、收益、流转及承包经营权抵押、担保权能”，这开启了我国新一轮农村土地权利制度改革。2014 年中央一号文件继续指明“稳定承包权，放活经营权”之提法。至此，在国家政策层面，经营权从承包经营权中分离出来，形成了所有权、承包权、经营权“三权分置”之格局。③ 2015 年中共中央、国务院印发的《关于加大改革创新力度加快农业现代化建设的若干意见》更进一步提出，要抓紧修改农村土地承包方面的法律，明确现有土地承包关系保持稳定并长久不变的具体形式，界定农村土地集体所有权、农户承包权、土地经营权之间的关系。这些政策性规定必然会引起法律制度的变革。④ 2013 年 12 月启动的公司注册资本制度改革，废除了公司注册资本最低限额的规定，进一步放松市场主体准入的管制，将公司注

① 谢家银：《农村土地承包经营权入股的价值考量与风险防范》，载《广西社会科学》2015 年第 3 期。

② 参见温世扬：《农地流转：困境与出路》，载《法商研究》2014 年第 2 期。

③ 参见潘俊：《农村土地承包权和经营权分离的实现路径》，载《南京农业大学学报（社会科学版）》2015 年第 4 期。

④ 参见李国强：《论农地流转中“三权分置”的法律关系》，载《法律科学（西北政法大学学报）》2015 年第 6 期。

册资本的强制性规定改为公司自治性规定,实现公司资本实缴制为公司资本认缴制的转变。公司注册资本制度改革不仅是公司股东出资方式的简单变化,而且是我国对市场主体管理体制从理念到具体措施的整体性的变革。从1993年《公司法》对市场主体的严格管制(严格法定资本制要求注册资本一次性足额缴纳),到2005年《公司法》的放松管制(注册资本可以分期缴纳且首次出资只要不少于注册资本的20%即可),再到2013年《公司法》取消公司注册资本最低限额(注册资本的数额、首次出资的比例以及分期缴纳的期限均由公司章程规定),体现对市场主体独立人格和意思自治的尊重以及政府行政管理理念向社会治理理念的转变,体现了市场自治精神。农村土地"三权分置"改革确立的土地经营权是一种可以用货币估价并可依法转让的财产性权利,公司注册资本制度改革使农村土地经营权作为出资方式入股到有限公司成为可能,从而为农村土地经营权流转和公司制度的研究提供了新的基础和视角。

事实上,自2015年后的农村土地"三权分置"改革的政策以及各地的土地经营权入股的实践,到现在《民法典》确立的农村土地"三权分置"制度,都需要对土地承包经营权入股有限责任公司进行深入探讨,以期实现农村土地"三权分置"制度的作用。"通过以承包经营权入股为契机,进而引发深层次的变革,如吸引城市资本下乡,推动集体土地的集约化、产业化经营,提高农业的组织化程度。此外,入股模式可以使农民从农业生产中解脱出来,入股分取的红利高于纯粹的农业收入,可以改善农民的生活。土地承包经营权入股设立大型的农业股份制公司可以吸引城市居民尤其是下岗工人来农村就业,有利于形成统一的城乡劳动力市场,进而促使长期存在的城乡二元社会结构的瓦解。"①因此,土地承包经营权入股有限责任公司是实现农村土地"三权分置"制度的体现,其作为农村土地

① 刘永荣:《集体土地承包经营权入股的法律困境与出路——基于重庆市巴南区集体土地产权改革的调研分析》,载《西南政法大学学报》2009年第5期。

经营权流转的重要方式,具有明显的现实意义。这涉及农村土地制度的改革和公司法制度的完善,亟待进行理论探索和制度完善,以对实践进行指导。

第一节　农地入股及“三权分置”的发展背景和法理分析

一、土地经营权入股公司的背景、内容

1.“两权分离”到“三权分置”变革

从1978年安徽小岗村包产到户肇始,到1982年家庭联产承包责任制在全国范围推广,再到1986年制定《民法通则》时,确立了所有权与经营权“两权分离”制度,我国农村生产力得到巨大释放,农村经济体制改革取得了巨大的成绩。进入2000年以后,我国社会经济得到快速发展,随着我国城镇化进程的加快,大量农村人口进入城市务工而成为一种“候鸟”性居民,有的甚至在城市定居,成为“农业户口”的城市居民。“农村土地的承包主体和经营主体也逐渐分离,由此带来了农村土地经营的高抛荒、细碎化、低效率、低收益等问题,实现农业的规模化经营成为我国农业经营体制改革的目标”,[①]这就要求在农业生产中引进现代农业经营主体。但农村土地上的土地承包经营权是集体成员专属性的权利,发展现代农业就需要现代农业经营主体,这必然需要承包户将土地经营权转移给现代农业经营主体,而土地经营权的改变就会使农民失去赖以生存的土地。当前,我国农民群体被排除在城市社会保障体系之外,农村土地对于农民承担着兜底的社会保障功能。[②] 因此,既要发展现代农业,又要保障农民在土地上的收益,而农村土地承包经营权“三权分置”改革为解决

---

① 吴越:《土地承包经营权流转制度瓶颈与制度创新》,法律出版社2014年版,第28页。

② 参见丁关良、童日晖:《农村土地承包经营权流转制度立法研究》,中国农业出版社2009年版,第83页。

这个两难问题提供了新路径。

“三权分置”的理论和政策是对原来“两权分离”制度的一种突破与创新,所谓的“三权”,是指三种权利相对独立且同时存在于同一农村土地上,它们分别是国家或集体的所有权、农民的承包权和农业经营主体的经营权,这三种权利之间彼此共存、彼此不同且相互独立,被称为“三权分置”,这是我国农村土地改革的又一次创新。[①] 在“三权”之中,所有权归集体,这是社会主义公有制的前提,是不能改变的,也是原有制度的延续;承包权归承包农户,这是农村居民赖以生存的最主要的物质基础,也是发挥土地社会保障功能的体现;经营权归农业经营主体,这既是承包户实现土地价值的方式,也是促进农业生产现代化经营的路径,更是实现农业规模化经营的目标的路径。实际上,“三权”是可以回归或恢复为“两权”或“一权”的。当承包户自己经营承包地时,农民的承包权和经营权就合一,就是“两权分离”制度的体现;当农村承包户的承包期限到期后,土地就回归到集体组织名下,此时就是完整的土地所有权。集体组织对农村集体土地进行发包,就形成“两权分离”,当承包户将承包地的经营权流转给农业经营主体,这就是“三权分置”。

2. 土地承包经营权入股的概念

土地是人类生存不可或缺的物质基础,人类社会的历史实际上就是人类对土地利用的历史。任何制度的创新就是对原有制度的突破。“两权分离”制度下的家庭联产承包责任制,虽然释放了农村生产力,但劳动人民的创造力是不可估量的。在利用土地的过程中,发现有比家庭联产承包责任制更好地实现土地价值的方式,也因此形成了农村土地承包经营权入股的概念,农村土地股份合作制度在中国南海地区等地最先形成。因为法律的制约与社会实际的需求,农村土地承包经营权入股在全国各个地区都或多或少地超越了法律所制约的范畴。从 20 世纪 90 年代至

① 参见韩长赋:《土地“三权分置”是中国农村改革的又一次伟大创新》,载《光明日报》2016 年 1 月 26 日,第 001 版。

今,中国农村土地总承包经营权入股的实践已进行20余年,不过学术界对这一范畴仍然众说纷纭。部分研究人员提出土地承包经营权入股是以用益物权入股,“以家庭承包为主其他方式为辅的农民把土地的承包权当作股权,自发组织进行农业生产及经营活动或组织发展成为股份公司等,从而进行农业生产及经营活动”①。也有学者认为土地承包经营权入股是以债权入股,“土地承包经营权入股……是设定债权的流转方式”②;“将土地承包经营权分离出一种直接经营土地的权利(比如农地经营权),同时使农地经营权自由流动,便可实现土地直接利用权的商品化”③。

针对上述看法,从不同的视角分析,都有其合理性,但都又存在着相关问题与不足地方。如果撇开我国的国情不谈,仅从法律视角来看,随着我国的社会生产力日益发达以及市场经济的发展,该权益也终究要归属物权范围这一根本属性上来。而根据我国《公司法》的规定,入股标的也要产生物权转移的法律效力,因为公司是具有完全独立法律人格的市场主体。如果以承包经营权形式入股就说明了承包人所持有的农村土地经营权的股权性质属物权性质。在我国目前的改革试点中,这项研究也才刚刚开始起步,因为试点中部分存在的农业土地承包经营权入股在实质上只是一个保底分红的形式,其入股实质上并未打破土地承包经营权债权的法律属性。但认为土地承包经营权入股是以债权入股的说法也存在理论上需要阐释的问题,因为通常意义上的债权入股是指用于入股的出资是债权,而土地承包经营权入股之前,并没有债权存在。随着中国经济社会的发展,农村土地承包经营权入股的理论和制度必然会越来越合理、完善。根据由易到难的原则,这一创新很可能是首先出现在入股有限责任公司上。

3. 农村土地承包经营权入股的表现形式

目前,我国的农村土地承包经营权入股主要有两种方式,其一,农村

---

① 房绍坤:《物权法用益物权编》,中国人民大学出版社2007年版,第111页。

② 马新彦、李国强:《土地承包经营权流转的物权法思考》,载《法商研究》2005年第5期。

③ 李昌麒:《中国农村法治发展研究》,人民出版社2006年版,第102页。

合作社形式。该入股方式是指有经营权的农民将土地承包权当作股权，与其他承包农户联合，扩大生产规模合作，进行农业生产并建立合作社。实践中，除少数合作社是种植粮食外，大多数合作社是为追求更多的经济收益而从事种植经济作物或养殖活动。其二，承包农户将土地直接交给农业资本设立的公司。该入股方式是指农村土地承包经营权转化为相应的股份或股权比例，以获得股份分红的方法实现在土地所有权上的实质经营利益；而直接入股公司，该公司则可获得农村土地承包经营权，即通过对农村土地权利的处分，进而取得财产利益，以参与公司股权的方法对企业直接纳入农村土地进行规范化运营管理，以谋求土地增值经济效益的最大化。从立法研究的视角来看，农村合作社不能成为以农业土地承包经营权形式入股的新形式。而有限责任形式公司的资合性、营利性与农村土地承包经营权直接收入的资本化原则相互吻合，其人合性和相对的市场自治，则为政府对农村土地承包经营权在直接纳入市场过程中的权利义务问题的“量体裁衣”方式的灵活选择，创造了良好的立法空间。①

二、“三权分置”理论支撑的土地经营权入股公司法理分析

自1978年实行家庭联产承包制试点以来，土地民事权利特性在家庭承包经营权落实中凸显，其法律性质逐步明确。农村土地集体所有、家庭承包经营，使用权与所有权分离，从而理顺了农村基本生产关系，实现了农村土地“两权分离”。此后，在立法上确定了“两权分离”后的权利类型、性质及保护。1986年的《民法通则》、1999年的《中华人民共和国土地管理法》（以下简称《土地管理法》）均强调对农村土地经营权的法律保护。2002年的《农村土地承包法》明确指出，要依法保护我国农村土地经营权合法流转，严格实行家庭承包制度。2007年的《物权法》突出强调农村土地承包经营权的用益物权属性，并规定承包人具体权利，确立土地所

① 参见吴义茂、吴越：《土地承包经营权入股有限责任公司的法律冲突与立法选择——兼论家庭承包经营制度的完善》，载《广西社会科学》2012年第6期。

有权与土地承包经营权分离的二元农地权利结构。[①] 随着农村土地制度改革深化，农村土地“两权分离”的二元农地权利结构已无法满足现实需求。2014 年中央 1 号文件中的“稳定农户承包权、放活土地经营权”的表达，首次在中央文件中提出“农户承包权”和“土地经营权”概念。同年，中共中央办公厅、国务院办公厅印发的《关于引导农村土地经营权有序流转发展农业适度规模经营的意见》明确提出“实现所有权、承包权、经营权三权分置”。2015 年中央 1 号文件《关于加大改革创新力度　加快农业现代化建设的若干意见》提出界定农村土地集体所有权、农户承包权、土地经营权的关系，这为深化农村土地制度改革提供政策基础。农村土地“两权分离”的二元农地权利结构，逐步发展为“三权分置”的三元农地权利结构。“农地从‘两权分离’到‘三权分置’，是中国特色土地制度的再次创新，也是农村生产力发展的必然结果”[②]。

“三权分置”的三元农地权利结构，即集体组织的土地所有权、承包人对土地的承包权和农地实际经营人的经营权。在“三权分置”权利体系中，三种权利主体可能是同一主体即集体组织，也可能为两个主体即集体组织和承包人，或者为三个主体即所有人、承包人和实际经营人。[③] 因此，在“三权分置”权利体系中，承包人根据自身利益最大化的判断标准，能够更加灵活地确定承包土地的经营权主体，不仅有利于承包人利益最大化，也是现代农业规模化、产业化发展要求。在“三权分置”权利体系中，集体组织享有农地所有权，承包人主要享有对承包地维持权、分离对价请求权、征收补偿获取权、继承权、退出权等，经营权人享有占

---

① 参见杨仕兵：《论农地股公司的农地未实现利益》，载《东北农业大学学报（社会科学版）》2017 年第 4 期。

② 张红宇：《三权分离、多元经营与制度创新——我国农地制度创新的一个基本框架与现实关注》，载《南方农业》2014 年第 2 期。

③ 参见杨仕兵：《论农地股公司的农地未实现利益》，载《东北农业大学学报（社会科学版）》2017 年第 4 期。

有、使用、收益的权利，同时还享有一定处分权，比如抵押等。① 为了确定农民在土地上的权利是私权利，需要分析其法律关系和法律特征、我国物权债权相分离的理论以及土地经营权和土地承包经营权之间的差异。农民通过与公司签订合同成为该公司股东，因而获取公司股东地位。② 而农民以土地经营权出资入股，将该权利流转到公司所获得股东身份，这种行为被称为土地承包经营权入股，即在维持土地所有权人和承包权人不变的前提下，将农地经营权作为出资向从事农业经营的企业法人转移，将土地经营权转化为企业股权，土地收益转化为股权利润分配收益的权利流转方式。③

土地承包户将土地经营权入股有限责任公司，也就形成了承包户与集体组织之间的土地承包法律关系以及承包户与公司之间的股权关系，土地经营权的权利主体就是入股后的公司。土地承包权户就是土地经营权的转让者，其以土地经营权的转让为代价取得土地入股有限公司的股权，从而取得股东地位，并依法行使股东权利。而公司则成为土地经营权的受让方，根据法律规定和土地入股合同中的有关条款经营治理农村土地，并为农村土地的承包权人履行合同相应的义务。必须明确的是，土地经营权是通过合同的形成实现转让，通过契约的相对化以及农村土地“三权”关系的分割，合同只是制约农村土地经营权的受让方和转让方，即合同关系只是产生与制约农村土地经营权的转让方和受让方，而农村土地的拥有方和农村土地经营权的转让方之间的法定关系没有产生变化，即农村土地承包权主体不改变，还是归属于农户或家庭；农村土地的领属人与土地经营权人中的受让方相互之间的法律关系也没有出现变化，即土地所有权人仍然隶属于国家或集体所有。

---

① 参见潘俊：《农村土地“三权分置”：权利内容与风险防范》，载《中州学刊》2014 年第 11 期。

② 参见江平、王家福主编：《民商法学大辞书》，南京大学出版社 1998 年版，第 603 页。

③ 参见付潇翔：《“三权分置”视角下土地经营权入股法律研究》，江西财经大学 2015 年硕士学位论文，第 8 页。

三、“三权分置”背景下的土地入股是土地经营权入股

“法律制度设计的前提和基础是法律性质的准确定位”①。目前，我国《民法典》物权编、《农村土地承包法》等法律已明确土地承包经营权具有用益物权属性，②农村土地承包经营权对其作为财产权利可转移、可流动的要求也日趋上升。而原有的由所有权人即集体组织发包、由承包户通过承包合同取得的土地经营权，在“两权分离”制度下，因为只有具备集体成员资格才能够承包集体土地，土地承包经营权具有身份权性质，同时承包户承包土地具有经营收益和社会保障功能，土地承包经营权具有财产权性质。这种兼具身份性和财产性的用益物权流转就会受到一定的限制，在理论上也难以自圆其说。因为身份性的权利具有专有性，是不能流转的。在“三权分置”制度中，将土地承包经营权中的身份性权利与财产性权利分离，即承包权和经营权分离，此时土地流转只流转其中的财产性权利，而身份性权利保持不变，这就从制度上解决了“两权分离”模式下土地流转的制度和理论障碍，使资产性质的部分能够进行合理流动。而农村土地所有权又是“三权分置”下的重要一环，因此我们应首先分清“三权分置”下土地承包经营权入股有限公司的性质。

理论界关于农村土地承包经营权入股公司的法律性质还存在着分歧，即流转的经营权到底是“物权流转说”还是“债权流转说”。关于农村土地承包经营权入股法律属性的理论问题，反映了基础理论问题的缺陷，并直接影响到土地制度供给的有效性与质量，也导致了国家立法的空白、地方性法律文本的分歧。而法律的缺失与地方性法规的分歧，也表明了我国立法水平有待提高。

“物权流转说”和“债权流转说”存在争论，主要体现在：持“物权流转

---

① 高海：《土地承包经营权入股的法律性质探析》，载《法学论坛》2011 年第 3 期。

② 参见杨立新：《论我国土地承包经营权的缺陷及其对策——兼论建立地上权和永佃权的必要性和紧迫性》，载《河北法学》2000 年第 1 期。

说”观点的学者认为,“土地承包经营权是物权变动后的流转,类似于转让、抵押行为”[①],“土地承包经营权入股公司后,农民丧失了该权利,公司取得了农村土地承包经营权”;[②]而“债权流转说”学者则认为,“土地承包经营权是债权流转的表现形式”,[③]公司取得的是债权性质的土地承包经营权,农户仍然保留其物权。[④]

笔者认为,“物权流转说”的理论仍然是“两权分离”,如果农民入股后,公司拥有用益物权,要么村民丢失用益物权,无法解释入股期间承包法律关系不变化;要么村民与企业同样拥有用益物权,形成不相融的两项用益物权。况且,从我国《农村土地承包经营权流转管理办法》的有关规定来看,其制度立法的基石是将土地承包经营权入股界定为债权流转。因此,在“三权分置”的架构下,土地承包经营权入股的事实是农民股东自身保有土地承包经营权,其仅以经营权入股,而且是农民土地的使用价值及债权性入股。在“三权分置”权利体系下,土地承包经营权仅是其经营权即债权属性流转,农民所享有的承包权不变。

第二节　土地经营权入股有限公司的现实性与制度障碍

一、土地经营权入股有限公司的法律依据及其必要性与可行性

1. 土地经营权入股有限责任公司的法律依据

第一,我国宪法中涉及土地流转方面的有关规定。根据我国法律对于农村土地的规范,人们能够总结出一种最基本的观点:根本大法关于农村土地的流转方面并不是限制性、禁止性的要求。比如,根据《宪法》第

---

① 房绍坤:《物权法用益物权编》,中国人民大学出版社 2007 年版,第 104 页。

② 李东侠、郝磊:《土地承包经营权入股公司问题的法律分析》,载《法律适用》2009 年第 7 期。

③ 马新彦、李国强:《土地承包经营权流转的物权法思考》,载《法商研究》2005 年第 5 期。

④ 参见高海:《土地承包经营权入股的法律性质探析》,载《法学论坛》2011 年第 3 期。

10 条规定，把我国的土地分成了城市与乡村两个范畴，并提出“城市用地归属于国家，乡村用地绝大部分为集体所有，特别的列举性规定如森林、矿山等归属于国家，其余的如乡村中房屋、自留山、自留地等一般归属于集体”的规定。不论农村土地是归属于国家所有的国有土地或是归属于农村集体所有的集体土地，对于集体所有的土地国家都有权收取、征用，并且更是规定在一切农村土地的用途议题上，都应该以法律、法规为基础。在宪法为限制的基础上，法律都在积极探索农村土地流转新制度，这为农民的土地承包经营权通过股份方式入股有限责任公司指明了有效途径，即我国是积极支持农村土地流转的。

第二，通过立法对农村土地承包经营权方面的重大变革。农村土地承包经营权改革具有探索性，人们的观念转变也是渐进的，越是出台早的法律，对农业土地承包经营权入股的政策约束越是严厉，越是出台晚的法律，越是充分地顾及农民实际的生活需要。因此，立法上对农业土地承包经营权入股的政策也由模糊对待转为积极支持。

根据《民法典》物权编的规定，我国对农村地区实行“以国家集体二元土地所有制为依据，以农村土地承包合同当作依据获得带有用益物权性的土地承包经营权”的制度。这也确定了经营权的物权性质。《农村土地承包法》规定承包人若是以农业发展经营为主要目的，可根据法律依据联合将其所拥有的农村土地承包经营权作为股本进入有限责任公司。但对荒山、荒沟、荒丘、荒滩等农村土地，为增加其利用效率，该法对土地资金流转方面的约束范围也相应更宽，承包方既可通过拍卖、协议、招标等形式对农村土地资源进行承包经营，也可对其实行股权折算之后交付给农业集体的内部成员，然后再根据共同意志重新开展农业经营。[①]

第三，在国家有关文件精神上对土地流转的规范。目前，国家对于农村土地承包经营权入股的规定虽然出现了不一致的现象，但总体上是持

---

① 参见柴振国、潘静：《农村土地承包经营权出资中农民权益保护研究》，载《河北法学》2009 年第 9 期。

支持态度的。比如,《中华人民共和国农村土地承包经营权证管理办法》(以下简称《农村土地承包经营权证管理办法》,已废止),这是2003年由国家农业农村部发布的关于土地流转使用的文件,其有关规定与《农村土地承包法》相似。首先,它放宽多种方法流转经营权的变动限制;其次,流转土地承包经营权的转让互换方式得到采用。《农村土地承包经营权证管理办法》第14条指出,承包方可以在约定期限内对农村土地承包权的变动进行选择变更登记,即如果当事人有放弃权利,也可选择是否变更登记。此外,对采取除入股、转包、租赁三种方法以外调整土地承包经营权的情况,采取应当改变的原则。该办法的内容已比较健全。首先,在稳定生产者的生产关系上已经进行了一定工作。其有关规定中指出,不管农村土地承包经营权以什么方式作出变动,承包方和发包方之间的权力、权责关系都不变。但只是为维护这一稳定性,它又要求,以农村土地承包经营权方式入股的企业,其公司解体后,新入股的农村土地必须退还原承包户。[①] 由于上述条款直接与公司法中的有关条款矛盾,也成为该办法中最大的缺陷。

2. 农地入股有限公司的必要性

当下,农村土地承包经营权所负载的社会保障功能和效率之间的内在冲突,实际上已经成为农业经营发展困境的制度性阻碍。农村土地集体所有权和土地承包经营权的二元结构体制,限制了土地利用效率,约束了农村土地的流转。长期以来,我们所采用的家庭联产承包责任制主要是以户开展生产管理的,这就直接造成了耕地的生产规模较小,耕地的使用也相对分散。在中国农业经济刚开始发展、农村开发较为滞后的时期,这种生产方式主要是用来培养农户的生产积极性,以推动农业生产关系的进一步发展,从而促进农村开发的进程。可是,当中国农村经济逐步向着农业产业化的目标前进以及我国进入社会主义市场经济兴起时期,该生产方式已经无法满足社会发展的需要了。再加上乡村劳动者大部分转

---

① 参见高海:《农地入股中设置优先股的法律透析》,载《现代法学》2012年第5期。

移在城镇进行非农工作,而其在离开家乡前往城市的情况下并不能离开土地,土地荒废的情况突出,对耕地的占有和使用极度不均匀。但从另一方面来说,农村的经营规模开始逐步增加,农村生产经营者必须占有相当数量的土地资本,以增加农村再生产。这就造成了农业技术、农业设备的高成本与土地分散、利用效力低下之间尖锐矛盾。

由此可见,在农村的土地集体所有物权制度下,农村土地资金流动的相对平衡虽然在很长时间里确保了农户的基本生活保障问题,但也变成了制约农村经济集约化经营方式发展的痼疾。事实上,农地规模发展才是农村土地承包经营权流转的内部驱动。农地合理流转、实现农业规模经营是农业现代化的重要内容和解决"三农"问题的重要途径,发展农村集体经济是实现农民共同富裕的根本途径。[①]

目前,中国农村土地管理制度正处在深入变革时期,农村的土地承包经营权入股有限责任公司正在中国广大乡村兴起,并被赋予了它新时代的含义,其必要性日渐突出。这是对中国农村土地承包经营权管理制度变革的继续推进,有着体制优越性突出、市场活力强劲的特点。在目前我国"所有权、承包权、经营权分置"的法律制度下,以土地承包经营权入股有限公司则可以有效解决土地分散利用以及利用效率低下问题。一方面,农民入股更能达到让农户得到更多土地增值回报的目标。因为耕地价值很低,当前在外打工是大部分农户的主要生活方式,村庄中剩余的主要是老人与孩子,大部分耕地已经抛荒,这也是亟待解决的农业现象。此时,农户把耕地全部收入有限公司不仅能够缓解这一实际情况,而且耕地也得到科学的管理和使用,避免产生资金损失。同时,农民入股后可以得到公司分红,对在外打工无暇耕耘土地的农户来说,以土地入股有限公司并获取股权红利无异于锦上添花。另外,在"三权分置"制度下将"经营权"从具有身份性特征的土地承包经营权中解放出来,虽然流转了经营

① 参见简新华、王懂礼:《农地流转、农业规模经营和农村集体经济发展的创新》,载《马克思主义研究》2020 年第 5 期。

权,但承包户仍然保留了承包权,从而给在城镇中生活乏力、无法融入城乡社会保障体系的务工农民留下了回归集体的选择,也保证了可再次获取农村基本生活资源的机会。另外,农地股公司还根据自身拥有的资源与科技力量,引入先进的农机装备,农用科技得以充分地应用,同时为精于农用工程的技术人员创造发展的机会,农村土地资源从而得以合理利用。这将促使农村的土地资源由生产要素转变成为生产资本,与农户经济从资本上进行了联结,农民经济向着更加统一、协作的方面发展。

3. 农地经营权入股有限公司的可行性

在对农村土地承包经营权流转的理论探讨中,研究者普遍认同以农村土地承包经营权入股有限公司可以改善农户的生存水平,有利于实现农业收入的整体提高和农村产业结构的协调提升,并且还可以更加合理地使用农地资源,科学地调配耕地资源,推动农村的产品结构调整与改善,进而达到更大化的农业收益集合。在国家政策层面,2013 年党的十八届三中全会通过的《中共中央关于全面深化改革若干重大问题的决定》提出开展土地权利制度改革。2014 年中央一号文件精神再次明确了“稳定农户承包权,放活土地经营权”之提法。至此,在我国经济政策层面,经营户从发包经营户中分离出来,实行了所有权、承包权、经营权“三权分置”之格局。[①] 而 2015 年 11 月由中共中央办公厅、国务院办公厅印发的《深化农村改革综合性实施方案》,又一次提到开展多种形式的农业适度规模化经营是中国农村改革发展的必由之路,并指导了农户通过各种形式流转对承包土地的所有者,以土地所有权人入股等,开展了多种形式的农村土地适度规范化运营。因此,将直接纳入经营成为中国农村土地流转管理的主要途径,该问题也急需进一步探讨。

在 2014 年启动的企业注册资本制改革中立足于逐步放宽市场准入管理,改变注册资本实缴制登记为认缴制登记,更为凸显市场自治精神,

---

① 参见潘俊:《农村土地承包权和经营权分离的实现路径》,载《南京农业大学学报(社会科学版)》2015 年第 4 期。

这也为土地经营权入股有限公司提供了新的契机与视角。首先,《公司法》对股东出资方式通过列举加概括兜底的例外规定方式作出规范,认为能够作价出资的其他货币资产应当符合三项条件,即能够以人民币估价、可依法转移、不构成规定的例外约定情形。而农村承包所有权成为一项有益物权具有独特意义,是可以进行评估作价的。其次,农民有权利把土地承包经营权整个或部分权利流转给他人,实质上是权利人处分权的体现。最后,根据农民以土地承包经营权作为非人民币财产投资入股有限责任公司的法律要求。在贯彻上述两个理念的基础上,通过农民与发包者之间的共同协议,农民对耕地的承包经营权可以进行自主选择、入股等,这种行为将得到了合法保障,而这也就是对农业土地承包经营权入股的另一个法律依据。综上所述,农村土地承包经营权入股有限责任公司是合法合理的。

二、土地经营权入股有限公司的制度障碍及其原因

1.《公司法》法律制度障碍

(1)入股时与公司设立的冲突

首先,如何解决农户的股份问题。目前《公司法》并未规定投资一定需要现金或者贵重的财产,但明确指出,在此以前,要经过官方部门的公开的估价才能确定。《公司法》规定所采用的是土地使用权,而不是“土地承包制”下的土地承包经营权。[①] 其实,《公司法》最初的目的正是防止以土地承包经营方式投资,但由于当时的法律环境,立法者无法预见未来的发展。而关于土地承包经营的本质问题,学术界也一直众说纷纭,我国后续出台的原《农村土地承包经营权流转管理办法》却好似有意放松了对土地承包经营权的约束,但从实际情况来看,集体土地经营权入股仍面临以下问题:第一,怎样评估?尽管重庆市的相关法律规定“以土地使用

① 参见杨立新:《论我国承包经营权的缺陷及其对策——兼论建立地上权和永佃权的必要性和紧迫性》,载《河北法学》2000 年第 1 期。

权和非现金产权的形式进行投资的,应当有专门的会计师事务所进行评估,并按照评估的结论来核实和检查”,但法律只着重指出了“要估价”,并没有说明评估程序应该采取何种评估方法,怎样才能作出最好的评价,以及谁来确定地价的标准,这些都还有待于实际操作。第二,用集体土地承包经营权入股,经营权转让和入股等手续以及法律效力的问题缺乏明确的规定。农民以其出资入股后,不能以其破产财产的形式参加清算具有明显的“兜底”性,这明显不符合《公司法》的条款。

其次,土地入股公司股权的问题。利润是成立公司最重要的目标。而以出资比率为基本的分配方式,在以土地承包经营权入股情况下,由于土地具有天然的保障作用,在股份转让时以股份形式进行分配更有利于维护农户权益,对土地流转进行合理的评估,也确保农户能够获得更大的收益。按照《公司法》的相关规定,也可以根据涉及公司内容的法律,对特定的股利分配进行协商。但问题在于它与企业利润的基本性质不符。

最后,公司人数限制问题。《公司法》明确指出,有限责任公司的股东总数应以 50 人为限。法律对公司的股东数量进行限定,目的是既能实现公司的规模,又能保护股东的利益。然而,若让农民以土地承包方式参与,其股权比例明显超出了《公司法》的限制。实际上,就是一个小山村也有三五十个家庭,一个大村子有一百多个家庭。而公司如若盈利的话,他们就会提出要股份,这也是一个很大的问题。从实际出发,按照我国现行公司法规定的股份比例限制,以农民土地承包经营入股有限公司的股份比例突破法律规定是必然的事。

(2)存续时与流转制度的冲突

我国《公司法》第 84 条规定了有限责任公司的股权转让问题,第 157 条规定了股份有限公司的股份转让。可以明确的是,股份或股权的流转无论是在公司的股东之间,还是转让给公司股东以外的人都是可以的,尽管有一定的限制,但是,只要有法律规定的条件,股份或股权就能较为自由地流转。因此,我国公司法对股东股份的转移采取了正面的政策,即在体制层面上推动了股份的自由转移,其原因在于企业的营利性。然而,以农民集体土地承包经营权进行投资,这种制度明显不实际。首先,不论是土地法还是农村土地经营权流转管理办法,都在谨慎对待农民土地承包经营权的流转,其不但明确了农民的转移方向,而且明确了集体土地使用权的转移规则。另外,还规定必须要有村民大会的2/3或2/3的村民代表批准①,并办理相关的审批程序(由镇、市、区两级人民政府审批)。其次,通过土地承包经营的公司,一定要以农资企业为主体,这就使这种公司与一般的企业在产权转让上存在着差异。例如流动规模小、社会风险承受能力差等。最后,如果能够转让以土地承包经营方式出资的公司股份应怎样进行,其是否能够通过批准手续,这也仍然是一个比较大的问题。

保底分红存在的问题:我国现行的《公司法》规定了股利分配是以股份比例为基础的,这是由资本收益原理所确定的。公司作为法人,其财产的所有权是属于公司自己的。在负债方面,公司全部负债都由公司来负担。而土地承包经营权入股的公司,则没有明确的负债,也没有明确的利润分配,而是采取了保障的形式。② 虽然是为了维护农户的利益,但实际上农民的投资已经变成了公司的一种债务,从而违反了市场经济的基本原则。

(3)退出时与清算制度的冲突

由于公司能够在设立后作为一个独立的法律实体,就必然存在被市场淘汰的可能,这是市场经济的规律。如果土地经营权入股后的公司在解算、破产时,因《公司法》对于公司破产、清算、清算机构的构成有详细的法律条文,那么土地承包经营权入股有限公司在解算、破产时,就必须采用《公司法》的相关条款。但从原《农村土地承包经营权流转管理办法》第16条规定的公司解散时入股土地应当退还原承包方的规定来看,

---

① 参见高圣平:《土地承包经营权权能论纲——以处分权能为中心》,载《社会科学》2012年第7期。

② 参见潘成林:《农村土地承包经营权入股公司问题研究——以优先股为视角》,载《农村经济》2012年第4期。

明显违反了《公司法》。而在谈到农民能否清偿公司的破产财产时，农民股东入股土地能否划归为破产资产，则存在着诸多顾虑和矛盾：一旦农民股东的财产被清偿，农户将会有丧失土地的危险；如果不进行破产清算，则与《公司法》的相关条款相抵触。根据《公司法》第 237 条第 2 款的规定，公司的主体在破产程序中仍然存在，也就是说公司的法律地位仍然保持；然而，在不影响债权人权益的前提下，不得从事与破产程序无关的业务。在实行集体土地承包经营的情况下，这一规定显然不适用。一方面，由于农业产业的季节性很大，如果不能及时播种，那就不可避免地会出现亏损；而在现代农业生产中，尽管农业抗灾能力得到了极大的提升，但是仍然不能做到万无一失。另一方面，就算公司在科学技术的辅助下做到了规避风险，但是，公司由谁来经营和管理，也是一个问题。

2.《农村土地承包法》法律制度障碍

(1)公司经营期限与承包经营权期限的问题

土地承包经营权具有一定的时效，在我国有关的土地管理制度中均有明文规定。基于这种基础条件，《农村土地承包法》规定了土地承包期限不得超出土地承包经营期限，以满足目前的实际状况。如果时间不一致，则以最少的时间为标准。这样的方法尽管与现实状况相符，但问题是，这样对公司的长期发展不利。由于公司特殊的发展周期，如果股东经营管理得当，它可以持续不断地发展，而且很多大公司都是在经历了多年的发展之后，才慢慢成长的。表面上看，这只是对公司股权投资的期限的问题，实际上更重要的问题是，公司的发展不受时间的制约，而且这对增加农民的收入也是不利的。

(2)股权转让的问题

根据《土地管理法》有关规定，对农村集体土地承包经营进行了严格的管制，这对企业的发展是不利的。其即便具备了股份转让的资格，也要面对实际流动的难题。《农村土地承包法》只是在一定的情况下给予了集体组织成员的优先购买权利。“如果有两名以上的股东想要行使优先购买的权利，必须经过协商，确定各自的股份。在没有协商一致的情况下，股份的购买率就相当于双方的股份的比例。”在这样的情形下，我们只好按照一般的《公司法》的规定重新处理这个问题，即另有约定的，按约定处理。但是，从实际的角度来看，很多公司都具有类似于合伙人经营模式的人合性，将公司股票优先转移到与公司无关的集体经济组织和集体经济组织的成员身上，对股东不利，因其与公司的人合性相抵触也于公司不利。因此，如何将两者之间的矛盾进行调和就显得尤为迫切。

(3)抵押权设定的问题

关于农村集体土地承包经营，无论是《担保法》还是《农村土地承包法》都明确了，在理论上是不允许设定抵押的。该法规的最大影响是对公司融资的约束。实际上，我国的中小型企业，特别是在农资企业，由于产品的生产过程较长，其面临的最大难题是企业资本的回收和融资问题。在我国的实际工作中，一些学者对如何构建农村集体土地承包经营权的按揭进行了探讨。其办法是，首先对土地承包经营权的抵押设置了一定的条件和限制，并以文字确定，然后进行相应的登记和注册。在这种情况下，有限度地探索和限制进行农村宅基地使用权抵押，以保证其安全性。

3. 社会保障法律制度的障碍

(1)农民失地的问题

《农村土地承包法》及其他相关的法律、行政规章均明确指出，通过土地承包经营的公司在破产后，应当将土地返还给农户，以保证其对农户的特别保护作用。而且相关的法律和条例也明确了土地用途属性是不能更改的。但实际上，作为承包单位的公司，并没有将所有的土地都用于农业的生产与耕作上面，而仅仅用于资金运营，或者变更或者变相变更入股的用地使用。其中最具代表性的例子就是，企业获得经济效益，在购买耕地后，并未维护其作为农用地使用。“有些地区土地转让后，百分之十五被分配到了观光农场和乡村旅游，真正能种植粮食的土地，大概占了百分之六。”根据资料显示，自1980年至2005年，我国果树的种植面积由0.14亿公顷增至1.5亿公顷，蔬菜由0.71多万公顷增加至2.66亿公顷，而谷物的产量由17.6亿公顷减少至15.6亿公顷。这种以集体土地为基础的转变,会使农民的实际耕作面积缩小,与土地承包经营最初的目标背道而驰,对我国的食品保障构成了极大的威胁。其中更严重的问题是将土地的流转用于房地产的发展。2009 年,河北省香河县农民以 0.115 元/平方米的价格承包了 200 余万平方米土地,后来该土地被地方行政机关以每平方米 60 元的高价转让给了万通地产。

(2)土地规模化经营的风险

由于农业对自然条件的依赖性很强,农业对自然风险的抵抗能力很差。大规模的发展虽然可以有效地提升整个土地的使用效益,但“把全部的鸡蛋都集中到一个篮子里”,也是一种禁忌,如果大规模生产经营出现问题,就会给农户带来巨大的经济损害。

第三节　农地股股权的权能及其实施机制

一、农地股股东的界定

《公司法》中所称的“股东”指的是向有限责任公司或股份有限公司提供资金,并凭借出资依法享有收益权、决策权和管理权等权利的个人或单位。股东出资的方式随着现代化市场的蓬勃发展也逐渐被放松限制。我国现行法律主要采用列举、概括及除外的方式进行规定,其中列举规定为可以货币、实物、知识产权、土地使用权的方式出资;概括规定为只要能用货币评估价格并且能够依法转让的非货币财产便可以出资;法律、行政法规中规定不得作为出资的财产系除外规定。

土地承包经营权出资不同于其他非货币出资,对于农民来说,土地承包经营权既具有物权性质,又兼具保障农民基本生活的社会保障功能。[①]农民将土地承包经营权当作出资享有的收益会为其生存上和社会上提供保障,但与其他财产进行出资的股东相比较,其经济收益的波动和商业风

① 参见文新:《土地承包经营权出资法律规制研究》,载《法学杂志》2015 年第 5 期。

险可能让农民陷入收益的不稳定和丢失土地的困境。这使我们在考虑土地承包经营权入股有限责任公司时应将公司股东分为两类：一是以土地承包经营权入股的农地股东，二是以土地承包[1]经营权之外的其他财产入股的非农地股东。[2] 在此需要明确的是，即使是农民，若其出资的不是土地承包经营权，也只能是非农地股东。

从法律科学的角度出发，股权是各出资人将其财产出资组成公司，在形成公司财产权之后从公司取得的一种权利。[3] 对股权进行最基本的对价理论解释，即股东向公司提供了资本，公司向股东支付的对价就是股东权。反言之，股东要取得股东权，就得向公司支付权益性资本。[4] 虽然土地承包经营权具有物权性质，但土地承包经营权入股有限公司，农民股东向公司支付的权益性资本具有明显的特殊性。[5]

采用土地承包经营权入股让农民从对土地的种植收益转化为对资产的价值收益。村集体享有土地所有权，农户享有土地承包经营权，而在“所有权”与“承包经营权”分离后，又将“承包经营权”分离为“承包权和经营权”。农民实际是将该部分“经营权”作为出资从而获得有农业经营能力的有限公司相应的股权。公司将农民承包的土地有计划、有规模、有管理、有安排地运营，将土地的收益最大化，从而使农民可以直接参与分享作为土地出资人的红利。需要注意的是，农村集体组织所有的土地有承包地和“四荒地”之分，以土地经营权入股有限公司也就存在两种：以承包方式取得土地承包经营权入股和以招标、拍卖等方式取得土地承包经营权入股。而本文所讨论的也仅限于以家庭土地承包经营权入股所形

---

① 参见吴义茂、吴越：《土地承包经营权入股有限责任公司问题研究——以农民股东与非农民股东权的利益冲突及其平衡为视角》，载《南京农业大学学报》2012 年第 3 期。

② 参见漆多俊：《论股权》，载《现代法学》1993 年第 4 期。

③ 参见侯东德：《股东权的产生逻辑：一个契约理论的考察》，载《改革与战略》2008 年第 12 期。

④ 参见杨立新：《论我国土地承包经营权的缺陷及其对策——兼论建立地上权和永佃权的必要性和紧迫性》，载《河北法学》2000 年第 1 期。

⑤ 参见冯曦：《家庭土地承包经营权入股公司的法律建构——基于公司双重资本制》，载《法学杂志》2013 年第 2 期。

成的农地股东权。

二、农地股东权与非农地股东权的差异

农地股东与非农地股东合作组建公司后,有效地降低交易成本,为更有效率的规模化经营提供了更为稳定的基础。这样的合作方式,使资金、土地、技术、管理水平都得到充分利用,为资源合理配置和规模有效经营提供实现途径。但同时,农民自身文化水平的限制、长期奉行的小农生产理念以及土地承包经营权的特殊性都使农民股东与非农民股东存在一定差异,而各种差异也使得不同出资的股东间存在紧张的利益冲突,实际上这些也是不利于实现土地承包经营权入股的立法目的和价值取向的。

为了更好地保障农民权益,实现资源的有效结合,从而达到规模经营的程度,我们应当对农民股东权与非农民股东权之间的差异进行深入研究。而要厘清农民股东权与非农民股东权之间的差异,我们首先需要从土地承包经营权与股权入手。第一,土地承包经营权是在集体土地所有权中提取出的一项他物权,属于用益物权;而股权是基于股东向公司出资产生的财产所有权,这是不同于物权也不同于债权的新型权利。第二,土地承包经营权是特定身份人员即农民依承包合同产生的他物权,股权是基于股东出资协议产生的。第三,权利存续期限及能否继承存在区别,土地承包经营权的期限是遵守《农村土地承包法》前提下由承包合同确定,并不存在继承问题,而股权是没有期限且可以继承的。①

通过对土地承包经营权与股权进行分析后发现,公司是典型的以公司资本和资产条件作为信用基础的资合企业,股权更是体现纯财产性质的权利,与土地承包经营权这种极具身份特征的财产权利自然不同。回到农地股东权与非农地股东权的区别上,正是由于两者间存在以下四点差异,非农地股东可以随时“用脚投票”来规避市场风险和公司经营风险,而农地股东则难以为之。

① 参见梅龙生:《土地承包经营权股权化的法律问题研究》,载《中州学刊》2010 年第 4 期。

首先,农地股东权与非农地股东权的出资性质不同。农民是通过承包土地的经营权作为出资而享有农地股东权,从其性质上看,农地股东权是经过两次权利分离后产生的用益物权,一次是由土地所有权分离出的承包经营权,另一次是从承包经营权中分离出的土地的经营权。也就是说,在保留农村土地所有权、承包权不变的前提下,承包人将土地的经营权进行出资。而公司法一般规定的出资,即非农地股东权的出资要么是股东对资产享有的所有权,要么是股东享有的使用权,即使是来源于使用权,也只经过一次权利分离,比如城镇国有土地使用权。

其次,农地股东权是一种带有身份属性的权利,而非农地股东权没有这种属性。农地股东权是基于承包权分离出来的经营权出资产生的,其身份属性来源于村集体内部成员即农户自身享有土地承包经营权的身份特性。

再次,农地股东权与非农地股东权的内涵具有差异。原则上,同一公司应当同股同权,但是因农民股东与非农民股东出资的追求、目的不同,在制度设置上对其权利义务的配置也具有差异性。非农民股东是纯粹为获得投资回报而实施的投资,其行为是纯收益性质的;而农民股东出资是将具有兼具生产和生活性质的土地承包经营权的转移。农户转化为股东,公司通过体系化、规模化使用农民承包的土地,使农民可以直接长久地参与土地入股的红利分配,为农民生存提供保障。

最后,农地股东权与非农地股东权的存续时间及能否继承也存在差异。现行法律规定土地承包经营权流转期限不得超过承包期的剩余期限,期限届满后由集体组织重新发包。农村土地承包经营权流转也不得改变土地的农业用途,如果农地股东在入股期限内死亡,其股权收益可由其继承人享有,但不可成为股东;而非农地股东权没有期限且可以继承,在其他股东放弃优先购买权的情况下,其继承人可以成为股东。

三、农地股股权权能的分类实现

农地股东权是农民股东以农村承包地的经营权入股有限公司后所享

有的股权，应当享有《公司法》中规定的股东享有的所有权利，但由于农民股东入股的土地经营权的特性，农地股股权的权能和实现也有其特殊性。

1. 农地股占有权的实现

占有是占有人对占有物的控制权，从法律上存在合法占有和不法占有之分，从事实上有自主占有和他主占有、直接占有和间接占有之分。在所有权理论中，所有权是一项圆满的物权，占有权是其四项权能之一。在承包户将土地经营权入股有限公司后，公司享有该土地的经营权，承包户取得该公司的股权，而股权是一种特殊的财产性权利，不同于传统的物权和债权，其客体不是传统物、行为、智力成果，而是公司的管理、财产和收益。故农民股东享有的农地股占有权就是基于农地股公司向农民股东出具的出资证明，而享有对公司的经营管理、收益、剩余财产分配等权利。

在实现农民股东的农地股占有权中，需要强化的措施主要有：一是建立健全完善的土地经营权价值评估体系和市场环境，使农民股东与非农民股东享有平等取得股权的前提，这也是保障农民股东股权的开始。二是增强农地股股东表决权。在《公司法》中明确规定了有限责任公司的股东表决权计算方式，允许公司章程作出约定，无论是普通事项的过半数表决权还是特殊事项的2/3 表决权，均将农民股东和非农民股东分开计算，这就是“双重表决”制度，这样能够有效地保障农民股东的利益。三是保障农地股股东的知情权。绝大多数农地股公司是由非农民股东控制，强化农民股东的知情权是保障农民股东利益的有效手段。四是加强对农地入股股东利润分配管理。由于农民股东的土地承包权承担着社会保障功能，因此对农地股股权性质按照优先股对待，同时股权收益采用“固定分红 + 浮动分红”的模式。

2. 农地股收益权的实现

股权是股东权利的简称，是指股东基于股东身份，在法律上享有对公司权利的总称。[①] 其内容主要是由两部分组成的，一是共益权，二是自益权。农地股收益权是农民股东的自益权。

如何有效实现农地股收益权实质上是探讨如何有效地保护农地股收益权。一是在是否分配利润以及分配方案的表决上，实行“双重表决制”，即在股东会议上按照农民股东和非农民股东的表决权数分开计算，不能够完全按照资本多数决的表决方式，只有当农民股东和非农民股东均达到《公司法》规定或章程规定的表决权数后，才是合法有效的股东会决议；二是确定农地股股权的优先股性质，也就是说保证农地股股权优先于非农地股股权获得利益；三是农地股股权收益采用“固定分红+浮动分红”的模式，“固定分红”类似于土地租金，每年固定或逐年增加，“浮动分红”根据公司经营效果，与非农民股东一样，公司有可分配利润时获得。

3. 农地股转让权的实现

从《公司法》规定看，股东入股后的资产即变为公司的财产，是不允许股东退股的，股东如果需要退出公司，只能采取“用脚投票”的方式，通过转让股权实现退出公司。《公司法》对于有限责任公司的股权转让有明确的规定，股东之间可以相互转让部分或全部股权，股东向股东以外的其他人转让股权，需要一定比例的其他股东同意，其他股东享有优先购买权。

在农地股公司中，农民股东的股权是以农地经营权入股后取得的，这不同于非农民股东取得股权的出资方式。股权转让一般是转让方与受让方的合意，与公司和其他股东没有关系，但由于有限公司的人合性，股东享有的股权不仅包括和公司之间的投资关系，还包括股东之间的信任关系，[②]加之农地股权的特殊性，农地股股权的转让就产生了新的问题，主要表现在：一是受让方能否取得农地股股东的身份。农地股股权的受让方必然是用货币或其他可以用货币估价的财产作为支付给原来农民股东

---

① 参见李建伟：《公司法学》（第2版），中国人民大学出版社2011年版，第240页。

② 参见徐强胜：《股权转让限制规定的效力——〈公司法〉第71条的功能分析》，载《环球法律评论》2015年第1期。

的对价，而公司在原来农民股东入股时就已经取得了农地经营权，股权受让人并没有交付新的农地经营权，所以股权受让方是否属于农民股东，需要明确。二是受让的股权是否还能够属于优先股，其股权收益是否还能够采用“固定分红＋浮动分红”的模式。因为受让方是用货币或其他可以用货币估价的财产作为支付给原来农民股东的对价，这与非农民股东的出资方式没有差别，就不应当与非农民股东的股权存在差别。三是农地股股权转让时的优先认购权问题。《公司法》虽然规定了股权转让时的优先认购权问题，在农地股股权转让时，如果主张优先认购权的股东均属于农民股东或非农民股东，可以按照《公司法》规定处理；但如果主张优先认购权的股东有农民股东和非农民股东，那么最后的受让人是农民股东，则不影响农地股股权性质、股权优先股性质以及股权分红模式，如果最后的受让人是非农民股东，则应当改变农地股股权性质、股权优先股性质以及股权分红模式。

根据《公司法》规定，股权转让除股权买卖外，还包括夫妻离婚时共有股权的分割、原持股人死亡引起的继承等。在农地股公司中，如果农民股东离婚或死亡，发生股权分割和继承，是否会出现受让方的农民股东身份、股权优先股性质以及股权分红模式的改变。笔者认为，这种情况不影响，因为农地经营权入股有限公司是承包户入股，而不仅仅是承包户中的某个人入股，夫妻离婚不影响承包户的承包权，也就不会影响农地经营权，当然也不应当影响农地经营权入股后所产生的农民股东的身份。如果夫妻离婚后一方不再属于该集体组织的成员，其所分割的因农地经营权入股形成的农地股，应当由属于集体组织成员的夫或妻给予对方经济补偿，而不应当分割农地股股权。

在农地股股东死亡时，对于农地股股权的继承问题，分以下情况处理：当继承人均属于集体经济组织成员时，不影响农民股东身份、股权优先股性质以及股权分红模式；当部分继承人属于集体经济组织成员，部分继承人不再属于该集体组织的成员，其所继承的因农地经营权入股形成的农地股，应当由属于集体组织成员的继承人给予不属于集体组织成员的继承人经济补偿,而不应当分割农地股股权,此时也不影响农民股东身份、股权优先股性质以及股权分红模式;当全部继承人不再属于该集体组织的成员,其所继承的因农地经营权入股形成的农地股,就会影响农民股东身份、股权优先股性质以及股权分红模式,继承人就不应当具备农民股东身份,其股权优先股性质以及股权分红模式可以由公司章程规定是否改变。

4. 农地股担保权的实现

股权担保属于物的担保,是将拥有的股权作为标的实施的担保行为。我国从《担保法》到《民法典》均规定了"可以依法转让的股份、股票",即股权进行质押担保。因此,农地经营权入股有限公司的对应股权可以进行担保。

农地股权担保是指农地股股东为自己或他人所负债务,以农地股公司的农地股股权向债权人担保,担保债务人按期履行债务的担保方式。在农地股担保权的设立上,按照现有法律对股权质押的规定,没有任何问题。但在债务人不能按期清偿债务时,债权人实现质押权时,就与一般股权质押有所不同,这是因为农地股股权的特殊性所决定的。当债务人到期无法清偿债务时,债权人为实现质押权,可以对质物进行拍卖、变卖或折价而从中优先受偿。但在债权人为实现质押权,对质物进行拍卖、变卖或折价而从中优先受偿时,必然影响到拍卖、变卖或折价后农地股股权性质、股权优先股性质以及股权分红模式。因为拍卖、变卖或折价后的受让方必然是用货币或其他可以用货币估价的财产作为代替债务人支付给债权人的清偿债务的对价,而公司在原来农民股东入股时就已经取得了农地经营权,股权受让人并没有交付新的农地经营权,所以股权受让方不应当属于农民股东,其经过拍卖、变卖或折价后取得的股权应当按照拍卖、变卖或折价方式来计算该股权以后获得的收益。

第四节　农地股公司中农地股股东与公司债权人利益平衡

一、农地股股东与公司债权人利益冲突表现形式及类型

在《公司法》和土地经营权流转规则的并行运作下，农地股公司应运而生。土地经营权入股在《公司法》的施行下具有了另一角度的探析方向，“并进一步尊重了股东的自治性，但立法并不考虑股东之间转让股权可能导致的股权结构变动，从根本上说就是基于对股东自治权的尊重和对股东自治能力的充分信任”。[①] 但目前农民股东权益容易受到非农民股东的侵害，原因正是由于股东自治范围的扩大化。在农地股公司的生命周期中，农地股股东和债权人处于利益之争的核心，二者间的冲突贯穿公司的设立、存续和终止整个阶段。

1. 设立阶段中的利益冲突

(1)设立协议与公司章程之间存在冲突

在农地股有限责任公司的设立阶段，设立协议与公司章程的制定过程可能会产生侵害农民股东权的状况，当二者的制定结果不相一致时，利益冲突也随之产生。

公司章程是公司发起人或股东的共同意思表示的具体表现。公司的经营需要公司章程的参与，公司内部的组织规则由章程确定，同时章程也发挥着调整各相关主体的权利义务关系的效用。根据《公司法》的具体规定，公司章程的制定应采用书面形式，同时还应主动报请工商登记机关以便其进行审查批准。而设立协议的产生时间早于公司章程，其在公司成立前就已制定，其制定目的就是推进公司的设立，设立协议中的内容包括有关公司设立的事项及发起人的权利、义务等。“在公司设立的过程中

---

① 王艳丽：《对有限责任公司股权转让制度的再认识——兼评我国新〈公司法〉相关规定之进步与不足》，载《法学》2006 年第 11 期。

发起人更愿意用公司设立协议来约定彼此之间的权利义务，因为它具有自由、简便易操作的优势。”①在制定设立协议与公司章程的过程中，农民股东权因利益冲突而导致权益受损的原因主要是：一方面，实践中农民直接作为发起人的情况较少，发起人的主体一般是非农民。虽然设立协议的效力局限在设立协议的发起人，与设立协议制定后进入公司的股东并无关联，但是，“公司的设立协议内容包括公司名称、注册资本、经营范围、股东构成、出资形式和数额、组织机构、增资、减资、合并、分立、终止等事项”②，当农民股东作为非发起人时，以上各类事项在公司的后续运作中仍会与农民股东具有很高的利益相关性。而在设立协议的订立过程中，非农民股东作为发起人，基于趋利性会制定出有益于自身但可能会损害农民股东权益的条款。

另一方面，即便农民股东具有成为发起人的积极意愿，农民股东权受损的情况也有可能出现。设立协议和公司章程的制定条件不同导致了这一现象的出现，发起人协商一致并经签字盖章确定其效力是制定设立协议的必要条件，但公司章程是通过投票表决来确定其通过与否。而投票表决的主观性会造成农民股东权利的非充分表达。农民股东的文化和知识水平有限，缺乏为农民股东权集体发声的意识，其意见和观点难以形成统一的表达，可能会因此遭到非农民股东的压制，造成农民股东权受到侵害。总之，农民处于设立协议和公司章程制定中的弱势地位，农民股东权的表达也因此处于劣势，无法获得充分保护。

另外，“公司章程是对外公示的文件，具有对外效力，具有登记对外公开的要件要求，而设立协议的内容一般不为外人所知悉”。③ 公司章程具有公示性，而设立协议则是具有对内的效力。因此，当非农民股东占据大

---

① 刘宇佳：《公司设立协议与公司章程的效力问题研究——以一起股东出资纠纷案为例》，兰州大学2013年硕士学位论文，第18页。

② 李瑜：《浅析公司设立协议与公司章程的适用》，载《中国经贸导刊》2010年第4期。

③ 张丽丽：《论设立协议与公司章程的效力适用规则——以一则案例为视角》，载《中国集体经济》2012年第16期。

多数股份时,公司可能会丧失其应有价值,沦为非农民股东攫取个人利益的工具。农民股东本身处于劣势地位,不具备即时、有效获取公司信息的优势,如若非农民股东有意操作,导致设立协议与公司章程规定不一致时很可能产生利益冲突。在相关案件的现实纠纷中,因为设立协议和公司章程的不一致,本来就存在大量损害中小股东权益的情形。农民股东和中小股东都处于劣势地位,因而当农地入股有限公司时,在设立协议与公司章程不一致的情况下,这种侵害弱势主体权益的情形仍有极大可能发生。

(2)农地评估作价中存在冲突

对农地评估作价是为了使农民能够以土地经营权出资成为农地股有限公司股东,农地评估作价中产生冲突在实践中难以避免,农民股东权有可能因此受损。《公司法》第 48 条第 2 款规定,"对作为出资的非货币财产应当评估作价,核实财产,不得高估或者低估作价",即对土地经营权进行价值评估并作出定价是以其入股的前提,"土地承包经营权的价值评估是农村土地承包经营权出资中不可或缺的环节,土地价值评估的大小决定着股权的大小"[1]。所以评估土地价值大小过程中的决定性要素是应当关注的重点内容,以此为基础才能实现对土地经营权科学、客观的评估,从而对其价值作出公允确定。当前公司注册资本制度改革为激发经济活力而放松市场主体准入管制,对认缴出资的时间、额度、方式和非货币出资缴付比例不再做强制性规定。非货币财产评估的方式有两种,一种方式是由评估机构直接进行评估,另一种方式是在全体股东协商一致后再进行相应评估。

虽然以上规定强调了市场参与者的人格独立性,并为其创造了宽松的意思自治环境,但目前"我国在农地出资中缺乏完整的土地测量评级、土地估价、土地信用、土地交易和土地合同管理等制度体系,以及市

---

① 柴振国:《农村土地承包经营权出资的法律冲突与协调》,载《河北法学》2012 年第 12 期。

场中介组织匮乏，加之，农民所处的社会地位和经济地位较低，维权意识较弱”，①通行的进行资产评估的方法都存在固有缺陷，同时也难以反映出土地经营权剩余年限的相关价值。以上这些情况都使得现有的土地评估机制不够科学。在这种值得商榷的评估方式下，农民股东在入股之初的土地价值评估作价过程中，其股东权利就已经受到不公平对待。虽然农民股东入股的数量规模较大，但分散来看，单个股东所持股份占比实则偏低，而非农民股东的股份持有额较高，股东话语权也因此掌握在非农民股东手中，进而导致了农民股东话语权的缺失。非农民股东如若出于追求自身利益的需要，其可能会有意低估土地承包经营权的出资价值，进而对农民股东出资土地的评估作价产生不利干扰。因此，非农民股东较高的股份持有份额为其带来的优势地位会成为农民股东的股东权受到侵害的诱因，在评估定价结果由全体股东协商确定时处于不利地位的农民股东权也因此会受到损害。同时，也不能当然认为专业机构的介入会产生公允评估的结果，因为不能排除非农民股东与评估机构相互串通谋取利益的情况。因此，农民股东权易陷入被损害的境地。

（3）股东缴纳出资中存在冲突

2013 年的《公司法》对资本制度作出了大幅改动，公司注册资金不再依循注册资金实缴登记制度，而是考虑到公司设立时原始资金可能存在不足，由股东自由进行注册资金的认缴。同时，在这次制度变更中，《公司法》取消了法定注册资本的出资数额要求，股东出资期限不再是被约束的对象，股东出资后也不必履行强制的验资程序。“这一系列的改革对我国公司股东出资理论产生了重要的影响，尤其是对股东出资义务法律责任产生了新的影响。”②当农民以土地经营权出资入股时该影响同样存在，且特别集中于农民股东权的保护方面，值得慎重对待。“公司注册资本实

① 柴振国、潘静：《土地承包经营权出资中农民权益保护研究》，载《河北法学》2009 年第 9 期。

② 赵春梅：《认缴制下股东出资义务法律责任研究》，甘肃政法学院 2015 年硕士学位论文，第 1 页。

行认缴后,股东的自主空间更广阔,没有了法律的硬性规定,更能体现股东的真实意愿。”①但这一自由认缴的背后,会滋生虚假出资或是抽逃出资的弊端。前文已提及,农民股东在入股公司时,其股份的来源是其自身享有的债权。因为农民入股时土地经营权的占有权、使用权和收益权已经由农民转移到公司,该部分的出资应当作为农民股东对公司注册资金的实际缴纳。也正因如此,除特殊情形外,农民股东出资缴纳时一般不会涉及虚假出资、抽逃出资的现象,但对于并不以土地经营权认缴出资的非农民股东,违规操作却易于产生。

即使非农民股东诚意认缴出资,农民股东也会存在权益受损的可能。在新的注册资金认缴制下,非农民股东会享受到极高的便利,公司股东的意思自治也得到充分体现。这是因为非农民股东出资通常是以货币的形式,而且可以通过公司章程协商确定缴纳年限和缴纳数额,股东出资不再遵循一次性缴纳的硬性要求。但非农民股东的这种自由认缴可能对农民股东带来危害。一旦非农民股东通过大量认缴资金成为大股东,或者是认缴之后非农民股东不能做到对认缴资金按期足量实际缴纳的,农民股东的权益就难以保障。另外,虽然在新的认缴资本制度下,公司设立初期并不需要实际足额缴纳认缴资本,但土地经营权相较其他资本的特殊性决定了其出资缴纳将一次性完成,非农民股东在新的制度下享受到的灵活、便利的出资方式显然无法直接嫁接到农民股东身上,农民股东的出资也因而无法得到公平对待。总之,农民股东与非农民股东间的出资差异使得对农民股东权益的保护也显示出特殊性,需要深入探究农民股东出资方式的合理性,确认其是否能够通过协商约定进行分期分批出资。

2. 存续阶段中的利益冲突

(1)表决权行使中存在利益冲突

在公司决议中,中小股东的表决权一般会受到限制,而在农地股有限

---

① 赵春梅:《认缴制下股东出资义务法律责任研究》,甘肃政法学院2015年硕士学位论文,第1页。

公司中,农民股东也一般被看作中小股东,当作为大股东的非农民股东通过强势的表决权对农民股东进行压制时,农民股东的意思就无法得到充分表达。另外,农民股东作为非专业的市场从业者,其风险承担能力和专业素养较为欠缺,在与非农民股东的博弈中,也因此更难以占据上风。基于此,多数学者认为应当赋予农民股东优先股的待遇。

笔者也认为农民股东所持股份应当界定为优先股,应赋予农民股东优先权的地位,农民的股息红利分配和剩余财产分配应当优先于其他普通股东。但这种优先权却是以限制公司决策和管理为代偿的。这种情况下,农民股东虽然能够获取收益保障,但其表决权却受到相应限制,在农民股东本身话语权较弱的情况下,这种限制的不利影响将会被放大。

只在利润分配的优先顺位上强调农民股东的权利,摒弃表决权行使,会产生不良结果,利润分配上的优先权也将成为无源之水。表决权与公司经营管理的战略决策息息相关,农民股东在表决权上的地位缺失会造成其对土地控制权的丧失,相当于其直接退出了对入股农地后续发展的经营决策。当非农民股东为了谋求更大利益,对土地功用、土地结构进行任意性变动时,农民股东将无法做到有效的监督,异议也无从提起,这是与“三权分置”的创设理念相悖的。此外,农民股东权的表达受到公司章程的规范,公司章程如果作出变更,会对农民股东权的实现产生不利影响。当农民股东不再被允许参与重大事项决策时,农民股东就可能陷入对土地经营权入股农地股有限公司的抵抗情绪中,进而导致非农民股东随意行使表决权,农民股东的合法利益极易受损,股东权利更是名存实亡。

(2)利润分配中存在冲突

股东利益最大化是公司设立及后续经营的目标之一,但会存在股东无法获得利润分配的情形。当公司的经营状况低迷时,控股股东可能会因此阻碍对于中小股东的利益分配,中小股东的权益会受到损害。除此之外,还可能会存在控股股东出于自身利益的考量而推迟或不分配股东应得利润的情况。在公司的各项经营和盈利指标向好时,控股股东也可能会出于恶意而拒绝分配利润，中小股东因此难以从公司的剩余利润中获取合法收入。“股东之间通过公司章程就股利分配、剩余财产分配、股东表决权的行使等进行约定，体现了股东的意思自治，只要不产生负外部性，法律对此只能予以尊重，不得加以干预。”①法律对于股东意思自治的这种保护，会增加本就弱势的农民股东被大股东操控和压制的风险，农民股东的利润分配与否、分红比例的决定权显然掌握在大股东手中，农民股东的利益分配受到挟制。

目前，公司分配利润比例可通过股东协商约定确定。当前的地区实践中，为了保护农民股东权，对于农地股有限公司的分红方式大多采取“保低分红”的模式，但因各地实践的具体标准并不统一，分红比例高低不等。学界认为，优先股的设定能够化解这一分歧，但对于优先股的利润分配该以何种标准进行尚不明晰。如若设定的标准使农民股东的收益和风险不相匹配，不仅违背市场运行理论，也会限制土地的增值收益，损害农民股东的股份收益权，进而影响农民通过农地入股提升自身经济收入目的的实现。

(3)股权转让中存在冲突

“由于市场的不确定性导致的公司经营风险在市场经济条件下永远存在。当公司经营不善以致不能为农民股东带来维持生计的投资回报时，如果让农民股东身陷囹圄、进退两难，将会带来严重的社会问题。”②因此，当公司经营难以为继时，为了农民股东能及时止损，可让其选择退出公司。

股东退股方式包括三种：一是股权转让，包括股权的内部转让和外部转让；二是公司减资；三是行使中小股东异议估价权。在农地股有限公司中，农民股东一般只有在公司经营不善导致自身无法获利时才会选择退

---

① 吴越、吴义茂：《土地承包经营权入股有限责任公司问题研究——以农民股东与非农民股东的利益冲突及其平衡为视角》，载《南京农业大学学报(社会科学版)》2012 年第 3 期。

② 吴义茂：《农地入股中农民股东与债权人的利益冲突与平衡》，载《华中农业大学学报(社会科学版)》2013 年第 6 期。

出公司。而对于经营状况不良的公司,股权的转让并非易事,农民可能难以通过该种方式退出农地股公司。而以减资退出公司的可行性也不高。前文已提及,农民股东一般处于中小股东的地位,在公司减资决议中很难掌握话语权,因而农民股东难以通过减少公司注册资本和出资比例的方式退出公司。

因此,当农民股东无法获得股份收益又不能及时退出公司时,农民股东将面临损失,农民股东权可能也将难以实现。虽然退出机制的欠缺致使农民股东权受损这一现象是应当重点关注的内容,但考虑到非农民股东也在公司的设立和运作中发挥着重要作用,因此对于农民股东退出机制的再构想不能脱离股东平等原则,而应当在农民股东权和非农民股东权的权益保护之间找到平衡点,这样才能有利于农地股有限公司的健康存续。

3. 清算阶段中的利益冲突

(1)剩余财产分配中存在冲突

在《公司法》的规范框架下,如若将土地经营权作为入股农地股公司的出资方式,则该土地经营权当然属于农地股公司的财产。作为农地股公司的财产,土地经营权可用于对债权人债务进行清偿。但农村土地在我国具有非常重要的民生地位,不仅是农民生存发展的根基,也是维护社会稳定的重要基石,因此附在土地上的权利具有特殊性,不能将其视为一般性的财产权利。有观点认为,如若公司的资产总额不足以清偿债权人,土地可能会不再属于农民股东。有学者认为,以土地经营权作为清偿债务的资产会损害农民股东的土地权益,会带来极为不良的后果。

而"股东的剩余财产分配权,指股东对公司清算时的剩余财产有分配的权利。股东对其出资的所有权就直接体现受益权、转让权和剩余财产的分配上"。[①] 剩余财产分配与农民股东的收益、土地经营权的后续流转等具有重要关联。农民股东所持股份在本文中是作为优先股出现,农民

---

① 张庆辉:《公司剩余财产分配制度研究》,复旦大学2012年硕士学位论文,第5页。

股东享有剩余财产的优先分配权,但农民股东是否可以在得到优先分配之后继续参与对其他财产的分配仍待商榷。剩余财产分配如果得不到妥善处理,将不利于对农民股东权的保护。

(2)未实现利益处分中存在冲突

农民以土地经营权入股农地股有限公司,但土地承包经营权具有时间期限,这就要求农地入股的期限不能超过土地经营权的承包期限。因此,当公司因为经营状况不佳或其他原因解散或破产时,会存在土地承包经营权未到期限的情形,入股农地的未实现利益也因此产生。

农地股有限公司进行财产清算时,公司财产也包括入股农地未实现利益,即无论是对内利润分配还是作为破产财产对外清偿债务都可以使用入股农地未实现利益。入股农地未实现利益的实现方式是对农地的实际经营,入股农地未实现利益虽然具有财产性,但在农地未经营的情况下无法客观现实存在。因此,农地股有限公司因解散或破产需对股东进行分配或是债务清偿时,必须要先进行对入股农地未实现利益的变现程序。对于未实现利益变现的具体操作方式,是实现农民股东权保护无可避免的关键点。未实现利益的估值和处分方式如果没有明确统一的标准,利益冲突就会在各方争议中产生,这不利于对农民股东权的保护。

4. 利益冲突产生原因分析

(1)农地股东身份的二重弱势性

如前文所述,农地股东权在农地股有限公司生命周期的各个阶段都具有遭到侵害的可能性,通过前文对这些侵害进行的详细分析,可得出产生这些侵害的原因之一就是农民股东自身的弱势性。下文将详细探究这种弱势性的来源。

本质上,农民股东身份的二重弱势性产生了农民股东的弱势性。首先,农地股东的第一重弱势性产生于其农民身份。从字面来看,“农地股东”对“农民身份”进行了突出强调,农民身份具有的弱势性是先天而来的,与其是否成为农地股股东并无关联。随着国家的发展和社会经济的进步,农民的生存环境得到了巨大变化,特别是近年来“三农”问题成为焦点,农村地区实现了更大的改善和发展,农民收入也持续增多。但长期以来发展的不均衡、资源分配的差异大大阻碍了广大农村地区的基础建设,农民的经济水平、受教育程度以及文化素质等方面仍有待提升。农村发展多方面的滞后性致使农民处于弱势地位,这个问题也亟待解决。

其次,农民股东的第二重弱势性产生于其中小股东的身份。以股东持股比重为标准,可将股东划分为大股东和中小股东。公司的大股东对公司的内部决策起到决定性作用,这种局面使中小股东被动地居于弱势地位,造成中小股东权利虚置,甚至处于大股东意见的挟制中,其话语权难以得到保障,股东权益保护也将无从谈起。实践中,这种情形并非耸人听闻,甚至存在大股东与相关的会计师事务所、律师事务所进行幕后的勾结与串通,运用各种手段严重侵害中小股东的切身利益的情形。[①] 控股的大股东以持股数量为依仗,再利用与中小股东间的信息不对称,处于显著的强势地位,中小股东在其压制下则处于弱势。

最后,农民虽然能够成为农民股东,但“在农业公司中,入股农户一般都是中小股东……很难参与公司的经营、决策和监督……处于非平等的弱势位”。[②] 即实践中农地股东的个体持有股权数额并不和农地股东的人数呈正相关。非农地股东一般居于大股东地位,其文化素养较高、资金充足、专业能力强大。而农地股东一般为小股东,在各个方面都与非农地股东有明显差距。因此,当农地股东具有中小股东身份后,这种弱势性将会被再次加重。此外,农民股东不具有信息优势,同时自我权益保护的意识淡薄,而且农民股东人数众多,其内部意见可能难以达成统一,在面对合法权益受损的问题时难以获得有效的解决途径和救济方式。简言之,农民股东自身素养的缺乏致使其权益保护困难,加之成为小股东后股东权益又极易受到大股东侵犯,使农民股东无法逃离所处的弱势地位,是对

① 参见潘成林:《农村土地承包经营权入股公司问题研究——以优先股为视角》,载《农村经济》2012 年第 4 期。

② 吴义茂:《农地入股中农民股东与债权人的利益冲突与平衡》,载《华中农业大学学报(社会科学版)》2013 年第 6 期。

其权益的易受侵害性的进一步加深。

(2)农地股东权保护中相关法律规范间的冲突与缺失

农地流转仍处于探索阶段,土地经营权入股在“三权分置”的视域下存在诸多问题,相关法律存在滞后性,农民股东权保护也因此陷入法律困境。虽然各种政策文件不断丰富相关内容,包括《农村土地承包法》、《农村土地承包经营权证管理办法》、原《农村土地承包经营权流转管理办法》等也做了相应规定,但在农地股有限公司的模式中,法律规范冲突仍有发生。

农地股有限公司受《公司法》中关于有限责任公司规定的当然规范,但《公司法》与《土地承包法》之间却存在诸多冲突。首先,股权转让的限制条件不同。《公司法》中股份在股东之间的内部转让较为容易,对外转让只需征得其他超过半数的股东同意。与之相比,《土地承包法》中约束土地流转的规范比如转让方资格条件、受让方身份、发包方意见等都更为严格。其次,优先权规定不同。公司法中股东的优先权是指股东向股东以外的人转让股权的,原有股东在同等条件下有优先购买权,其法律依据是《公司法》第 84 条第 2 款的规定。而《土地承包法》中入股农民股东的优先权是指农民股东的股权性质属于优先股,其法律依据是《农村土地经营权流转管理办法》第 16 条,实践中农民股东的优先股还有确立“保底分红”的做法,而公司法中优先股是指在分配股息、红利,以及在解散时分配剩余财产时优先于普通股,不会存在“保底分红”问题。最后,《公司法》中规定公司解散或破产要先进行清算,即清算应作为前置程序。股东出资实际上实现资金的归属转移,让原属于股东的资产成为公司财产,后续可用其进行债务的清偿。而根据《农村土地经营权流转管理办法》第 16 条的规定,“承包方自愿将土地经营权入股公司发展农业产业化经营的,……公司解散时入股土地应当退回原承包方”,这就意味着入股农地不应作为解散公司的剩余财产,不能为全体股东分配,如果公司是破产清算的,入股农地的未经营期限如何处理也缺乏规定。但是,“我国现有的土地承包经营权制度,实际上是要建立一种既希望土地承包经营权得以有效流转,又使农民获得土地保障的制度,追求两全其美”。[①]《公司法》的价值取向是追求股东、债权人之间的利益平衡,而土地经营权入股公司更多的是追求农民股东的利益保障,这也导致相关法律规范间的冲突。

总之,《农村土地承包法》与《公司法》的规定在多类事项中都存在冲突,有待进一步调和。针对农地股有限公司的特殊性,统一性规范仍旧缺失。但值得关注的是,入股作为“三权分置”下土地经营权流转的重要形式,无论是理论领域还是实务领域都有诸多探讨。现有的与之相关联的法律法规及地方性文件对于农地股有限责任公司及土地经营权入股问题的相关规定较为宽泛,有待进一步细化,而对于农民以土地经营权入股之后农民股东权保护的规范更为匮乏,这就进一步加剧了农民入股农地股份有限公司实践中的利益冲突。以上现实问题为农地入股的规范制定和实践操作带来了很多启发。土地经营权具有特殊性,较通常的出资财产具有性质上的根本不同。同时,农地股东与非农民股东二者之间也存在较大差异。这些差异是具体考虑入股问题的基石和出发点,应当在此基础上设计农地股东以土地经营权入股有限责任公司的具体规范。而在适用《公司法》中涉及有限责任公司的有关规定时,也要兼顾《农村土地承包法》中的相关规定,对农地股东的权利义务内容作出科学合理的倾斜性调整。

二、农地股股东与公司债权人利益平衡的制度设计

在我国有限责任公司的设立阶段、存续阶段、终止阶段,通过有目的地设置相应规则,比如农地出资评估作价、农地股分红、转让、设置担保、回购、农地股优先权等规则,来协调农地股股东与公司债权人之间的利益冲突。例如,如果农地股股东权受到不同程度的侵害,这或多或少都会在一定程度上打击农民出资的积极性,降低农民参与市场活动的主动性,而

---

① 李东侠、郝磊:《土地承包经营权入股公司问题的法律分析》,载《法律适用》2009 年第 4 期。

且会违背农地股制度设立的初衷,无法实现增加农民现有收入、促进农村积极发展的目标,这一趋势也将会影响农地市场化进程和农村改革目标的实现。农民这一群体现在仍然占我国人口的绝大多数,农民群体的稳定发展直接关系整个社会秩序的稳定,如果农地股制度无法为农民带来切实的经济收益,那么有可能会影响社会的稳定。因此,我们必须重视农地股东权,对其股东权进行差异化设计,给予农地股股东特殊保护。关于农地入股有限公司的农民股东权法律保护的问题,我们应该立足于我国有限公司现有的制度特点,注重农地股东和非农地股东之间的不同,按照私法意思自治原则,尊重公司、股东自治,设计出符合农地股有限公司特点的农地股东权保护制度。

1. 设立阶段的农民股东权保护

(1)设立协议与公司章程约定中的农地股东权保护

《公司法》虽然给予了股东较大的股东自治权,给予其弹性自治空间,在公司章程方面也一定程度上强调股东自治理念。在这种法律规定下,基于股东自治理念,似乎不应该过分地干预公司章程和设立协议内容。然而鉴于农地股东的弱势地位,综合考虑农地股有限公司的特殊性,应该适当地对农地股有限公司的公司章程和设立协议作出合理的干预,从而更好地维护农地股东的合法权益,设计出相应的机制。

在相关实践中,有限公司成立时的设立协议长期以来受不到广泛关注,这也是实践中基于私法意思自治原则所作出的考量。然而,在实践中设立协议仍然有许多问题亟待解决,比如关于设立的成本费用问题、责任承担问题、设立协议效力问题等。综合考虑农地股东的弱势性,这些问题对于农地股东的权益维护是相当重要的。因此,如果设立协议可以将这些问题一一明确的话,就会更好地维护公司股东之间的联系。在农地股有限公司中,为了更好地维护农地股东的合法权益,使公司合法成立,需要明确设立协议的内容和签订形式要件,从而确立合理明确的标准。

通过法律规定来强调设立协议的重要性,规定设立协议应以书面形式设立。通过立法手段把公司中的重大问题规定为设立协议的必要条款，最为重要的是，我们还应充分考虑农地股有限公司和农地股东身份的特殊性进行综合考量。“应该邀请专门从事这一业务的律师来结合股东的投资情况、公司组织机构等来综合设计出符合公司特点的设立协议和公司章程，在体现股东自治的情况下具体地规定公司法强制性规定以外的其他事项”。[①] 根据以上做法，通过公司章程和设立协议条款维护农民股东权，切实维护农民股东权益，从而确保公司正常的经营运转。

（2）农地评估作价中的农地股东权保护

《公司法》规定，股东可以以实物、权益等出资入股，但应该在出资入股前进行价值评估。农地股有限公司中农民以土地承包经营权出资入股，为了切实维护农地股东在农地评估作价中的合理利益，应该建立对土地经营权科学合理的评估作价制度，确保土地经营权评估作价的准确性。在对农地股东的出资即土地经营权进行评估作价时，需要对土地经营权的权利范围和权利属性进行综合的考量。按照程序严格对评估作价流程加以规范，准确评估出土地经营权的出资价值。参考自然资源部门规定的农用地评价规则，“国土资源部在农用地价值评估中，采取先定级的方式，依据所定等级进行估价，按照土地性质、化学成分、光照条件等因素对土地进行划分，借鉴土地征收农业税时统一划定的标准，进行评级定价”。[②] 还应该根据入股土地产出的农业收益来评估其价款，给予其适当的弹性空间加以浮动。

土地承包有效期到期后，该土地会重新回到农村集体组织，等待集体组织开始下一轮新的发包。农地经营权入股的出资有效期应该在土地承包有效期内进行，不能超过其剩下的期限。因此，对入股土地的价款评估中，应该考虑到这一因素对土地承包经营权价值评估作价的影响

此外，为了尽量避免非农地股东可能基于其在股东表决权等方面的

---

① 刘宇佳：《公司设立协议与公司章程的效力问题研究——以一起股东出资纠纷案为例》，兰州大学2013年硕士学位论文，第24页。

② 徐建春、李翠珍：《浙江农村土地股份制改革实践和探索》，载《中国土地科学》2013年第27期。

优势地位压迫农地股东，以及与第三方评估作价机构商议而恶意损害农地股东权益的情形发生，适当地“在土地承包经营权量化的过程中，政府应加强对有农地入股的公司或企业监管，根据公司发展情况，再逐步退出监管”。[①] 比如，对于不同地区的农地股有限公司，应该由该地区的政府指派第三方评估作价机构对入股土地经营权的价值进行评估，并且还应该对该机构进行相应的监管。

(3)股东实际缴纳出资中的农地股东权保护

作为一种比较“温和”的公司资本制度，股东资本认缴制给予了公司股东很大的自由“操作”空间，“其主要是为了在追求股东价值最大化的限度内，为私人秩序提供最大私人空间”[②]。股东资本认缴制规定的股东自治权范围比较大，主要体现在注册资本的多少、资本缴纳的时间长短等都由全体股东共同商议决定，这体现了对股东自治权的信任，但是在实践中也随之出现了许多的问题。特别是在农地股有限公司中，这些问题很容易地显现出来，其所带来的影响也更为严重。正如前文所论述，即便是在股东资本认缴制下，农民股东的出资是直接给完的，不会出现出资不实的情形，而非农民股东却可能存在出资不实的情形。如果不能合理地解决该问题，就会造成对已经出资的农民股东不公平的现象，其与非农民股东关于股东出资方面享受一样的权利，却承担不一样的义务，而且农民股东的合法权益也会面临不确定性的风险，也会损害债权人的合法权益，不利于公司的长期发展，甚至给公司的发展带来一些不确定的风险。

为了确保公司长远发展，确保公司的资本充足和稳定经营，应该对出资催缴机制进行相应明确的规定。“出资催缴是指要求迟延或拒绝缴纳股款的股东按期缴清股款。”[③]其能有效地促使非农民股东如期履行出资义务，确保公司资本如期完成缴纳。最高人民法院《关于适用〈中华人民

---

① 文新：《土地承包经营权出资法律规制研究》，载《法学杂志》2015 年第 5 期。

② 郭富青：《公司资本制度：设计理念与功能的变革——我国公司资本制度立法观念的转变与路径选择》，载《法商研究》2004 年第 1 期。

③ 王根长：《股东出资分期缴纳制度研究》，厦门大学 2007 年硕士学位论文，第 14 页。

共和国公司法〉若干问题的规定(三)》第17条虽然规定了“公司催告缴纳”,但是其只是笼统规定,并没有对此作出详尽的解释。2023年《公司法》明确规定了董事会的催缴责任以及未履行义务的赔偿责任。公司股东的出资催缴义务非常重要,其不仅可以有效地调整公司股东的出资行为,还可以间接地帮助公司稳定发展。因此,在农地股有限公司中,应该综合考虑农地股公司的特殊性,设计出符合实践需要的出资催缴机制,从而更好地维护农地股东的合法权益。关于这一点,美国、德国、日本的做法是建立出资催缴机制以董事会为中心。然而,在我国这种做法却值得商榷。在农地股有限公司中,由于农民股东的弱势性,可能会导致其在董事会中没有太大的影响力,真正掌握话语权的都是那些占优势地位的非农民股东,如果只是简单地照搬照抄国外关于董事会的做法,并不利于解决我国农地股公司的问题。因此,可以考虑适当地赋予那些已经履行出资义务、主体适格的农地股东催缴的权利,让其通知那些没有完全履行出资义务的非农地股东按时履行出资义务,而关于通知公告程序和出资期限,都可以凭借法律法规加以明确规定。

实践中,在农地股公司刚刚发展的阶段,因其使用土地的数量有限,那么此时农地股东是否可以认缴出资?结合农地股公司的实际情况,笔者认为,此时农地股东也可以分期分批缴纳出资额。这是因为,可以在公司章程中加以约定,如果公司发展初期不需要大量的土地,本着拒绝资源闲置浪费的原则,农民股东可以分批交付土地给公司经营,未交付给公司的土地依然准许农民自由耕种,到约定期限时再将余下的土地交付给公司。这样农地股东在缴纳出资方面就可以和非农地股东享有相同的权利,承担相同的义务,从而更好地维护农地股东的合法权益。

2. 存续阶段的农地股东权保护

(1)表决权行使中的农民股东权保护

关于农地股东和非农地股东的权利构造,大多数学者都是从优先股的角度进行分析,还有部分学者基于农地股东自身的原因认为其享有不完全的表决权。“但部分事项对农民股东的利益影响比较大,如果农民股东在此类事项上没有相应的话语权,则难以预防非农民股东滥用其表决权损害公司利益和农民股东利益。”[①]虽然法律上规定如果股东享有优先股的话就会失去股东的表决权,但是这样的规定在农地股有限公司中就会让农地股东权益置于不利的局面。为了有效地解决这一问题,可以把该优先股设定为附带拒绝权的优先股来对这一问题进行处理。“在设置有附带拒绝权的优先股公司中,股东大会的某类决议事项,不仅需要股东大会通过,还必须让附带拒绝权的优先股股东组成的优先股股东大会通过。”[②]首先,通过给予农地股东对公司关键问题的否决权来维护农地股东权益。[③] 其次,通过约定,对于重大的公司决议应该获得一定数量上的农民股东的真实同意。再次,通过选出农民代表,由农民代表进入农地股有限公司的董事会和监事会,而且董事会和监事会的农民股东也应该达到一定的表决权数量的人数要求,具体的占比数量应该在相关法律中给予明确规定。最后,在农地股有限公司,可以适当地约定如果公司连续两年没有给付优先股股息,此时农地股东就会享有表决权。

(2)利润分配中的农地股东权保护

目前,在各个地区关于农地股有限公司的实践中,相关规定和做法出入比较大,缺少统一明确的标准。为了符合权利与义务相匹配、风险与收益相一致的精神,更好地维护农民股东权益,增加农民收入并且实现土地价值的最大化,理应在分配利润时给予农民股东优先股的待遇,这也更加符合法律价值。

谈到优先股,优先股的分类比较多,比如累计优先股、非累计优先股、参加优先股、非参加优先股等,针对优先股不同的分类,农地股东应该采用哪种标准来分配利润,这是需要认真考虑的,需要结合农地股有限公司

---

① 吴义茂:《土地承包经营权入股有限责任公司法律问题研究》,西南财经大学 2012 年博士学位论文,第 97 页。

② 任尔昕:《关于我国设置公司种类股的思考》,载《中国法学》2010 年第 6 期。

③ 对于修改章程、增加或者减少注册资本、合并、分立、解散、为他人提供担保,或者单项投资达到公司资产较大比例等事项即为公司重大事项。

的具体情况进行综合的考量，从而得出相应的分配标准。实践中的大多数做法是把农民股东的优先股权视为参加优先股，也就是如果农地股有限公司在该一年度内的可分配利润不足，而且还没有达到可以让优先股股东分配的金额标准，导致该年度的公司利润不会进行分配，但是会将其在该年度进行保留，根据下一年度的经营状况进行整体的分配，如果下一年度该公司的可分配利润达标了，就会统一对优先股股东进行利润分配，如此，上一年内未分配的利润也可以得到有效的填补。反之，继续保留到下一年度。另外，对于农民股东在享有优先分配权以后，是否可以继续参加分配其他利润？基于农地股东的弱势地位，笔者觉得农地股东应该继续参加。

然而，如果只是考虑到农民股东的弱势地位，过分地重视维护农地股东权而轻视了非农地股东权，那么不利于农地股有限公司的长远发展，会严重损害非农地股东参加农地股公司的主动性。因此，农地股东关于嗣后利润的安排，理应减去其之前分配到的优先股股利。通过以上措施可以有效地降低农地股东权在利润分配方面受到侵害的风险可能性。

(3)股权转让中的农地股东权保护

在农地股有限公司中，应该考虑到农地股东的救济方案和退出机制，让农地股东在股权转让过程中降低受到侵害的风险可能性。因此，有必要给予农民股东不一样的“退股权”，退股权的使用条件和使用程序设计应该考虑到土地经营权入股的特点，应设计出符合农地股有限公司发展的股权退出机制。农地股有限公司中的“退股权”应该与现行法律《公司法》《农村土地承包法》《企业破产法》中规定的一般性退出机制相协调，综合性进行考虑。同时，解决该问题时还要符合以下理念，首先，重新认识土地与农民的关系。土地不再是农民生存的唯一保障，实现农民与土地相分离，进而可以有效地配置土地经营权。其次，政府和市场要各自做好“自己本职内工作”，在《公司法》规定下设计出“退股权”行使条件。例如，首先制定出保底分红条款。农地股公司成立的目的其中之一是增加农民的收入，如果农地股有限公司的存在无法实现这一目的，农地股东就应当退出该公司。在以后农地入股相关法律中,应该明确规定“退股权”的行使条件和使用程序。对于农地股东,“退股权”的设计应该满足农村实际需要,综合考量农民的承受范围。基于此,可以作出一种假设:首先,可以规定农地股有限公司在连续3年盈利且满足分配利润条件,但是该公司没有进行利润分配时,农地股东就可以使用“退股权”来维护自己的合法权益。其次,制定出农地性质永不改变的规定。这主要是为了确保农地股东用以入股的土地性质不会发生改变。因为土地入股之后,农地股有限公司可能会把农业用地改为工业用地、商业用地,等等。最后,“破产土地入股公司股权退出是将剩余期限内的土地经营权纳入破产清算财产范围,用于清偿该公司的债务。农民股东享有以市场价格或同等协议价格优先购买剩余期限内的土地经营权。公司破产、股权消灭不影响原土地承包经营权权存继,不改变土地承包关系”。①

3. 清算阶段的农地股东权保护

(1)剩余财产分配中的农地股东权保护

关于农地股东权的优先股性质在前文已经论述,在进行剩余财产分配时通过优先股理论对农民股东权给予保护。换句话说,当农地股有限公司在清算阶段进行清算时,如果此时还有剩余财产的话,那么享有优先股的股东就可以比普通股股东提前分配财产。之所以在实践中给予农民股东优先股的权利,这是因为农地股东本身具有的双重弱势性。在农地股东取得优先分配权以后,那么对于该公司其他方面的剩余财产是否还能继续参加分配?对于农地股有限公司来说,农地股东即使享受了股本的返还以后,还是可以继续参加其他的剩余财产分配。这是为了最大限度地维护农地股东的合法权益,也为了解决农地股东所担忧的风险,支持和引导农地股东积极入股农地股有限公司。

(2)未实现利益中的农地股东权保护

当农地股有限公司无法继续存续下去的时候,即面临解散或破产,如

① 文新:《土地承包经营权出资法律规制研究》,载《法学杂志》2015年第5期。

果入股土地还在有效期内,那么就会存在入股农地未完全实现其利益这一现象。“三权分置”背景下农地股东仅仅以土地承包经营权当作入股出资,因而具有债权性质。那么入股农地未实现的利益应算作破产清算的公司破产财产。因此,有必要算出入股农地的未实现利益的价值,然后对股东分配财产和清偿债权人的债权。该如何算出其未实现利益以及如何处理,这些都对农地股东权保护具有重大意义。

基于此,通过公司章程规定入股期每年的金钱数额,农地未实现利益就是公司没有实际经营年限的累计数额。至于如何计算农地未实现利益,农地未实现利益就是入股农地的评估作价总额除以入股有效期,得到每一年土地经营权的价值,与公司没有经营的剩余时间相乘,还应考虑到季节这一因素,以此综合确定农地未实现利益的价值。

关于公司未在经营期限内的入股农地价款的安排,农地股东对于土地经营权享有优先购买权,而且其能用公司欠农地股东的股息和红利进行部分价格相抵。如果把那些没有实际经营的入股农地经营权变现,也就是将该权利拍卖、变卖,应该分不同的情形来进行处理。如果拍卖价款比评估价格高或者相等,而且比农地的未实现价值数额低,那么就可以以该拍卖价款偿还公司对外所欠的债务,相应的拍卖受领人就可以获得农地余下年限的经营权。反之,如果拍卖价款比农地未实现利益数额高,则其部分可以用来偿还公司债务,部分可以分配给农民股东。

倘若在公司解散的时候,入股农地的有效期已经届满,则土地经营权又会重新回到农地股东那里,农地股东基于此参与到分配公司剩余财产。但是如果入股农地的有效期没有届满,对于这部分的未实现利益,应该由公司全体股东共同商议决定,这当然要包含农民股东。如果公司破产后,土地经营权作为公司财产被其他债权人取得,农民股东还是可以在后来重新获得完整的土地经营权。这主要是基于我国的土地政策,即当入股土地有效期到期时,入股土地就会重新回到农村集体组织,再由集体组织进行下一轮的发包。

农地股有限公司的发展大致可以分为三个阶段,即农地股有限公司的空白阶段、农地股有限公司的探索阶段、农地股有限公司的实践阶段。由于农地股股东和非农地股股东的差异，绝大多数农地股有限公司均由非农民股东控制，而非农民股东作为理性的经济人，作为控制股东就可能会利用农民股东存在着知识短缺、企业的管理经验不足等天然的劣势而侵害农民股东利益。如何通过与《公司法》等法律法规相衔接，对农地股有限公司债权人利益和农民股东保护、非农民股东利益作出具体的制度设计，确保农村土地经营权入股有限责任公司既能实现“三权分置”的制度作用，又能实现农村、农业的发展，从而根本上解决“三农”问题，这是亟待解决的问题。

附　录

《农村集体经济组织法(建议稿)》的条文设计

第一节　《农村集体经济组织法(建议稿)》的框架

第一章　总　则

第一条　为巩固和完善以家庭承包经营为基础、统分结合的双层经营体制,规范农村集体经济组织及其运行管理,维护农村集体经济组织及其成员的合法权益,促进集体经济健康发展,实现共同富裕,根据宪法,制定本法。

第二条　本法所称农村集体经济组织,是指以生产资料集体所有为基础,实行集体统一经营和家庭分散经营相结合的双层经营体制的具有公有制经济属性的地区性经济组织。包括乡镇级集体经济组织、村级集体经济组织、组级集体经济组织,不包括农村供销合作社、农村信用合作社、农民专业合作社等合作经济组织。

第三条　农村集体经济组织依据本法的规定设立,国家保护农村集体经济组织及其成员的合法权益,任何组织和个人不得侵犯。

第四条　农村集体经济组织的运行应当坚持以下原则:

(一)坚持中国共产党的领导,接受农村基层党组织的领导,保证法律和政策的贯彻执行;

(二)坚持社会主义集体所有制,维护集体及成员的合法资产权益,促进集体资产保值增值;

（三）坚持按劳分配为主体、多种分配方式并存，共享收益，促进农村共同富裕；

（四）坚持全过程人民民主，实行民主选举、民主决策、民主管理、民主监督；

（五）坚持绿色发展，节约资源，促进生产方式绿色化，保护生态环境。

第五条　农村集体经济组织按照本法登记后取得法人资格。

农村集体经济组织享有集体资产的占有、使用、收益和处分权，依法从事民事活动，独立承担民事责任。

农村集体经济组织可依法出资设立或参与设立公司、农民专业合作社等市场主体，享受该市场主体的权利，承担该市场主体的义务，以其出资为限承担该市场主体的债务。

第六条　农村集体经济组织履行以下具体职责：

（一）保护由集体所有或使用的农村土地等集体资源，合理开发利用集体资源；

（二）开展农村集体经营性资产的经营与管理、集体非经营性资产运营与维护；

（三）决定集体资产的发包、出租、入股等；

（四）办理集体资产经营管理事项；

（五）服务集体成员，为成员提供与生产经营和生活相关的公共服务；

（六）合理分配、使用集体收益、补助资金等；

（七）接受各级农业农村部门的指导和监督，配合村民委员会及其他农村组织的工作，促进农业农村发展；

（八）法律法规和集体经济组织章程规定的其他职责。

第七条　农村集体经济组织应当制定章程，章程应由乡镇人民政府预审，本集体经济组织成员大会表决通过。章程应当载明以下事项：

（一）名称和住所；

(二)成立宗旨;

(三)成员资格的取得和丧失及成员的权利义务;

(四)组织机构及其产生办法、职权、议事规则;

(五)成员代表的构成、人数和选举规则;

(六)理事会、监事会(监事)及管理人员的配置及罢免;

(七)民主事项议事表决规则;

(八)财务管理及公开制度;

(九)资产运营管理及收益分配制度;

(十)监督程序;

(十一)组织章程修改及组织变更、注销程序;

(十二)其他有关事项。

第八条 农村集体经济组织从事生产经营活动,应当遵守法律规定和公序良俗,承担社会责任,不得从事章程规定的经营活动范围之外的业务。

第九条 国务院农业农村主管部门作为农村集体经济组织的主管部门,负责指导全国农村集体经济组织的建设和发展,国务院其他有关部门配合工作。

县级以上人民政府农业农村主管部门负责本行政区内农村集体经济组织的登记管理,县级以上人民政府其他有关部门配合工作。

第十条 农村集体经济组织接受农业农村主管部门的指导和监督,接受乡镇人民政府的指导、服务和监督,接受本集体经济组织成员的监督。

县级以上人民政府及农业农村主管部门对农村集体经济组织的设立和规模进行指导,遵从自愿原则,由组成该集体经济组织的成员集体讨论决定。

第十一条 县级以上人民政府农业农村主管部门、其他有关部门和组织应当依据各自职责,对农村集体经济组织的建设和发展给予指导、扶持和服务。

各级人民政府应当加强农村集体经济组织体系建设。

第十二条　县级以上人民政府应当合理安排资金，加大财政投入，支持农村集体经济发展。鼓励农村集体经济组织承接政府购买服务，依法委托农村集体经济组织占有、管理和经营国有资产，所得收益由农村集体经济组织享有。

第十三条　农村集体经济组织开展生产经营时依法享受国家规定的农业相关的税收优惠。

县级以上政府可以根据实际情况，给予农村集体经济组织优惠政策扶持。

国家鼓励和支持自然人、法人和非法人组织参与农村集体经济组织的建设；鼓励和支持农村集体经济组织成员参与农村集体公益事业建设。

第二章　设　　立

第十四条　农村集体经济组织应依据实际情况设立，设立农村集体经济组织不得改变集体土地所有权。

第十五条　设立农村集体经济组织，应当具备以下条件：

（一）有符合本法规定的名称；

（二）有符合本法规定的集体经济组织章程；

（三）有符合本法规定的组织机构；

（四）有符合本法规定的固定住所；

（五）有符合本法规定民主确认的成员；

（六）有验资证明的农村集体资产。

第十六条　设立农村集体经济组织应当召开设立大会。设立大会应由三分之二以上成员（代表）参加，由出席会议半数以上人数通过表决结果。

第十七条　农村集体经济组织应当向县级人民政府农业农村主管部门申请登记，取得法人资格。农村集体经济组织设立的企业，应当按照国家有关法律、法规规定办理注册登记。

第十八条 农村集体经济组织申请设立登记,应当提供以下材料:

(一)登记申请书;

(二)成员(代表)大会决议;

(三)成员名册;

(四)组织章程;

(五)法定代表人、理事、监事的任职文件及身份证明;

(六)住所使用证明;

(七)资产验资证明;

(八)法律、行政法规规定的其他文件。

第十九条 依法设立的农村集体经济组织,由登记机关颁发登记证书。登记证书应载明名称、住所、组织类型、法定代表人、资本额、业务范围、发证日期等。

第二十条 农村集体经济组织的名称中应标明"农村集体经济组织"字样,农村集体经济组织以其主要办事机构所在地为住所。

第二十一条 农村集体经济组织登记事项发生变更或合并、分立的,应当向原登记机关申请变更登记。因合并、分立、集体土地被整体征收或搬迁而解散的,应当办理注销登记。

第三章 成员资格及权利义务

第二十二条 农村集体经济组织应当依据法律、法规的有关规定,经民主程序确认其成员身份。农村集体经济组织应当置备成员名册,并报乡镇人民政府和县级人民政府农业农村主管部门备案。

第二十三条 农村集体经济组织的成员,分为内部成员和外部成员,内部成员是指取得集体资产量化股份的成员,外部成员是指以自有资产投资到农村集体经济组织的投资者。

第二十四条 符合以下条件的农村居民,具有农村集体经济组织内部成员资格:

(一)户籍在农村集体经济组织所在地,户籍性质未发生变化并以土地资源作为基本生活保障的；

（二）与农村集体经济组织具有权利义务关系的；

（三）对农村集体经济组织作出重大贡献的；

（四）成员大会决议通过的其他情形。

第二十五条　农村集体经济组织成员享有下列权利：

（一）参加成员大会，享有选举权、被选举权，按照集体经济组织章程规定对农民集体经济组织实行民主管理；

（二）利用农村集体经济组织所有的生产资料进行生产经营；

（三）参与分配集体经济组织收益、土地补偿费；

（四）享受集体经济组织各类公共服务；

（五）依法承包由农村集体经济组织发包的土地；

（六）依法申请取得宅基地使用权；

（七）对持有的集体资产股份享有占有、收益、退出及继承的权利；

（八）有对农村集体经济组织的生产经营管理进行监督的权利，并提出意见和建议；

（九）对农村集体经济组织的理事会成员、监事会成员等人员享有监督的权利，对其职务违法违规行为享有检举和控告的权利；

（十）法律、法规和集体经济组织章程规定的其他权利。

外部成员不享有前款第（五）（六）（七）项的权利。

第二十六条　农村集体经济组织成员承担下列义务：

（一）遵守法律、法规和集体经济组织章程规定，执行成员（代表）大会的决议；

（二）参与和支持农村集体经济组织的活动和业务，推动农村集体经济组织的建设和发展；

（三）维护农村集体经济组织的合法权益；

（四）合理利用和保护集体土地等资源；

（五）法律、法规和集体经济组织章程规定的其他义务。

第二十七条　符合以下情形之一的，不再具有农村集体经济组织内

部成员资格:

(一)死亡或被宣告死亡的;

(二)户口变更为非农业户口的;

(三)取得其他集体经济组织成员资格的;

(四)取得城镇社会保障的;

(五)自愿放弃的;

(六)章程规定或经过成员大会民主决议的其他情形。

第二十八条 不得以妇女未婚、结婚、离婚、丧偶、户无男性等理由剥夺妇女的成员身份;不得以成员的就学、务工、服役、服刑等短暂性外出为理由剥夺成员身份。

第二十九条 符合以下情形之一的,不再具有农村集体经济组织外部成员资格:

(一)自然人外部成员死亡或被宣告死亡的;法人及非法人组织外部成员解散、破产的;

(二)外部成员丧失农村集体经济组织法人投资份额的;

第三十条 内部成员丧失成员资格的,不得分割集体资产,其持有的成员股份由农村集体经济组织收回,经过成员(代表)大会表决通过后给予适当补偿。

外部成员丧失成员资格的,其股份按照法律、法规及章程规定处理。

第四章 组织机构

第三十一条 农村集体经济组织为管理集体资产、发展集体经济,应设立成员(代表)大会、理事会、监事会。

第三十二条 农村集体经济组织成员大会是农村集体经济组织的权力机构,由农村集体经济组织成员组成,成员应具有完全民事行为能力。内部成员人数众多的,可成立内部成员代表大会。依法设立内部成员代表大会的,代表人数不少于内部成员总人数的百分之十,且不低于五十人。成员代表应当以户为单位进行选举,且妇女代表不得低于三分之一。

每年至少召开一次会议。成员大会由理事会召集,理事长主持;理事会不履行职责,监事会可以召集会议,由监事会主席主持;理事会与监事会均不履行职责的,十分之一以上成员可以召集会议。

内部成员和外部成员分别表决,内部成员按人数进行表决,外部成员按照出资比例进行表决,遵从多数决原则。出席人数应当分别达到内部成员和外部成员三分之二以上。

成员大会作出决议,应当由成员表决权总数三分之二以上通过;章程对表决权数有较高规定的,从其规定。

十分之一以上成员、三分之一以上理事或者监事会提议,或者章程规定的其他情形,应当召开临时成员大会。临时成员大会应在一个月内召开。

第三十三条 成员大会行使以下职权:

(一)审议、修改和通过农村集体经济组织章程;

(二)审议、修改和通过各项内部规章制度;

(三)审议、决定农村集体经济组织成员身份的取得和丧失;

(四)选举、罢免集体经济组织理事会和监事会成员;决定集体经济组织理事会成员、监事会成员和主要管理人员的报酬标准和计算方式;

(五)听取、审议集体经济组织理事会和监事会的工作报告;

(六)讨论决定集体经济组织经济发展规划、生产经营计划、对外投资计划、年度财务计划、年度收益分配计划和亏损弥补方案及其他重大事项;

(七)通过农村集体经济组织合并、分立等决议;

(八)审议、决定土地发包、宅基地分配、集体资产股份量化、集体股比例等集体资产处置重大事项;

(九)决定重大的举债或担保事项;

(十)决定集体经营性建设用地使用权的流转;

(十一)法律、法规和章程规定的其他职权。

第三十四条 农村集体经济组织的成员(代表)大会、理事会、监事会,应当将所议事项的决定形成会议记录,出席会议的成员(代表)、理事、监事应当在会议记录上签名。会议决议应向全体成员公示。

第三十五条 理事会是农村集体经济组织的决策和执行机构,由五至十九名成员组成,包括内部成员和外部成员代表,具体产生办法由集体经济组织章程规定。理事会设理事长一名,可以设副理事长。理事长是农村集体经济组织的法定代表人。

理事会成员之间应当实行近亲属回避。

理事每届任期不超过五年,可以连选连任。

第三十六条 理事会是农村集体经济组织的决策和执行机构,向成员(代表)大会负责并报告工作。理事会履行下列职责:

(一)执行成员(代表)大会的决定;

(二)拟定章程修改草案;

(三)拟定经济发展规划、生产经营计划、对外投资计划、年度财务计划等方案;

(四)拟定农村土地承包、宅基地使用、集体经营性建设用地出让或出租等方案;

(五)管理集体资产并保障集体资产安全;

(六)对主要管理人员的选聘、解聘及薪酬提出建议;

(七)起草年度预决算、收益分配方案、各项规章制度草案;

(八)处理监事会成员或成员代表提出的质询、意见和建议;

(九)履行章程规定或成员(代表)大会授予的其他职权。

第三十七条 理事长履行下列职责:

(一)召集并主持理事会会议;

(二)组织执行成员(代表)大会和理事会通过的决议,并检查执行情况;

(三)代表理事会定期向成员(代表)大会汇报工作;

(四)代表农村集体经济组织签订合同;

(五)章程规定或理事会决定的其他职责。

第三十八条　理事长或者理事可以兼任经理。经理按照章程规定或者理事会的决定,可以聘任其他人员。经理按照章程规定或者理事会授权,负责具体生产经营活动,也可根据实际需要聘任其他人员。

第三十九条　农村集体经济组织设监事会。监事会成员不少于三人,包括内部成员和外部成员代表,监事会成员(监事)的具体产生办法由章程规定。每届任期五年,可以连选连任。

农村集体经济组织理事会成员(理事)、经理和财务会计人员及其近亲属不得兼任监事会成员(监事)。

第四十条　监事会行使以下职权:

(一)监督理事及主要管理人员履行职务行为;

(二)开展财务状况检查和审计监督;

(三)监督业务经营情况和合同签订、履行;

(四)提议召开临时成员(代表)大会;

(五)向成员(代表)大会汇报工作;

(六)向县级人民政府农业农村主管部门或者乡镇人民政府报告理事及其成员的违法行为;

(七)章程和成员(代表)大会授予的其他职权。

第四十一条　理事会、监事会召开会议,出席人数不少于总人数四分之三方为有效,实行一人一票的方式表决,达到总人数三分之二通过。会议应当按照规定记录,并由出席人员签名,会议记录作为档案留存。

第四十二条　农村集体经济组织的理事、监事和主要经营管理人员不得有下列行为:

(一)侵占、挪用农村集体经济组织资产;

(二)私自以农村集体经济组织资产提供借贷或担保;

(三)利用职务影响力接受他人财物;

(四)从事损害农村集体经济组织经济利益的其他行为。

第四十三条　农村集体经济组织理事、监事应当遵守法律、法规和章程规定,忠实勤勉地履行管理集体财产、处理集体经济组织生产经营等各项事务,维护集体经济组织及成员的合法利益。

农村集体经济组织不得以本集体资产为其他单位和个人的债务提供担保。

农村集体经济组织的理事、监事及其近亲属与本集体经济组织交易时,应实行回避制度。农村集体经济组织的理事、监事及主要经营管理人员可以与基层自治组织人员交叉任职,但不得兼任其他营利性组织的理事、监事及管理人员。

第五章 收益分配

第四十四条 农村集体经济组织集体资产指乡镇、村、组农村集体经济组织全体成员集体所有的资产,具体包括:

(一)集体所有的土地、森林、山岭、草原等自然资源资产;

(二)集体所有的建筑物、构筑物、农用工具器具、农业基础设施等生产设施;

(三)集体所有的教育、科技、文化、卫生、体育等具有公共服务性质的非经营性资产;

(四)集体投资兴办的企业及其所持有的其他经济组织的资产份额;

(五)集体经济组织接受资助、捐赠或补偿等形成的资产;

(六)集体经济组织拥有的各种现金类资产;

(七)集体经济组织拥有的专利权、商标权、著作权等无形资产;

(八)依法属于集体经济组织所有的其他资产。

第四十五条 农村集体经济组织应当建立资产登记和变动制度,依法需要登记的农村集体资产应当向登记机关申报登记。

第四十六条 农村集体经济组织应当委托具有评估资质的专门机构对下列资产进行评估,对于无法评估的,由成员(代表)大会经民主程序商议资产价格。资产评估或商议的结果应当对本集体经济组织成员公示,并报乡镇人民政府和县级以上政府农业农村主管部门进行备案。

(一)以招标方式发包、出租集体资产的;

(二)以参股、联营、股份合作等方式经营集体资产的;

(三)拍卖、转让集体资产的;

(四)以集体资产抵押或者提供其他形式担保的;

(五)因村集体经济组织合并、分立需要调整农村集体资产权属的;

(六)法律、法规规定的其他依法需要进行农村集体资产评估的情形。

第四十七条　农村集体经济组织的收益归集体经济组织所有成员所有。

农村集体经济组织收益应当提取10% ~20%的公积公益金,用于提供公共服务,增加集体积累和集体福利,促进农村集体经济组织可持续性发展。公积公益金用于转增资本、弥补亏损、集体积累以及集体公共服务建设,不得用于发放管理人员报酬、招待性质费用等非生产性开支。

第四十八条　农村集体经济组织应当置备成员名册,登记股权,作为农村集体经济组织成员参与收益分配的凭证。

内部成员按“户”登记,外部成员按投资人投资类型、数额等登记。如果需变更登记信息的,可向理事会申请变更登记。

第四十九条　鼓励农村集体经济组织内部成员在土地承包经营权经过确权登记颁证之后,通过将土地承包经营权进行入股,实现对土地的适度规模经营。

第五十条　集体资产量化后,股份可在农村集体经济组织内部成员间流转或由农村集体经济组织赎回,不得向农村集体经济组织以外的人员转让。转让股份给农村集体经济组织内部成员的,受让方的持有份额不得超过农村集体经济组织总份额的百分之五。

农村集体资产股份可以依法继承,非农村集体组织成员继承股份的,不享有股份共益权,但章程另有规定的除外。内部成员自愿申请退出农村集体经济组织的,其持有股份经农村集体经济组织成员(代表)大会同意后赎回。赎回的股份或无人继承的股份由村委会代持,其分配的收益直接纳入公积公益金。

第五十一条 农村集体经济组织按照以下顺序进行收益分配:

(一)提取公积金;

(二)提取公益金,用于集体福利等;

(三)按农村集体经济组织成员持有份额进行分红。

第六章 财务会计管理

第五十二条 农村集体经济组织设置独立的财务会计机构,配备财务会计人员,实行岗位责任制。监事及其近亲属不得担任财务会计人员。

第五十三条 农村集体经济组织应当凭登记证书开立基本账户。农村集体经济组织收益不得存入个人账户。

第五十四条 农村集体经济组织进行的经济活动都应当取得有效原始凭证并进行登记,凭证内容应当完整、真实。农村集体经济组织应当按照科学管理的要求,制定财务会计制度和内部监督制度进行会计核算、财务管理和审计监督。

第五十五条 农村集体经济组织应当依法进行季度和年度的财务公开,接受农村集体组织成员监督。

第五十六条 农村集体经济组织应建立健全会计档案制度,会计档案包括纸质档案和电子档案。

第五十七条 农村集体经济组织接受内部审计、乡镇人民政府的审计和县级人民政府农业农村主管部门审计,审计监督每年进行一次。审计事项主要包括:

(一)集体资产的运营和使用情况;

(二)固定资产建设和对外投资情况;

(三)财务预算和资金的使用、收益情况;

(四)财务收支和有关的经济活动及其经济效益;

(五)理事长的任期目标和离任经济责任;

(六)承包、租赁、转让等合同的签订和履行情况;

(七)公积公益金的提取与使用情况;

（八）当地人民政府、上级农业农村主管部门和国家审计机关等委托的其他审计事项。

第五十八条　农村集体经济组织应当自觉接受有关机关和组织对集体财产管理使用情况的监督。

第七章　终　　止

第五十九条　农村集体经济组织不适用破产终止。

第六十条　农村集体经济组织合并的，应当清算资产、核查资金，并制作资产负债表和财产清单。

合并协议经成员大会决议通过后，县级以上人民政府审批通过的，才能合并。

农村集体经济组织合并之前的债权债务关系由合并后的农村集体经济组织承继。

第六十一条　农村集体经济组织分立的，应当清算资产并制作资产负债表和财产清单。

分立协议经成员大会决议通过后，经县级以上人民政府审批通过的，才能分立。

农村集体经济组织分立的，债权人可以提前实现债权或要求提供担保。

分立之前的债权按照分立协议规定由分立后的农村集体经济组织享有；分立之前的债务由分立后的农村集体经济组织承担连带责任，但分立时取得债权人同意的除外。

第六十二条　县级农业主管部门应当指导、监督农村集体经济组织的合并或分立。

第六十三条　依法设立农村集体经济组织后，原由集体成立的企业、农民专业合作社等市场主体应由农村集体经济组织统一管理，承接其资产负债和经营业务。

第六十四条　农村集体经济组织因下列原因解散：

(一)合并、分立;

(二)因整体征收或搬迁;

(三)其他原因需要解散的。

农村集体经济组织因合并、分立解散的,其成员、集体资产按照合并协议、分立协议归新的农村集体经济组织。

农村集体经济组织因整体被征收或搬迁而解散,其成员可能加入新的集体经济组织,也可能加入城镇居民组织,其成员、集体资产等就成为新组织的成员、集体资产。

第六十五条 农村集体经济组织解散的,应当在解散事由出现之日起十五日内组成清算组进行清算。逾期不能组成清算组或成员清算会损害集体利益或债权人利益的,成员、债权人可以向人民法院申请指定有关人员组成清算组进行清算。

清算组自成立之日起接管农村集体经济组织,负责处理与清算有关事宜。清算组应当制定清算方案,农村集体经济组织成员大会通过后,经乡镇人民政府确认、县人民政府批准生效。

第六十六条 清算方案不得用集体资产清偿农村集体经济组织的债务。在清算过程中,如果发现农村集体经济组织的资产收益不足以清偿债务,清算组应当向乡镇人民政府报告,由乡镇人民政府和县级人民政府决定债务解决方案。

第六十七条 农村集体经济组织解散后,清偿债务后的剩余集体资产收益,应当视为农村集体经济组织的盈利,在提取公积公益金后,按照章程规定的利润分配方式,对农村集体经济组织成员进行分配。

第六十八条 农村集体经济组织因解散需要注销的,在清算结束后,由清算组向登记机关办理注销登记。

第八章 法律责任

第六十九条 对农村集体经济组织成员身份有争议或因内部管理、生产经营、收益分配等原因产生纠纷的,适用仲裁、调解或诉讼程序。

第七十条　采用违法或其他不正当手段选举成员代表、理事、监事的，选举结果无效。农村集体经济组织成员有权向有关部门举报，经查证属实的，由乡镇人民政府组织重新进行选举，并对有关人员依法处理。

第七十一条　农村集体经济组织成员（代表）大会和理事会的决议存在瑕疵，损害集体成员合法权益的，乡镇人民政府、县级以上人民政府农业农村主管部门应当责令改正。

第七十二条　农村集体经济组织理事、监事及管理人员未尽到审慎善管义务造成集体资产受损的，依法承担赔偿责任；构成犯罪的，依法追究刑事责任。建议罢免职务的，应当按照农村集体经济组织章程规定的程序进行。

第七十三条　农村集体经济组织理事、监事及管理人员滥用职权、玩忽职守，农村集体经济组织怠于行使诉权的，农村集体经济组织百分之一以上的内部成员和单独或合并持有百分之一以上份额的外部成员，可以书面申请理事会、监事会向人民法院起诉。理事会、监事会收到书面申请后拒绝起诉或三十日内未起诉的，提起书面申请的成员可以以自己的名义向人民法院起诉。

第七十四条　农村集体经济组织未经审批和核准登记，不得以农村集体经济组织名义进行活动，否则应承担法律责任。

第七十五条　农村集体经济组织向登记机关提供虚假登记材料或者采取其他欺诈手段取得登记的，由登记机关责令改正，对相关人员可以处五千元以下罚款。

第七十六条　农村集体经济组织在财务报告中作虚假记载或者隐瞒重要事实的，依法追究相关人员法律责任。

第七十七条　违反会计准则的行为，由县级以上农业农村主管部门责令其限期改正，对直接责任人员按照相关法律、法规规定处理。

第七十八条　地方政府和有关部门超出职权范围对农村集体经济组织的民主决策、自主经营等进行非法干预的，由上级人民政府责令限期改正，情节严重的，依法追究相关人员法律责任。

第七十九条　当事人对行政处罚决定不服的,按照相关法律、法规规定处理。

第九章　附　　则

第八十条　县级以上人民政府可根据本法制定具体细则。

第八十一条　本法实施前未完成农村集体经济产权制度改革的集体组织,按照本法规定执行。

本法实施前已完成登记的农村集体经济组织,本法实施后继续有效。

第八十二条　本法自　年　月　日起施行。

第二节　《农村集体经济组织法(建议稿)》条文说明

一、立法背景

(一)立法的必要性

1. 农村集体经济发展的现实需要

农村集体经济组织是与社会主义市场经济体制相适应的组织形式,其拥有明晰的产权结构、资产管理体制和组织架构等。通过解决农村集体经济发展中存在的村委会与经济组织职能混乱的问题,能够创新农村经济发展的路径和措施,优化农村经济管理体制,实现对农村集体资产的高效规划和管理,实现农村经济以农村集体所有制为基础,集体成员自愿合作的共享发展。在传统模式下,农村集体可用于经营性的资产不足,管理不充分。而资源管理的缺乏会造成资产利用的混乱,也会使集体资产面临村内管理人员的侵占或是恶意破坏等不利局面,村民合法权益因而受到损害,这往往容易催生村内矛盾。通过建立资源管理机制及财务管理制度,将大大提升农村闲置资产的利用率,明晰农村集体的资产结构和收支,扩大集体资产规模,从而提高总体收益水平以及收益分配的公平性。农村集体经济围绕农村资金、资产和资源的利用等展开,能够遏制集体资产的隐性流失现象发生,从而实现集体资产利用最大化。农村集体经济组织能够保障基层权力合理、合法行使,有力保障农民权益。在家庭承包制下,因不能提供良好的集体经济支持,集体对农民的社会服务水平不高,一旦遇到危机,农民很难承受,而农村集体经济组织能够建设对集体资产的监督和风险预警机制,增强对农村集体的服务水平,维护农村地区的稳定和长久发展。在缺乏集体经济组织的情况下,农民单独生产经营,其应对市场风险和自然风险能力较弱。而农村集体经济组织能够为农村集体提供成为市场主体的机会,使其独立参与市场交易,进而提升经济效率,降低农民家庭经营的风险,激发农民的合作意识和自觉行动,提升其发展农村集体经济的责任感,从而解决传统模式下集体经济效率低下的问题,也能够对生产经营活动进行科学的规划和有效的管理与调节,增强农村集体经济的综合实力。

2. 实施乡村振兴战略的内在要求

乡村振兴战略关系到乡村的发展水平,关系到中华民族的伟大复兴,是全面建成小康社会的应有内容。农村经济发展、现代化农业模式和农民富裕,是乡村振兴的标志。农村经济发展不只是农民家庭的个体经济发展,更重要的是农村集体经济发展,只有农村集体经济繁荣,才能打破农村经济发展的桎梏,才会带动农民家庭的个体经济发展。家庭分散经营模式、农民的管理能力、技术限制、信息不畅等,都是现代化农业模式的障碍,农村集体经济组织特别法人制度设计,就是为扫除这些障碍,消除传统农业模式的弊端,从而构建现代化农业模式的载体。农民是农村的主体,也是实施乡村振兴战略、促进农村经济发展的主力军。由于农村发展动力不足,同时农村的资金吸引力也不强,就业机会也十分缺乏,因此不能保证农民稳定的经济收益,大量农民从农村流向城市,农村的劳动力不足,农业发展也因而面临挑战。乡村振兴需要农民的积极参与,而农村集体经济组织是提高农民进行农村建设参与度的重要途径。农村集体经济组织能够使农民成为发展农村集体经济的管理主体,发挥农民的主体性作用,同时也为农民在当地提供工作机会,让背井离乡的农村劳动力回归农村集体经济组织,并将其有效组织起来开展经济活动,合理开发并有效利用农村集体资产,进而共同推动乡村经济的发展。在此基础上,农民作为农村集体经济组织的成员,凭借其持有的股份或份额能够分配集体收益、参与年终分红。农村信息流通效率低下,而在农村集体经济组织的功能发挥下,农村也能引进先进知识和专业人才来拓宽农民的视野和接受信息的渠道,帮助农民了解农村经济发展模式,为农民提供生产生活相关的各类经济服务,从而提高农民的自身素养。农村集体经济组织能够提供各类公共服务促进科教文卫事业在农村的深入发展,改善对农村公共服务供给的质量和效率,在为农民提供更为富足的物质条件的同时,也能满足农民精神生活的需求。另外,通过优化升级传统农业结构,构建现代农业模式,利用高新技术提高工作效率,大力发展农村基础设施、公共服务配套设施,农村的软件、硬件和制度都能够得以完善,进而提升基层治理效能,为农民营造舒适优美的宜居环境和创业环境。

3. 推进农村经济体制改革的必然举措

新中国成立到现在,从新中国成立初期的农民私有到“入社”,农村集体经济体制得以确立,“一大二公”体制的弊端促使“家庭联产承包责任制”出现,再到现在的“三权分置”改革,多次出现农村经济体制改革的重大举措。而制定农村集体经济组织法,是新时期推动农村经济体制改革的新举措。新时期,对农村集体资产折股量化,厘清农村集体经济组织成员的确认规则及其权利义务,依法将农民的占有、使用、收益分配、继承等权利纳入保护范围;加强农村集体财产管理、收益分配等制度建设,发挥集体经营优势,形成农村集体经济运行新机制。这既是保障农民的合法权益的要求,也是推动农村经济体制改革有序进行所必须的。虽然我国宪法及多部法律或多或少规定了农村集体经济组织的相关内容,但都缺乏针对性和细致化的规范。农村集体经济组织在各试点实践过程中已显现出一系列争端和法律困境,而现有立法无法解决,亟须对农村集体经济立法以破解体制改革中面临的诸多难题。实践中面临的问题主要表现在:一是对农村集体经济组织的法律地位界定问题。立法中并无任何对农村集体经济组织的内涵与外延进行界定的清晰表达,现有的试点实践中,对什么是农村集体经济组织具有不同表述。二是对农村集体经济组织成员资格界定问题。全国各地的实践中,对农村集体经济组织成员资格界定存在不同的标准,这些标准虽具有一定程度的合理性,但标准的确立缺乏法律依据。因此,农村集体经济组织法并不是要确立全国整齐划一的标准,而是给地方立法进行授权,由地方立法在传统、现实、自治基础上确立成员资格认定标准。三是股权设置量化存在问题。股权量化首要问题是选择何种量化模式,这会牵涉到集体股、增配股是否设置的问题。同时,股权资格与成员资格二者之间的关系也成为焦点,股权是否需要依据人口数量变动而相应变动,股权设置和股权管理的混乱亟待解决。四是农村集体经济组织的终止问题。首先对于农村集体经济组织能否终止,尤其是能否进行破产处理存在重大分歧,实践中对于终止的规定也较为谨慎,主要是合并、分立、解散以及注销登记等。在终止相关的具体事项中,又存在诸如终止事由不清、财产范围不明确等问题,难以形成统一标准。五是农村集体经济组织的职能定位及管理模式问题。农村集体经济组织不仅承担着发展农村经济的经济职能,也兼具提供公共服务和管理的社会职能,二者的结合造成农村集体经济组织的职能负担过重。而管理模式作为农村集体经济组织运行的基础,根据其职能定位的区分也会有所不同,比如农村集体资产管理、财务管理、监督机制等问题。

(二)立法的可行性

《宪法》、《民法典》以及《农业法》等为《农村集体经济组织法》立法提供了制度基础。毫不动摇地巩固和发展公有制经济、重大改革于法有据以及研究制定《农村集体经济组织法》等政策内容的确立和发展,为《农村集体经济组织法》立法奠定了政策基础。农村集体经济组织发展实践、农村集体产权制度改革实践以及农村集体经济组织地方立法实践,为《农村集体经济组织法》立法夯实了实践基础。[①]

1. 成熟的国家政策成为立法的先导

农村集体经济组织立法是将农村集体产权制度改革形成的制度成果法制化、规范化。从2013年十八届三中全会开始，对农村集体资产改革和农村集体经济组织立法提出明确要求，而且从制度上进行了顶层设计，[②]2017年至2023年的中央一号文件都涵盖了农村集体产权制度改革[③]。同时，国家出台多项涉农政策，在规范集体资产运行管理及流转交易、成员资格及成员权权能、成员退出、资产权属、收益分配、农村集体经济组织的治理结构等方面的基础框架已经成型，为农村集体经济组织的专门立法打下了基础。2020年11月，农业农村部印发《农村集体经济组织示范章程(试行)》(农政改发〔2020〕5号)，也从农村集体的内部角度为农村集体经济组织的立法提供了参考价值。国家政策推动农村集体产

---

① 参见胡瀚:《〈农村集体经济组织法〉立法基础探析》，载《陕西理工大学学报(社会科学版)》2023年第1期。

② 2013年十八届三中全会提出保障农民集体经济组织成员权利，赋予农民更多财产权利。2014年在全国开展农村集体资产股份权能改革试点，2015年中央一号文件提出推进农村集体产权制度改革，提出抓紧研究起草农村集体经济组织条例，2016年中共中央、国务院印发的《关于稳步推进农村集体产权制度改革的意见》对推进改革进行了顶层设计，2017年党的十九大进一步强调“深化农村集体产权制度改革，保障农民财产权益，壮大集体经济”。

③ 2017年中央一号文件提出:深化农村集体产权制度改革，全面开展农村集体资产清产核资。稳妥有序、由点及面推进农村集体经营性资产股份合作制改革，确认成员身份，量化经营性资产，保障农民集体资产权利。从实际出发探索发展集体经济有效途径，鼓励地方开展资源变资产、资金变股金、农民变股东等改革，增强集体经济发展活力和实力。研究制定支持农村集体产权制度改革的税收政策。2018年中央一号文件提出:维护进城落户农民土地承包权、宅基地使用权、集体收益分配权，引导进城落户农民依法自愿有偿转让上述权益;探索农村集体组织以出租、合作等方式盘活利用空闲农房及宅基地，增加农民财产性收入，全面开展农村集体资产清产核资。2019年中央一号文件要求:健全农村产权流转交易市场，推动农村各类产权流转交易公开规范运行;研究完善适合农村集体经济组织特点的税收优惠政策。2020年中央一号文件提出:全面推开农村集体产权制度改革试点，有序开展集体成员身份确认、集体资产折股量化、股份合作制改革、集体经济组织登记赋码等工作。2021年中央一号文件要求加强农村产权流转交易和管理信息网络平台建设，提供综合性交易服务。2022年中央一号文件提出:巩固提升农村集体产权制度改革成果，探索建立农村集体资产监督管理服务体系，探索新型农村集体经济发展路径。2023年中央一号文件提出:要举全党全社会之力全面推进乡村振兴，加快农业农村现代化。

权制度改革为立法指明了方向、提供了路径。

2. 地方实践为立法提供了经验借鉴

农村集体经济产权改革试点全面推开,各试点地区制定的规范性文件为制定《农村集体经济组织法》提供了充足的实践经验。各试点地区在不断地探索中,制定了与自身实际条件相匹配的相关规定,湖北、四川、黑龙江、广东、上海等地区的农村集体经济组织实践已独具地方特色并制定了相应的地方法规。各地法规都较为完善地对农村集体组织的设立、成员、组织机构、收益分配、管理制度等多个方面作出了详细规定,虽然在农村集体经济组织的类别、组织成员身份取得、股份性质及范围、折股量化方式、股份流转等具体规定上有所不同,体现了不同地区的地域特色,但总体原则和价值取向都基本一致,能够为《农村集体经济组织法》的制定提供多样化范本。

二、主要内容及说明

《农村集体经济组织法》共九个章节,分别为总则、设立、成员资格及权利义务、组织机构、收益分配、财务会计管理、终止、法律责任、附则。

第一章,总则。该章节包括立法目的、立法依据、基本原则、适用范围等,明确了农村集体经济组织的法律地位、组织原则、基本职责、诚信经营、章程要求、特别法人地位、管理机构、政策支持等内容。同时,还明确农村集体经济组织可以依法出资设立公司、农民专业合作社等作为市场主体,从事市场经营和交易活动,并以其财产承担债务责任。

第二章,设立。该章节包括农村集体经济组织设立的基本条件、基本要求和程序,明确了农村集体经济组织分立、合并的程序。

第三章,成员资格及权利义务。该章节包括农村集体经济组织成员确定的原则、标准和条件,也明确了成员丧失成员资格的情形及后果,规定了成员包括经济权利和参与管理、监督的权利,同时规定了成员应当承担的义务。

第四章,组织机构。该章节包括农村集体经济组织机构的具体构成、产生方式、职权职责、议事规则、决策程序和会议记录并公示等内容。同时,明确农村集体经济组织机构主要包括成员(代表)大会、理事会、监事会(执行监事)及人员选举规则,明确规定了任职回避事项,防止内部管理混乱,损害集体合法权益,提升农村集体经济组织的治理效果。

第五章,收益分配。该章节包括农村集体经济组织集体资产的范围、收益分配的基本原则、股份种类设置、股份量化设置、收益分配顺序等内容,还明确了收益分配的禁止事项、具体流程,明确了经营性资产的收益可以量化到成员及后续对收益权的流转和赎回。

第六章,财务会计管理。该章节包括财务会计、财务公开、财务报告、审计监督、任职回避、登记备案、档案管理等内容。同时,明确了财务人员工作要求、财务收支的分级审批原则、对农村集体经济组织开设基本账户的要求及用途限制。

第七章,终止。该章节包括农村集体经济组织的终止事由、清算组的设置及其职能职责、注销登记等内容,还明确了农村集体经济组织可以因合并、分立和集体土地被整体征收或整体搬迁等事由终止,确定了符合解散具体条件,明确注销应先经民主表决之后进行审批和注销。

第八章,法律责任。该章节包括违法行为产生的法律责任、对成员权益的救济保护、成员对农村集体经济组织法人机关行为的监督及代位诉讼、法律后果承担、相关部门的责任等内容。同时,还明确了不正当手段干涉选举、管理人员的不当履职行为、违反审批和登记要求等违法行为的法律责任,明确了纠纷处理机制及当事人有提起复议和诉讼的权利。

第九章,附则。该章节包括具体细则的制定、适用范围、实施时间等。

主要说明事项如下:

(一)关于本法的适用范围。本法适用于全国范围内的以农村土地集体所有为基础,主要采用家庭承包的方式,有着统一的从事农业生产的意志,以农民为主要成员,具有公有制经济属性的地域性农村集体经济组织,包括乡镇级、村级和组级集体经济组织,而农村供销合作社、农村信用合作社、农民专业合作社，以及各自的联合社等合作经济组织，都不属于农村集体经济组织的基本形式，不能适用本法。农村集体经济组织的法律地位是区别于营利法人和非营利法人的特别法人，其既是一种营利性经济组织，又是一种承担公共职能的公益性组织。本法中规定的农村集体经济组织应当向县级农业农村主管部门申请设立登记，取得法人资格，获得独立的法律主体资格，独立从事市场生产经营活动。

（二）关于农村集体经济组织与村党支部委员会、村民委员会的关系。关于与村党支部委员会的关系：村党支部委员会是党的基层组织，应当充分发挥党的领导作用，引导和支持农村集体经济组织的经营和发展。同时，农村集体经济组织要配合村党支部委员会的工作，坚定围绕在党组织的周围，执行党的政策、方针。关于与村民委员会的关系：在法律上农村集体经济组织与村民委员会均为《民法典》规定的特别法人，法律地位平等。农村集体经济组织和村民委员会承担的职能有不同侧重，农村集体经济组织主要负责农村集体事务的经济方面，对集体资产统一进行管理和经营，它承担的公共职能也是与经济密切联系的，主要集中于农村经济社会发展领域，比如集体资源的开发与利用、农林水利设施建设、农业技术与信息、农村社会福利等。村民委员会是基层群众自治组织，凸显出基层治理的社会职能，其主要负责公共事务和公益事业。村民委员会从事的公共事务主要侧重于自治、管理方面的事务，比如调解和解决村民间的纠纷，维护和谐的村民关系，向农民传播上级政府的政策和规定，宣传法律、法规，制定村规民约，开展精神文明建设，倡导积极向上、文明健康的风俗习惯，同时也向上级政府反应村民的基本情况、提出建议和要求，维护农村地区的安宁和稳定。村民委员会从事的公益事业主要集中在扶贫济困、助残帮扶等方面。农村集体经济组织和村民委员会的共同目的是实现农村发展，都应当在村党支部委员会的领导下各司其职，协同配合，为美好的生存和发展环境保驾护航。在没有进行农村集体经济组织法人改造的地区，农村集体经济组织的职能由村民委员会、村民小组代替行使。

(三)关于成员资格。农村集体经济组织法对于成员资格认定的标准只是进行原则性规定,不作具体认定标准的规定,地方可根据本地实际确定具体的认定标准。对成员资格认定的程序本法也只作原则性要求,即坚持民主程序,具体的程序也由地方规定或农村集体经济组织法人章程确定。农村集体经济组织特别法人的成员,应当分为内部成员和外部成员,但是否允许外部成员加入以及需要什么类型的外部成员,这需要由会员大会表决。内部成员是指取得农村集体经济组织的集体资产量化股份的成员,外部成员是指以自有资产投资到特别法人的投资者,但对投资者应设置一些条件,比如是否有"涉农业务"的资质问题,资金、技术以及帮助农村集体经济组织法人产品的开发、生产、销售等条件。允许外部成员的加入,是实现农村发展、乡村振兴的需要,也是符合市场经济规则的要求。首先,本法分别确定了内部成员与外部成员不同的股权权能,特别是内部成员与外部成员在对农村集体经济组织法人治理过程中不同的表决权及收益分配的差异。其次,本法确定内部成员与外部成员取得和丧失成员资格的不同情形,重点是内部成员资格的取得与丧失。内部成员资格取得的情形为:户籍在农村集体经济组织所在地,户籍性质未发生变化并以土地资源作为基本生活保障的;与农村集体及经济组织具有权利义务关系的;对农村集体经济组织作出重大贡献的及成员大会决议通过的其他情形。以上这些情形可以取得内部成员身份。户籍在农村集体经济组织所在地不仅指户籍的原始取得,即自然人出生取得的情形,也包括因婚姻、养子女、继子女关系或国防建设或其他政策性迁入的情形。一旦成员死亡或被宣告死亡、已经取得其他集体经济组织成员资格、户口变更为非农户口、已经取得公务员、事业编或城镇社会保障的、自愿放弃或符合章程规定或经过成员大会民主决议的其他情形的,成员即丧失成员资格。外部成员资格的取得主要是投资集体经济组织,也包含少数的申请加入,投资成为外部成员的,按照《公司法》股东资格丧失的情形处理,申请加入的外部成员资格丧失的情形参照内部成员资格丧失的情形。

(四)关于股份或份额的量化。对股份或份额的量化目的在于保障农民的集体权益。对股份或份额进行量化的本质是将农村集体资产转换为集体资产股份。农村集体经济组织成员可以获得股份的分配,股份按人分配,按户登记。股份量化的集体资产范围、股份类型、每股金额、股份分配规则、股份登记及变更、股份转让及回购等具体由农村集体经济组织章程规定。集体资产股份只能够是内部成员享有,也只能够在内部成员间互相转让,外部成员的出资份额可以按照市场规则进行转让。

(五)关于集体资产股份的转让。农村集体经济组织法人的股份分内部成员的集体资产折股的股份和外部成员的投资股份。外部成员的投资股份转让按照有限责任公司股权转让规则操作。内部成员的集体资产股份可以在内部成员间进行流转,但单一的内部成员持有股份不得超过全部股份一定的比例。关于受让方能否取得内部成员股东的身份的问题:内部成员股权的受让方必然是用货币或其他可以用货币估价的财产作为支付给原来内部成员股东的对价,而特别法人在原来内部成员股东入股时就已经取得了对应的集体资产经营权,股权受让人并没有交付新的集体资产经营权,所以股权受让方是否属于内部成员股东,还需要进一步明确。非农村集体经济组织的成员通过继承获得农村集体经济组织内部成员股份的,只享有股份的自益权,不享有股份的共益权,但章程另有规定或成员大会决议的除外。章程规定或成员大会决议的结果有两种,一种是可以享受内部成员股份权能,另一种是享受外部成员的股份权能。如果夫妻离婚后双方仍然属于该集体组织的成员,直接对其所持有的内部成员股权进行分割;如果夫妻离婚后一方不再属于该集体组织的成员,其所分割的内部成员股权,应当由属于集体组织成员的夫或妻给予对方经济补偿,而不应当分割内部成员股权。无人继承、无人受遗赠等无所属的成员股份归农村集体经济组织所有;当内部成员自愿退出时农村集体经济组织应当赎回该成员持有的股份,收归农村集体经济组织所有的股份或赎回的股份由村民委员会代持,股权收益直接计入公积公益金。

(六)关于农村集体经济组织成员表决权问题。农村集体经济组织特别法人成员可能存在内部成员与外部成员,而根据农村集体经济组织法人的特殊性,应设置内外有别的表决权规则,完善表决权的行使机制,防止出现折股量化的内部成员和投资性的外部成员的冲突。在成员表决权配置上,为内外部成员配置不同的表决权,应赋予内部成员的表决权总数高于外部成员表决权的总数。比如外部成员表决权总数不超过表决权总数的一定比例;明确表决权行使内容并设置合理的表决通过比例,比如是简单多数还是2/3多数或3/4多数通过。以上这些内容都由章程具体规定。明确农村集体经济组织特别法人的表决事项可以分为涉及生产经营过程中的经营决策表决事项,以及涉及权益分配的权益决策表决事项。应根据行使职能不同即表决的事项不同对内外部表决权进行区分,关于表决投资营运等从事经济活动的决策可以向外部成员倾斜,而对于表决公共职能事项主要参考内部成员的意见。同时,设置允许委托代理规则,对于无法参会的外部成员,允许其将自己的表决权委托给其他成员代理行使,但要设置受托人接受委托表决权的数量不得超过表决权总数的10%,超过部分的委托不计入表决结果。

(七)关于农村集体经济组织从事经营活动和终止问题。农村集体经济组织的目的在于通过发挥规模优势提升资产利用率,方便进入市场中经营,以促进农村经济的发展。因此,农村集体经济组织应以经营资源性产业为主,实现资产的保值增值,而不是将重心放在汇集资产统一管理上。关于农村集体经济组织的终止问题,首先,农村集体经济组织是以集体土地所有权为基础建立的,按照法律规定,土地所有权主体只能是国家或集体,土地所有权的流动只能是集体土地被征收变为国有土地,集体土地不可能成为其他任何单位和组织以及个人所有,同时集体财产也不能够被其他组织或个人瓜分,因此农村集体经济组织不能具备破产能力。其次,虽然农村集体经济组织不适用破产终止,但有可能出现严重亏损,出现《破产法》上规定的破产界限,故应建立破产防范机制。最后,农村集体经济组织作为法人主体,同样存在终止情形,但有其特殊性,不能够协议解散,即不允许章程规定的解散事由或成员大会决议解散。解散事由主要有两种:因合并或分立需要解散;因集体土地整体被征收或集体组织整体搬迁而解散。这就要求农村集体经济组织进入市场从事经营活动时,按照市场主体依法管理,应承担有限责任。对农村集体经济组织的债务责任确定为以出资额为限的有限责任,目的在于维护农村集体经济组织的资产权益,防止农村集体经济组织因参与市场经营而产生资不抵债的情形,防止农村集体经济组织破产的后果产生,这是对农村集体经济组织的保护。农村集体经济组织的解散须经成员大会通过、乡镇政府审核、县级政府批准;解散时应当成立清算组负责清算事宜。在清算过程中,如果发现农村集体经济组织的资产收益不足以清偿债务,清算组应当向乡镇人民政府报告,乡镇人民政府就应当组织类似破产和解、重整程序,通过债权人减免债务、延期主张债权、申请财政补助等多方面减轻农村集体经济组织的经营负担。最终的债务承担按照不同解散原因进行处理:如果是因合并解散,合并前的债务由合并后的农村集体经济组织承继;如果是分立出现的解散,要么乡镇政府不予审核分立,仍由原农村集体经济组织承担,要么由分立后的农村集体经济组织承担连带责任或经债权人同意按照分立协议处理。如果是因整体被征收或搬迁而解散,农村集体经济组织财产不足以清偿债务,经乡镇人民政府审核后,因承担公共职能产生的债务部分由乡镇或县级人民政府承担。

主要参考文献

一、著作

[1]《民法学》编写组编:《民法学》,高等教育出版社 2019 年版。

[2]白树强:《全球竞争论——经济全球化下国际竞争理论与政策研究》,中国社会科学出版社 2000 年版。

[3]戴威:《农村集体经济组织成员权制度研究》,法律出版社 2016 年版。

[4]丁关良、童日晖:《农村土地承包经营权流转制度立法研究》,中国农业出版社 2009 年版。

[5]房绍坤:《物权法用益物权编》,中国人民大学出版社 2007 年版。

[6]黄立:《民法总则》,中国政法大学出版社 2002 年版。

[7]黄延信:《农村集体产权制度改革实践与探索》,中国农业出版社 2014 年版。

[8]江平、王家福主编:《民商法学大辞书》,南京大学出版社 1998 年版。

[9]李建伟:《公司法学》(第 2 版),中国人民大学出版社 2011 年版。

[10]王先林:《经济与法律》,中国教育出版传媒集团、高等教育出版社 2022 年版。

[11]温铁军:《“三农”问题与制度变迁》,中国经济出版社 2009 年版。

[12]吴越:《土地承包经营权流转制度瓶颈与制度创新》,法律出版

社 2014 年版。

[13]王利明:《法律解释学导论:以民法为视角》,法律出版社 2009 年版。

二、报纸、期刊文章

[1]陈锡文:《当前农业农村的若干重要问题》,载《中国农村经济》2023 年第 8 期。

[2]范健:《中国需要一部什么样的民法典》,载《南京大学学报(哲学·人文科学·社会科学)》2016 年第 1 期。

[3]柴振国、潘静:《土地承包经营权出资中农民权益保护研究》,载《河北法学》2009 年第 9 期。

[4]柴振国:《农村土地承包经营权出资的法律冲突与协调》,载《河北法学》2012 年第 12 期。

[5]陈华菊:《试论农村集体资产清产核资的基本做法与成效》,载《农村经济与科技》2019 年第 20 期。

[6]陈晋:《城镇化进程中农村集体成员资格研究——以征地补偿纠纷为视角》,载《现代经济探讨》2013 年第 10 期。

[7]陈绍宇:《农村集体产权改革中股权设置研究》,载《山东农业工程学院学报》2022 年第 4 期。

[8]陈淑:《农村集体经济组织纳税问题刍议》,载《农村财务会计》2021 年第 4 期。

[9]陈小君:《〈民法典〉特别法人制度立法透视》,载《苏州大学学报(法学版)》2021 年第 1 期。

[10]陈晓枫、翁斯柳:《股权的设置与管理:农村集体经营性资产股份权能改革的关键》,载《经济研究参考》2018 年第 32 期。

[11]陈雪原:《怎样理解农村集体经济组织的市场主体地位》,载《农村经营管理》2021 年第 12 期。

[12]崔艳峰:《论农村集体经济组织的破产能力》,载《学习与探索》2022 年第 3 期。

[13]代琴:《我国民法典物权编应当确定农村集体经济组织为农村土地所有权主体》,载《内蒙古社会科学》2020 年第 2 期。

[14]戴琼、袁辉:《农村集体经济组织财务管理问题及对策研究》,载《商业会计》2021 年第 2 期。

[15]戴威:《农村集体经济组织成员资格制度研究》,载《法商研究》2016 年第 6 期。

[16]丁劭泊:《农村集体经济组织法人治理的构建与完善》,载《农业开发与装备》2021 年第 5 期。

[17]董景山:《农村股份合作改革之法律视角初论——以农村社区几种具体改革模式为讨论基础》,载《上海财经大学学报》2010 年第 5 期。

[18]段浩:《农村集体经营性资产股份制改革的法治进路》,载《法商研究》2019 年第 6 期。

[19]方志权:《农村集体资产管理若干问题研究》,载《科学发展》2011 年第 8 期。

[20]房绍坤、马鹏博:《农村集体经济组织具有破产能力吗?》,载《上海政法学院学报(法治论丛)》2022 年第 5 期。

[21]房绍坤、任怡多:《"嫁出去的女儿,泼出去的水?"——从"外嫁女"现象看特殊农民群体成员资格认定》,载《探索与争鸣》2021 年第 7 期。

[22]房绍坤、袁晓燕:《关于制定农村集体经济组织法的几点思考》,载《南京农业大学学报(社会科学版)》2023 年第 1 期。

[23]房绍坤、袁晓燕:《农村集体经济组织特别法人制度建构》,载《上海政法学院学报(法治论丛)》2021 年第 3 期。

[24]房绍坤、任怡多:《论农村集体产权制度改革中的集体股:存废之争与现实路径》,载《苏州大学学报(哲学社会科学版)》2021 年第 1 期。

[25]房绍坤、张泽嵩:《农村集体经济组织决议效力之认定》,载《法学论坛》2021 年第 2 期。

[26]冯曦:《家庭土地承包经营权入股公司的法律建构——基于公司双重资本制》,载《法学杂志》2013 年第 2 期。

[27]高飞:《农村集体资产股权配置的法理分析与立法抉择》,载《南京农业大学学报(社会科学版)》2023 年第 1 期。

[28]高飞:《农村土地"三权分置"的法理阐释与制度意蕴》,载《法学研究》2016 年第 3 期。

[29]高海:《农村集体经济组织终止制度的特别性及立法建议》,载《南京农业大学学报(社会科学版)》2023 年第 6 期。

[30]高海:《农村集体经济组织法人治理的特别性与法构造》,载《江西社会科学》2022 年第 10 期。

[31]高海、朱婷:《农村集体经济组织收益分配的特别性与规则完善》,载《南京农业大学学报(社会科学版)》2022 年第 4 期。

[32]高海:《农地入股中设置优先股的法律透析》,载《现代法学》2012 年第 5 期。

[33]高海:《土地承包经营权入股的法律性质探析》,载《法学论坛》2011 年第 3 期。

[34]高嘉祺、薛彩霞:《农村集体产权制度改革路径与实践剖析——来自西安市 21 个村庄的调研》,载《农业现代化研究》2020 年第 4 期。

[35]高圣平:《土地承包经营权权能论纲——以处分权能为中心》,载《社会科学》2012 年第 7 期。

[36]管洪彦:《农村集体经济组织法人终止的法理证成与立法展开》,载《南京农业大学学报(社会科学版)》2023 年第 1 期。

[37]管洪彦:《农村集体经济组织法人的特别性论纲》,载《法学家》2023 年第 5 期。

[38]管洪彦:《农村集体经济组织设立"特别性"的基本法理与立法表达》,载《江西社会科学》2022 年第 10 期。

［39］管洪彦：《论农村集体经济组织收益分配的基本原则和制度构造》，载《学习与探索》2022 年第 12 期。

［40］管洪彦：《农民集体和农村集体经济组织关系的理论证成和实益展开》，载《山东大学学报（哲学社会科学版）》2022 年第 6 期。

［41］管洪彦：《农村集体经济组织法人类型定位之证成与价值展开》，载《法学论坛》2021 年第 5 期。

［42］管洪彦：《农村集体经济组织的概念界定与立法表达》，载《中国不动产法研究》2021 年第 1 期。

［43］管洪彦：《农村集体产权改革中的资产量化范围和股权设置》，载《人民法治》2019 年第 14 期。

［44］管洪彦：《关于农民集体成员撤销权的几点思考》，载《法学论坛》2013 年第 2 期。

［45］管洪彦：《农村集体经济组织法人治理机制立法建构的基本思路》，载《苏州大学学报（哲学社会科学版）》2019 年第 1 期。

［46］管洪彦：《农村集体经济组织法人立法的现实基础与未来进路》，载《甘肃政法学院学报》2018 年第 1 期。

［47］管洪彦：《农民集体成员派生诉讼的合理性与制度建构》，载《法律科学（西北政法大学学报）》2013 年第 4 期。

［48］郭富青：《公司资本制度：设计理念与功能的变革——我国公司资本制度立法观念的转变与路径选择》，载《法商研究》2004 年第 1 期。

［49］郭洁：《论农村集体经济组织的营利法人地位及立法路径》，载《当代法学》2019 年第 5 期。

［50］韩冬、韩立达、史敦友、王艳西：《农村集体经济组织法人治理的构建与完善》，载《中国土地科学》2017 年第 7 期。

［51］韩俊：《在民法总则中明确集体经济组织的特殊法人地位》，载《中国人大》2016 年第 21 期。

［52］韩康：《启动中国农村宅基地的市场化改革》，载《国家行政学院学报》2008 年第 4 期。

[53]韩松:《论农民集体土地所有权的集体成员受益权能》,载《当代法学》2014 年第 1 期。

[54]侯东德:《股东权的产生逻辑:一个契约理论的考察》,载《改革与战略》2008 年第 12 期。

[55]胡瀚:《〈农村集体经济组织法〉立法基础探析》,载《陕西理工大学学报(社会科学版)》2023 年第 1 期。

[56]黄延信、余葵、师高康:《对农村集体产权制度改革若干问题的思考》,载《农业经济问题》2014 年第 4 期。

[57]黄延信:《发展农村集体经济的几个问题》,载《农业经济问题》2015 年第 7 期。

[58]简新华、王懂礼:《农地流转、农业规模经营和农村集体经济发展的创新》,载《马克思主义研究》2020 年第 5 期。

[59]江保国:《集体经济组织成员身份确认的可诉性研究》,载《中外法学》2018 年第 4 期。

[60]姜楠:《集体土地所有权主体明晰化的法实现》,载《求是学刊》2020 年第 3 期。

[61]蒋省三、刘守英:《土地资本化与农村工业化——广东省佛山市南海经济发展调查》,载《管理世界》2003 年第 11 期。

[62]李东侠、郝磊:《土地承包经营权入股公司问题的法律分析》,载《法律适用》2009 年第 4 期。

[63]李国强、朱晓慧:《农村集体经济组织法人的治理机制研究》,载《财经法学》2022 年第 1 期。

[64]李国强:《论农地流转中“三权分置”的法律关系》,载《法律科学(西北政法大学学报)》2015 年第 6 期。

[65]李宽、熊万胜:《农村集体资产产权改革何以稳妥进行——以上海松江农村集体资产产权改革为例》,载《南京农业大学学报(社会科学版)》2015 年第 2 期。

[66]李倩、张力:《农村集体经济组织特别法人的产权建构》,载《新

疆社会科学》2020 年第 6 期。

[67]李永军:《集体经济组织法人的历史变迁与法律结构》,载《比较法研究》2017 年第 4 期。

[68]李永军:《论〈民法典〉"特别法人"的特殊意义及其不周延性》,载《探索与争鸣》2020 年第 5 期。

[69]李瑜:《浅析公司设立协议与公司章程的适用》,载《中国经贸导刊》2010 年第 4 期。

[70]林广会:《集体资产股权设置与管理模式的法律重构和效力解析》,载《山东社会科学》2022 年第 2 期。

[71]林广会:《农村集体资产折股量化范围的确定及其法律效果》,载《中国不动产法研究》2021 年第 1 期。

[72]刘高勇、高圣平:《论基于司法途径的农村集体经济组织成员资格认定》,载《南京社会科学》2020 年第 6 期。

[73]刘永荣:《集体土地承包经营权入股的法律困境与出路——基于重庆市巴南区集体土地产权改革的调研分析》,载《西南政法大学学报》2009 年第 5 期。

[74]刘宇晗:《农地"三权分置"视域下农村集体经济组织法人制度的完善》,载《山东大学学报(哲学社会科学版)》2019 年第 7 期。

[75]刘振伟:《关于农村集体经济组织立法的几个问题》,载《农村工作通讯》2023 年第 15 期。

[76]刘振伟:《建立规范的特别法人治理结构》,载《中国人大》2017 年第 10 期。

[77]马晓河《中国农村 50 年:农业集体化道路与制度变迁》,载《当代中国史研究》1999 年第 Z1 期。

[78]马新彦、李国强:《土地承包经营权流转的物权法思考》,载《法商研究》2005 年第 5 期。

[79]梅龙生:《土地承包经营权股权化的法律问题研究》,载《中州学刊》2010 年第 4 期。

[80]潘成林:《农村土地承包经营权入股公司问题研究——以优先股为视角》,载《农村经济》2012 年第 4 期。

[81]潘俊:《农村土地"三权分置":权利内容与风险防范》,载《中州学刊》2014 年第 11 期。

[82]潘俊:《农村土地承包权和经营权分离的实现路径》,载《南京农业大学学报(社会科学版)》2015 年第 4 期。

[83]漆多俊:《论股权》,载《现代法学》1993 年第 4 期。

[84]祁伟:《我国农村经济组织反垄断豁免解析》,载《南京人口管理干部学院学报》2010 年第 1 期。

[85]綦磊、张洪钊:《农村社区股份合作社的股份设置研究》,载《中国不动产法研究》2019 年第 2 期。

[86]屈茂辉:《农村集体经济组织法人制度研究》,载《政法论坛》2018 年第 2 期。

[87]任大鹏、吕晓娟:《农村集体经济组织财产制度构建的法律问题探究》,载《中国农业大学学报(社会科学版)》2023 年第 3 期。

[88]任尔昕:《关于我国设置公司种类股的思考》,载《中国法学》2010 年第 6 期。

[89]任怡多:《农村集体资产股权的管理模式》,载《求索》2022 年第 3 期。

[90]宋天骐:《论〈农村集体经济组织法(草案)〉中治理结构制度的完善》,载《兰州学刊》2023 年第 10 期。

[91]宋天骐:《论农村集体经济组织法人内部治理中的"人"与"财"——以治理机构的人员构成与集体资产股权为观察对象》,载《河北法学》2022 年第 4 期。

[92]宋天骐:《论农村集体经济组织法人设立的特别性》,载《求索》2020 年第 5 期。

[93]宋志红:《论农民集体与农村集体经济组织的关系》,载《中国法学》2021 年第 3 期。

[94]孙聪聪、耿卓:《农村集体资产股份量化管理的改革困境与立法化解》,载《农业经济问题》2023 年第 9 期。

[95]谭启平,应建均:《“特别法人”问题追问——以〈民法总则(草案)〉(三次审议稿)为研究对象》,载《社会科学》2017 年第 3 期。

[96]谭启平:《中国民法典法人分类和非法人组织的立法构建》,载《现代法学》2017 年第 1 期。

[97]谭韵祈、汤惠君、李灿:《农村股份合作制股权管理博弈分析》,载《农业经济》2020 年第 11 期。

[98]陶广峰、杨仕兵:《从市场失灵看经济法的作用机制》,载《甘肃政法学院学报》1999 年第 4 期。

[99]陶钟太朗、沈冬军:《论农村集体经济组织特别法人》,载《中国土地科学》2018 年第 5 期。

[100]汪义双:《动态体系论下农村集体经济组织成员资格认定研究》,载《甘肃政法大学学报》2023 年第 2 期。

[101]王宾、刘祥琪:《农村集体产权制度股份化改革的政策效果:北京证据》,载《改革》2014 年第 6 期。

[102]王洪平:《农村集体产权制度改革中“农民意愿”的规范分析》,载《河北法学》2022 年第 4 期。

[103]王洪平:《农村集体经济组织法制定中的三个基本范畴问题》,载《中州学刊》2022 年第 2 期。

[104]王吉泉、廖姣:《成都推进农村集体资产股份化改革的调查与建议》,载《成都行政学院学报》2015 年第 4 期。

[105]王敬尧、李晓鹏:《城乡统筹进程中的农村集体产权改革:以温州“三分三改”为蓝本》,载《求是学刊》2012 年第 6 期。

[106]王雷:《民法典有关特别法人的规定解析——从居民委员会、村民委员会和农村集体经济组织作为特别法人的相关思考谈起》,载《中国民政》2020 年第 13 期。

[107]王利明、周友军:《论我国农村土地权利制度的完善》,载《中国

法学》2012 年第 1 期。

[108]王艳丽:《对有限责任公司股权转让制度的再认识——兼评我国新〈公司法〉相关规定之进步与不足》,载《法学》2006 年第 11 期。

[109]王玉梅:《农村社区股份合作社的商主体制度构建》,载《中国政法大学学报》2016 年第 2 期。

[110]王玉琴、王建峰:《集体股是否应该设置》,载《农村经营管理》2020 年第 2 期。

[111]韦少雄:《农村集体经济组织股份合作制改革的法律思考》,载《河池学院学报》2010 年第 3 期。

[112]温世扬:《从集体成员权到法人成员权——农村集体经济组织法人成员权的内容构造》,载《武汉大学学报(哲学社会科学版)》2022 年第 4 期。

[113]温世扬:《农村集体经济组织法人特殊构造论》,载《政治与法律》2022 年第 10 期。

[114]温世扬:《农地流转:困境与出路》,载《法商研究》2014 年第 2 期。

[115]文新:《土地承包经营权出资法律规制研究》,载《法学杂志》2015 年第 5 期。

[116]吴昊:《农村集体经济组织法人治理机制建构》,载《河南社会科学》2021 年第 2 期。

[117]吴义茂、吴越:《土地承包经营权入股有限责任公司的法律冲突与立法选择——兼论家庭承包经营制度的完善》,载《广西社会科学》2012 年第 6 期。

[118]吴义茂:《农地入股中农民股东与债权人的利益冲突与平衡》,载《华中农业大学学报(社会科学版)》2013 年第 6 期。

[119]吴越、吴义茂:《土地承包经营权入股有限责任公司问题研究——以农民股东与非农民股东的利益冲突及其平衡为视角》,载《南京农业大学学报(社会科学版)》2012 年第 3 期。

[120]吴昭军:《农村集体经济组织终止问题研究》,载《暨南学报(哲学社会科学版)》2021 年第 10 期。

[121]武腾:《无效、可撤销民事法律行为与善意第三人保护》,载《清华法学》2018 年第 1 期。

[122]谢鸿飞:《论农村集体经济组织法人的治理特性——兼论〈农村集体经济组织法(草案)〉的完善》,载《社会科学研究》2023 年第 3 期。

[123]谢鸿飞:《〈民法总则〉法人分类的层次与标准》,载《交大法学》2016 年第 4 期。

[124]谢家银:《农村土地承包经营权入股的价值考量与风险防范》,载《广西社会科学》2015 年第 3 期。

[125]徐建春、李翠珍:《浙江农村土地股份制改革实践和探索》,载《中国土地科学》2013 年第 5 期。

[126]徐强胜:《股权转让限制规定的效力——〈公司法〉第 71 条的功能分析》,载《环球法律评论》2015 年第 1 期。

[127]许明月、孙凌云:《农村集体经济组织成员确定的立法路径与制度安排》,载《重庆大学学报(社会科学版)》2022 年第 1 期。

[128]许中缘、崔雪炜:《"三权分置"视域下的农村集体经济组织法人》,载《当代法学》2018 年第 1 期。

[129]杨立新:《论我国土地承包经营权的缺陷及其对策——兼论建立地上权和永佃权的必要性和紧迫性》,载《河北法学》2000 年第 1 期。

[130]杨攀:《农村集体经济组织成员资格标准的法律分析与实践》,载《西南政法大学学报》2011 年第 3 期。

[131]杨萍:《农民集体决议撤销制度的实证考察与制度完善》,载《广西社会科学》2021 年第 7 期。

[132]杨仕兵、方颖:《论农村集体经济组织特别法人成员撤销权》,载《东北农业大学学报(社会科学版)》2019 年第 1 期。

[133]杨仕兵、魏雪:《土地承包经营权"三权分置"下的农民股东权保护》,载《中国石油大学学报(社会科学版)》2016 年第 6 期。

[134]杨仕兵:《论农地股公司的农地未实现利益》,载《东北农业大学学报(社会科学版)》2017 年第 4 期。

[135]杨一介:《农村集体经济组织成员权解释》,载《西南民族大学学报(人文社会科学版)》2023 年第 9 期。

[136]于雅璁、王崇敏:《农村集体经济组织:发展历程、检视与未来展望》,载《农村经济》2020 年第 3 期。

[137]于雅璁:《"特别法人"架构下我国农村集体经济组织改革发展路径研析》,载《海南大学学报(人文社会科学版)》2020 年第 6 期。

[138]宇赟:《土地征收补偿款分配纠纷案件审理探讨》,载《延安大学学报(社会科学版)》2007 年第 6 期。

[139]贠梦羽:《我国农村经济组织反垄断豁免的适用问题分析》,载《农业经济》2015 年第 10 期。

[140]臧昊:《特别法人定位下农村集体经济组织的职能重构》,载《农业经济》2019 年第 5 期。

[141]臧之页、孙永军:《农村集体经济组织成员权的构建:基于"股东权"视角分析》,载《南京农业大学学报(社会科学版)》2018 年第 3 期。

[142]张保红:《农村集体经济组织立法四论》,载《晋阳学刊》2020 年第 3 期。

[143]张谷:《对当前民法典编纂的反思》,载《华东政法大学学报》2016 年第 1 期。

[144]张洪波:《论农村集体资产股份合作中的折股量化》,载《苏州大学学报(哲学社会科学版)》2019 年第 2 期。

[145]张继承、陈逸彤:《从概念到制度:农村集体经济组织特别法人的构建》,载《法治社会》2019 年第 5 期。

[146]张力、程敏:《农村集体经济组织特别法人的设立与终止》,载《北京航空航天大学学报(社会科学版)》2022 年第 5 期。

[147]张丽丽:《论设立协议与公司章程的效力适用规则——以一则案例为视角》,载《中国集体经济》2012 年第 16 期。

[148]张鸣起:《〈中华人民共和国民法总则〉的制定》,载《中国法学》2017 年第 2 期。

[149]张钦昱:《我国破产法的系统性反思与重构——以世界银行〈营商环境报告〉之“办理破产”指标为视角》,载《法商研究》2020 年第 6 期。

[150]张闱祺:《我国民法总则中的法人分类方式探析》,载《中州学刊》2017 年第 2 期。

[151]张先贵:《农村集体经济组织成员股权有偿退出的法律表达——写在〈农村集体经济组织法〉颁行前》,载《河南社会科学》2023 年第 1 期。

[152]张泽嵩:《农村集体经济组织决议外部效力规则之构造》,载《地方立法研究》2022 年第 1 期。

[153]赵琦:《农村集体经济组织成员资格的认定》,载《河北农机》2020 年第 3 期。

[154]赵万一、张长健:《农村集体经济组织法权关系的创新——以社区型股份合作制法人组织的构建为研究对象》,载《西南民族大学学报(人文社会科学版)》2012 年第 6 期。

[155]赵新龙:《农村集体资产股份量化纠纷的司法实践研究——基于 681 份裁判文书的整理》,载《农业经济问题》2019 年第 5 期。

[156]赵银霞:《深化农村产权制度改革促进现代化大农业发展》,载《现代农业研究》2021 年第 9 期。

[157]郑庆宇:《关于农村集体经济组织法人特别性的思考》,载《农村经营管理》2021 年第 9 期。

[158]郑有贵:《农村社区集体经济组织法人地位研究》,载《农村经济问题》2012 年第 5 期。

[159]钟桂荔、夏英:《农村集体资产股权设置、量化与管理模式选择影响因素分析——以 5 个试点县(市、区)为例》,载《农村经营管理》2019 年第 11 期。

[160]周菊生:《在校大学生能否分得土地补偿费?——兼议农村集体经济组织成员资格的认定》,载《井冈山医专学报》2006年第6期。

[161]朱继胜:《论"三权分置"下的土地承包权》,载《河北法学》2016年第3期。

[162]朱金东:《农村集体成员撤销权制度的实证分析——基于107份判决文书的整理》,载《烟台大学学报(哲学社会科学版)》2013年第3期。

[163]韩长赋:《土地三权分置是中国农村改革的又一次伟大创新》,载《光明日报》2016年1月26日,001版。

[164]罗培新:《放好农村集体经济组织这只"风筝"》,载《文汇报》2017年4月2日,第2版。

三、学位论文

[1]吴义茂:《土地承包经营权入股有限责任公司法律问题研究》,西南财经大学2012年博士学位论文。

[2]应建均:《农村集体经济组织法人主体确定及其实现》,西南财经大学2018年博士学位论文。

[3]雷苗苗:《新时代农村集体经济组织成员权之法构造》,安徽大学2020年博士学位论文。

[4]李睿:《农村集体经济组织法人内部治理构建》,首都经济贸易大学2021年硕士学位论文。

[5]姜文:《农村集体资产股份合作制改革中股权设置路径研究》,浙江海洋大学2022年硕士论文。

[6]马莉玲:《农村集体经济组织特别法人成员大会制度构建研究》,安徽财经大学2020年硕士学位论文。

[7]方颖:《农村集体经济组织特别法人成员撤销权问题研究》,安徽财经大学2018年硕士学位论文。

[8]段浩:《农村集体经营性资产股份合作法律制度构建研究》,西南政法大学2019年博士学位论文。

[9]赵春梅:《认缴制下股东出资义务法律责任研究》,甘肃政法学院2015年硕士学位论文。

[10]张庆辉:《公司剩余财产分配制度研究》,复旦大学2012年硕士学位论文。

[11]王根长:《股东出资分期缴纳制度研究》,厦门大学2007年硕士学位论文。

[12]刘宇佳:《公司设立协议与公司章程的效力问题研究——以一起股东出资纠纷案为例》,兰州大学2013年硕士学位论文。

[13]郭鲁阳:《集体成员撤销权的法律问题研究》,烟台大学2014年硕士学位论文。

[14]高玉凤:《股份合作制农村集体经济组织法人治理机制完善研究》,烟台大学2022年硕士学位论文。

[15]付潇翔:《"三权分置"视角下土地经营权入股法律研究》,江西财经大学2015年硕士学位论文。

后　记

本书是国家社会科学基金一般项目“农村集体经济组织特别法人制度构造研究”(项目编号:18BFX112)的最终研究成果。

项目被批准立项后,课题组成员在原有的研究基础上和调研之后充分讨论了课题应研究的主要内容和写作提纲。这本专著是根据课题申报书中的研究内容和最后确定的写作提纲进行撰写,最后由本人修改定稿。在项目研究过程中,项目组成员多次参与讨论和提出建议,我指导的研究生也参与了资料的收集、整理和书稿的校对。

需要说明的是,2020～2022 年在本项目研究期间,因全国处于新冠疫情时期,外出调研受到很大影响,且本项目研究期间正值我国农村集体经济组织法人化改革快速推进的高峰阶段。由于改革实践的急速推进,新增了大量地方改革素材,为获得充分的研究时间跟踪观察实践动态,本研究经批准延期结项。

在此,谨向关心、支持、帮助本项目研究及本书写作与出版的所有朋友、同仁及领导表示诚挚的谢意!

杨仕兵

2023 年 12 月